A LÁGRIMA NÃO É SÓ DE QUEM CHORA

Américo Simões
Ditado por Clara

A LÁGRIMA NÃO É SÓ DE QUEM CHORA

Barbara

Revisão
Sérgio Mirabelli

Capa e diagramação: Meco Simões

Foto capa: Bernd Vogel/Corbis/Corbis (DC)/Latin Stock

Título do livro extraído da canção "Tô caindo fora" composta por Ana Carolina, Marilda Ladeira e Fernando Barreto. Copyright Armazém (Sony). Cedido gentilmente pela cantora, autores e Sony/ATV Music Publishing Brasil

Terceira Edição
Inverno/2011

Dados Internacionais de Catalogação na Publicação (CIP)
(Câmara Brasileira do Livro, SP, Brasil)

Garrido Filho, Américo Simões
A lágrima não é só de quem chora / Américo Simões. - São Paulo: Barbara Editora, 2009.

1. Espiritismo 2. Romance espírita I.Título.

09-6219   CDD-133.93

Índices para catálogo sistemático:
1. Romances espíritas: Espiritismo   133.93

BARBARA EDITORA
Av. Dr. Altino Arantes, 742 – 93 B
Vila Clementino – São Paulo – SP – CEP 04042-003
Tel.: (11) 5594 5385
E-mail: barbara_ed@estadao.com.br
www.barbaraeditora.com.br

Proibida a reprodução total ou parcial desta obra, de qualquer forma ou por qualquer meio eletrônico, mecânico, inclusive através de processos xerográficos, sem permissão expressa do editor (lei nº 5.988, de 14/12/73).

Por mais pedregoso que seja um caminho, há sempre flores que conseguem nascer entre as pedras da vida.

*Para os meus padrinhos queridos
Daniel e Aparecida, Alfredo e Luiza*

Prólogo

*O amor, quase sempre,
vem na quantidade certa de areia
para você construir um castelo à beira-mar,
mas o amor está presente também nas ondas do mar
que, muitas vezes, avançam e destroem o castelo
que você construiu com tanto amor...*

Eu tinha apenas 19 anos nessa época e vivia o auge da minha adolescência, já com saudades de tudo o que ela me propiciara e até mesmo do que ainda não havia vivido.

Amava as mulheres como só os adolescentes sabem amar. Apreciava o jeito bonito como elas andavam, seus corpos delicados, contidos muitas vezes por baixo de seus vestidos a acentuarem ainda mais os seus encantos.

Admirava o modo como elas viravam a cabeça por sobre os ombros e olhavam para mim com seus olhos cheios de doçura, brilhantes, como uma ágata. Cheios, muitas vezes, de timidez, aquela timidez encantadora que só as mulheres podem compartilhar com os homens. Que as faz olhar para nós como se não nos vissem, como se nem mesmo estivéssemos ali.

O que mais me intrigava, no entanto, era ver no fundo dos olhos de toda mulher de que me aproximava os olhos de uma outra mulher. Observando-me atentamente, observando-me como que aguardando por mim em algum lugar sendo lugar algum. Despertando em mim um desejo urgente de encontrá-la, amá-la e libertá-la de algo que eu sabia que estava lá, ao seu lado, mas que para mim era invisível.

Quem era ela? Eu não sabia. Só sabia que ela seria minha, só minha, para a vida toda, até mesmo pela eternidade, caso a vida realmente nos concedesse essa graça.

Por falar em vida, essa era uma época em que eu me pegava muitas vezes dialogando com a vida. Olhando bem fundo nos seus olhos e perguntando:

— Quem é você, o que quer de nós? Por que nos criou? Por que se esconde por trás de tantos mistérios? Por que não nos liberta da incerteza de viver somente por viver? Sem um propósito maior, mais profundo, mais real no infinito?

Dizia "vida" em vez de "Deus", porque nunca fui muito íntimo Dele. Quão tolo era eu nessa época para não perceber que ambos, vida e Deus são sinônimos. Quando se fala de um se está falando automaticamente do outro. Mas a vida ensina com o tempo e eu aprendi.

Aprendi também que quando dizem que o amor vem como a quantidade certa de areia para você construir um castelo à beira-mar é verdade, tanto quanto é verdade que o amor também se esconde nas ondas do mar que muitas vezes avançam na praia e levam o castelo que você construiu com tanto apreço, ao chão.

Pois o tempo me trouxe a areia, eu construí meu castelo, mas me esqueci das ondas do mar...

Meu nome é Christopher Angel e essa é a minha história...

Capítulo 1

Nenhuma atividade no bem é insignificante. As mais altas árvores são oriundas de minúsculas sementes.

Chico Xavier

Era uma das primeiras tardes da primavera de 1914 e eu, Christopher Angel, passeava pelas ruas da cidade onde fazia faculdade ao lado de Victor Dorigan, meu melhor amigo de classe.

Victor era um pouco mais baixo que eu. Se eu tinha um metro e oitenta e três de altura, Victor deveria ter um metro e oitenta. Seus cabelos eram castanho-claros bem como seus olhos. Os meus cabelos eram pretos, azulados, e meus olhos azuis, um azul que saltava a vista. O rosto de Victor era quadrado, expressivo, com uma cova no queixo, enquanto o meu era oval, linear, sereno. Nossa pele clara, rosada como de todo europeu.

Victor, como sempre, mostrava-se bem-humorado, respondendo com entusiasmo às minhas observações. A nossa tagarelice tinha pulado dos problemas que havíamos enfrentado nas provas bimestrais para as mulheres. Certamente, Victor adquiria bem mais entusiasmo quando o assunto era o sexo oposto. Com as veias explodindo de hormônios, não era para menos.

O céu estava forrado de nuvens cinzas, quase pretas, no entanto, com ares inofensivos, quando de repente derramaram sobre a cidade uma chuva forte e fria pegando todos desprevenidos.

Até mesmo os que estavam carregando guarda-chuvas se molharam, pois como sempre acontece quando se é pego desprevenido, atrapalharam-se na hora de abri-los.

Eu e Victor Dorigan pouco nos importamos que a chuva nos molhasse, continuamos andando naturalmente jogando conversa fora, rindo à vontade, como se nada houvesse mudado ao nosso redor, tanto em cima como abaixo de nós.

Com seus olhos vivos como sempre, atentos, pulando de um transeunte para outro, Victor foi dar numa jovem, bem vestida, cuja face fora esculpida pelas mãos da natureza de forma rara.

Ele imediatamente cutucou o meu braço e fez um sinal com a cabeça na direção em que se encontrava a moça. Nem bem voltei os olhos para ela, ele já havia corrido na sua direção disposto a ajudá-la a se proteger da chuva. Bem, ao menos essa era sua aparente intenção.

— Permite-me? — perguntou Victor tirando o capote para colocá-lo nos ombros da estranha.

— Não precisa se preocupar — disse ela, um tanto encabulada.

— Faço questão — respondeu Victor no seu tom mais sedutor.

A jovem, uma espécime bela e robusta, lançou-lhe um olhar apreciativo, apesar de sua timidez.

Victor atravessou a jovem sob um céu cada vez mais tempestuoso. Parecia até que o oceano havia sido absorvido pelas nuvens e que elas agora iriam derramá-lo sobre nós de uma vez.

Assim que os dois chegaram ao outro lado da rua, a moça voltou-se para ele e com certa apreensão o agradeceu:

— Obrigada, não precisava se preocupar.

Ele a olhou solenemente, fez uma mesura no melhor estilo renascentista, e disse:

— A senhorita é encantadora...

A frase não pôde ser completada, pois um homem corpulento, encharcado da cabeça aos pés pegou firme no ombro de Victor naquele instante. Victor voltou-se imediatamente para ele.

— Quem lhe deu esse direito? — perguntou o estranho cheio de ódio.

— Desculpe, meu senhor — adiantou-se Victor —, quis apenas ser delicado com sua filha.

— Esposa — corrigiu o brutamontes rispidamente.

Victor abriu os lábios, mas as palavras foram abafadas por um riso tomado de espanto e sarcasmo.

— Esposa?!

O homem perdeu de vez a paciência e pegou Victor pelo colarinho.
— Epa! — ralhou Victor — calma aí, meu senhor.
Em seguida, o homem prensou Victor contra a parede e bramiu:
— Vocês jovens, pobretões, são todos iguais...
Victor que não era de levar desaforo para a casa, defendeu-se:
— E vocês da classe alta pensam que podem mandar e desmandar nos outros.
Foi bem nesse momento que eu cheguei para acudir Victor.
— Ora, meus senhores, por favor — disse eu —, aqui não é lugar para brigas...
O homenzarrão soltou Victor, a contragosto, arremessou um cuspe contra as fortes gotas da chuva e foi ao encontro da esposa.
Victor ajeitou sua gola, ainda encharcada, e falou mais uma vez o que não devia. Algo bem típico da sua personalidade.
— Como eu podia imaginar que uma beldade daquelas era casada com um velho capenga como aquele? Jamais!
Para quê? O homem ouviu suas palavras, retesou o passo e voltou-se mais uma vez na direção de Victor espumando de raiva.
Victor, sem perceber, soltou uma gargalhada seca antes de acrescentar no seu tom mais irônico:
— Está ai, uma versão original de A Bela e a Fera, a princesa e o dragão!
Voltei-me para Victor suplicando por meio do meu olhar que ele se calasse, mas já era tarde demais. O indivíduo voltou até nós. Recuei assim que o vi. Nunca tinha visto tanto ódio nos olhos de alguém, tampouco vermelhidão provocada pela cólera.
— Seu moleque, descabido — vociferou o homem.
Victor assentiu lentamente, peitando o brutamontes com um sorriso maroto nos lábios. Um sorriso de trapo. A chuva pareceu engrossar nublando a visão de todos nós ali. Então, subitamente, do meio dela surgiu um punho fechado a toda velocidade que acertou a face de Victor com tudo levando-o ao chão.

11

O soco acertou seu nariz e o impacto deixou Victor totalmente às escuras por alguns segundos. Logo, suas narinas cuspiam sangue enquanto ele respirava aceleradamente pela boca.

O corte na face de Victor deveria estar queimando, mas ele jamais deixaria transparecer a dor. Procurou se levantar apoiando-se contra a parede, ofegante. Tratei logo de ajudá-lo.

O estranho deu meia-volta e voltou para junto da mulher.

— A culpa é sua, Suzanne — afirmou, assim que se juntou a ela. — Mais uma vez a culpa é toda sua! Espere até chegarmos em casa!

As palavras do marido foram a gota d'água para Victor, que sem pensar duas vezes, como de hábito, jogou-se de cabeça em defesa da jovem esposa daquele troglodita.

— Ela não tem culpa de nada não, meu senhor — foi ele dizendo. — Fui eu quem quis ser gentil com ela... se há algum culpado nessa história toda, o único culpado sou eu.

— Você de novo?! — explodiu o homem.

Seu rosto tornou-se ainda mais grave.

Nisso, um jovem da mesma idade que a nossa, com cara de poucos amigos, juntou-se ao casal. Já o havia visto antes na faculdade. Provavelmente era um aluno como nós.

— O que está acontecendo aqui, papai? — perguntou o rapaz, no mesmo tom do pai.

— Esse fedelho, Leonard, esse fedelho desrespeitou sua madrasta e a mim — respondeu o pai, indignado. — Mas eu vou ensiná-lo a se pôr no seu lugar para sempre.

Nesse exato momento, o homenzarrão arrancou a luva da mão direita, pôs-se na frente de Victor Dorigan e jogou a luva no chão.

Aquele era o sinal de que um cavalheiro havia desafiado o outro para um duelo.

— O senhor não passa de um imbecil — revidou Victor Dorigan, convulso.

O homem ignorou profundamente suas palavras. Disse:

— Esteja na próxima sexta-feira, às quatro horas da tarde, em ponto, nas imediações do moinho abandonado de Clinton onde faremos um duelo.

– Duelo? – gargalhou Victor denotando admiração. – Ora, por acaso não o informaram que mudamos de século? Duelo é coisa do passado.
O homem repetiu suas palavras. Victor defendeu-se mais uma vez.
– Meu caro senhor, não sei sequer empunhar uma espada. A esgrima era a arma mais usada para duelar.
– Não é preciso, faremos uso de armas de fogo, que não requer muito segredo para usá-la a não ser uma boa pontaria.
Victor aquiesceu, enfaticamente, com a cabeça. Disse:
– Pois bem, estarei lá.
– Esteja mesmo e já pode ir dizendo adeus à vida, seu borra-botas.
– Pois eu vou lhe mostrar quem é borra-botas, meu senhor, sexta-feira. Aguarde-me.
O homem ameaçou saltar sobre Victor mais uma vez, mas o filho foi rápido, segurou o pai e disse:
– Calma, meu pai. Muita calma. Esse fedelho há de pagar por sua afronta na sexta-feira, no duelo.
– Quem vai pagar pela afronta é o senhor seu pai – retorquiu Victor, ácido.
– Veremos – desabafou o filho.
Antes que as coisas se complicassem ainda mais, puxei Victor pelo braço para que saíssemos dali. Ouvi a seguir uma gargalhada às nossas costas. Uma gargalhada que mais parecia um grito de um porco quando é abatido. Voltei-me para trás e tudo que vi foi a silhueta do velhaco na companhia do filho que o seguia, como um barco enfunado, evaporando-se no meio da chuva que nos cegava a visão.
– Velhaco! – cuspiu Victor, a seguir.
– Você acha que ele falava sério – perguntei enrubescendo contritamente –, digo, a respeito do duelo?
– Sim, meu caro Christopher. É óbvio que sim.
– Ridículo.
– Eu estarei lá.
Estremeci diante de tal idéia.
– Estará? Como assim?

– Estarei, ora, dei minha palavra.
Meus olhos tornaram-se grandes e assustados.
– Não pode estar falando sério!
– Estou.
– Perdeu a cabeça? Como vai usar uma arma, Victor, se nunca empunhou uma?
– Já empunhei sim, Christopher. Meu pai me ensinou a caçar com espingarda desde que eu era um garoto. Quando adolescente, ensinou-me a usar o revólver. Sempre foi da opinião que um homem deve saber lidar com um para se defender, bem como à sua família, caso seja necessário. É aí que está meu trunfo, meu caro Christopher, esse velhaco desconhece minha habilidade com as armas... coitado, vai ter uma bela surpresa.
– Você não pode fazer isso.
– Farei.
– Vai matá-lo!
– Se for preciso para me defender, sim; senão... apenas feri-lo para que ele toda vez que se depare com a cicatriz do ferimento se lembre de mim e não se meta mais a besta com qualquer um.
– Meu Deus...
– E a propósito, você será o meu padrinho.
– Padrinho? – espantei-me.
– Sim. Padrinho. O padrinho no duelo é aquele que os adversários escolhem para ajudar a preparar suas armas, certificar-se de que o outro duelista não vai fazer uma emboscada e de que as regras do duelo estão sendo seguidas. O padrinho tem de ser de extrema confiança e não há ninguém em quem eu confie mais do que você, Christopher.
– Sim, agora me lembro, já li a respeito. E se não me engano os padrinhos devem se empenhar em tentar uma reconciliação antes do dia do duelo ou depois de tiros ou golpes suficientes serem desferidos, conforme especificado. Portanto, eu, no papel de padrinho devo tentar acalmar os nervos de ambos os envolvidos impedindo que esse duelo ridículo e sem cabimento aconteça.
– Sei que o papel do padrinho é este, Christopher, mas no caso desse homem, aconselho-o a desistir de qualquer esforço

nesse sentido. O brutamontes é osso duro de roer, uma vez dado sua palavra não voltará atrás por honra.
— Posso ao menos tentar.
— Desista.
O silêncio caiu pesado sobre nós como os pingos da chuva. Minutos depois, Victor fez um desabafo:
— Estou preocupado com a esposa daquele pulha, poxa, ele vai acabar com o seu dia, desconfio até que bata nela pelo sucedido. Coitada.
— Sim — concordei com lástima —, receio que tenha razão.
Nesse momento juntou-se a nós Edward, amigo nosso de escola que havia presenciado o acontecido de longe. Disse:
— Victor, que encrenca você foi se meter, rapaz!
Victor olhou de soslaio para Edward, que acrescentou:
— Aquele homem é o pai de Leonard Primorak que frequenta a mesma faculdade que a nossa. Homem poderoso, riquíssimo. Um dos manda-chuvas da cidade. Chamam-no de Sir William Primorak.
— Que se lasque! — exclamou Victor dando de ombros.
— O homem é um demônio! — redarguiu Edward. — Outro dia mesmo criou caso com um dos rapazes por ter olhado para sua jovem esposa.
— Se não quisesse que olhassem para ela que tivesse se casado com um tribufu.
Edward e eu rimos do comentário.
Mas foi um riso rápido, logo a tensão e a preocupação retomaram seus lugares dentro de mim. Temi pavorosamente que Victor se machucasse durante o duelo. Pior, que morresse. Gostava dele, gostava imensamente, era o meu melhor amigo desde que entrara na faculdade. Tinha-o como a um irmão querido e adorado. Inseparável. Como a sombra da qual Peter Pan não quer se separar jamais.

---

*Duelo: confronto entre duas pessoas, motivadas, em geral, por desagravo à honra, desavenças individuais, familiares, em facções ou grupais, e outros tipos de confronto de cunho fortemente emocional. Os indivíduos ficam de costas um para o outro, dando dez passos e, em seguida, disparando ao virarem-se de frente. Muitos Estados faziam leis contra o duelo, mas durante muitos anos os juízes se recusavam a culpar alguém pelo crime. (Nota do autor).

Capítulo 2

Anjos também habitam a Terra

Confesso que não consegui mais dormir tranquilamente desde o episódio e sabia que não voltaria a dormir bem, não enquanto aquilo tudo não tivesse fim. Eu que nunca fora de rezar, cheguei a pedir a Deus que protegesse Victor durante o duelo.

Um lado meu torceu desesperadamente para que Ele tivesse me ouvido.

Sexta-feira, quatro horas da tarde, nas imediações do moinho Clinton lá estava eu acompanhando Victor naquela loucura.

Ao passarmos pelo moinho abandonado tomei alguns segundos para admirá-lo. Aquilo que outrora fora tão bonito agora só transparecia tristeza, aquela que só a morte sabe provocar em nós. Arrepiei-me inteiro diante da constatação, principalmente diante da sensação de que tanto eu quanto Victor caminhávamos à sombra da morte. Algo pavoroso. Foi Victor, ao dar-me um puxão no braço, que me despertou de tão nebulosa sensação.

Assim que chegamos ao local, encontramos Sir William Primorak acompanhado do seu padrinho, o filho e do juiz que havia escolhido para comandar o duelo. O encontro de olhares entre mim, Victor, Sir William e o filho dele foi estremecedor. A soberba arrogância do homem era o que mais me revoltava. Somente o juiz nos fez um aceno com a cabeça.

Como ditava as regras do duelo os padrinhos carregavam as armas na presença um do outro, e foi o que fiz a seguir por ordem do juiz.

O juiz tomou a palavra para explicar por via das dúvidas as regras que cercavam os duelos:

– Como os duelistas sabem, este duelo se fará por meio de revólver. Os dois duelistas ficarão de costas um para o outro e andarão em sentido contrário dez passos. Assim que completarem o décimo passo, voltarão na direção do seu adversário e atirarão contra ele.

O homem engoliu em seco antes de completar:

– Não é necessário que o adversário mate seu oponente. Apenas fira.

A voz de William Primorak elevou-se nesse instante:

– Eu desconsidero essa regra. De que vale continuar vivo após tamanha humilhação. Não vejo porque não matar o adversário.

Ali estava um homem cuja praticidade era o maior apego na vida. Eu, como padrinho de Victor, tinha o direito de protestar e foi o que eu fiz:

– Discordo! Não é...

Mas a voz de Victor, firme e decidida me impediu de continuar:

– Aceito suas condições, meu senhor.

Voltei-me para ele, aterrorizado:

– Victor?! – exclamei, agoniado.

– Pode deixar, Christopher. Confie em mim.

Nunca vi alguém tão seguro de si como Victor estava, ao menos aparentava estar. Tentei dizer mais alguma coisa, mas Victor me repreendeu com um gesto.

– Se continuar falando assim vamos parecer uns fracotes.

Que parecêssemos, eu pouco me importava, eram duas vidas que estavam em jogo, que podiam terminar a qualquer momento e isso a meu ver não era certo, nem justo.

– Já que as regras são estas – observou o juiz – o perdedor do duelo ficará à mercê do vencedor. Caso o tiro não tenha matado o adversário, o vencedor tem o direito de profanar o corpo do rival da maneira que lhe convier.

– Ou – observou Victor chamando a atenção de todos para ele –, ou preservar-lhe a vida.

– Não! – protestou William Primorak impetuosamente. – Em hipótese alguma. O perdedor deve morrer.

17

Victor observou-o seriamente:
— Meu senhor, eu aceitei todas as suas condições. Essa é a única que imponho.

Pela primeira vez desde que ali chegamos, Leonard Primorak, o filho de Sir William se manifestou:
— Papai, aceite essa condição.

O pai, ainda que contrariado, acabou cedendo. A personalidade austera e irônica dera finalmente, por mais incrível que pudesse parecer, uma trégua.

O meu olhar cruzou o olhar de Leonard Primorak, e ambos estavam tomados de medo. Ele com medo de perder o pai, e eu de perder meu amigo querido.

— Vamos logo terminar com isso — disse o homenzarrão impacientemente.

E assim o juiz ordenou:
— Cavalheiros, tomem suas posições.

William Primorak aproximou-se do local bem como Victor Dorigan. Antes de virarem de costas um para o outro, William Primorak soltou um risinho de pouco caso como quem diz: "Coitado de você, meu rapaz. Pode dar adeus à vida". Victor pareceu não se deixar intimidar. Tomou sua posição e, ao sinal do juiz, começou a dar os dez passos, firmes e decididos. Um... dois... três...

Eu tremia por dentro de minhas vestes.

— Quatro... cinco... seis...

Parecia que era eu quem estava enfrentando aquele duelo estúpido e cruel, não Victor.

— Sete... oito... nove...

Senti meu coração parar nesse instante e minha adrenalina chegar ao ápice.

— Dez!

Ouvi o estampido do revólver: *Pow!* E ainda que meus olhos tivessem visto o que aconteceu, levei alguns segundos para me dar realmente conta do fato. A bala atirada pelo revólver de Victor acertou o ombro de Sir William levando-o ao chão. Alívio. Victor estava a salvo. E o que era melhor, Sir William também.

Baixei os olhos tomado de alívio. O duelo tivera fim, o pior não havia acontecido. Então meus olhos, quase que por vontade própria, voltaram a focalizar o homem caído ao chão. Foi um anjo, conclui depois, que me fez voltar os olhos naquela direção bem naquele exato momento. William Primorak esticava sua mão até o local onde sua pistola havia caído, logo compreendi por que: ele estava disposto a acertar Victor pelas costas.

Literalmente, não podia acreditar no que via. Que traição! O demônio não sabia perder, honrar sua palavra. Era um covarde. Victor honrara a sua.

Fiquei olhando para ele, sem pensar e sem reagir, inteiramente paralisado. Meu cérebro avançou no tempo, fazendo-me sentir o medonho impacto que a bala faria ao penetrar nas costas de Victor Dorigan.

Eu tinha de reagir, urgentemente, chamar por Victor, para que ele se protegesse, no entanto, as palavras me faltavam, minha garganta secou. Voltei meus olhos para o bolso onde Victor havia colocado uma arma para qualquer eventualidade, tirei-a dali e fiz pontaria na direção de Sir William Primorak no mesmo instante em que ele fazia pontaria contra meu amigo, Victor Dorigan para acertá-lo pelas costas, sem dar-lhe chance para se defender.

Ouvi a explosão da pistola sem saber ao certo se havia partido da que impunha em minhas mãos ou da de Sir William Primorak. Quando meus olhos conseguiram se desembaraçar, percebi, para meu alívio, que a bala havia partido de minha arma e acertado miraculosamente a mão que Sir William Primorak impunha a arma, desarmando-o. Havia uma expressão de dor agora contorcendo a face do homem rechonchudo.

Avistei então Victor olhando para mim com os olhos arregalados, surpresos, chocados. Querendo se mover, mas sem forças nas pernas e nos braços.

– Christopher – gaguejou, querendo desesperadamente entender o que se passara.

Corri até ele e nós dois nos abraçamos, apertadamente, desesperadamente. Enterrei o rosto em seus cabelos, apertando-o contra sua quentura quase febril. Era como se eu tivesse salvado meu próprio filho da morte, um filho querido e infinitamente amado. Ele pegou firme no meu braço e falou:

— Você, você salvou a minha vida, Christopher! Salvou a minha vida!

As lágrimas riscavam-lhe a face tanto quanto riscavam a minha. De fato, eu havia salvado sua vida, o tiro da pistola de Sir William teria matado Victor Dorigan a sangue frio. Eu o havia salvo sem precisar matar aquele que o teria matado pelas costas. A sensação de salvar o próximo sem cometer mal a quem tanto lhe quis mal é indescritível.

O queixo e os lábios de Victor, brancos, tremiam quando ele acrescentou:

— Eu estava a um milésimo de segundo da morte e você a um milésimo de segundo salvou a minha vida. Christopher, salvou...

— Era meu dever. O dever de todo e qualquer ser humano para com seu próximo.

— Você faz ideia do que você significa para mim, Christopher? Deus pôs você em meu caminho para me proteger. Não é a toa que seu sobrenome é Angel. Só um anjo mesmo estaria no lugar certo, na hora certa, para salvar alguém de uma situação hedionda como a que eu vivi.

Victor continuou me encarando em meio a uma nuvem de lágrimas.

— Eu jamais esquecerei do que me fez, Christopher. Jamais, em toda a minha vida. Você é mais que um amigo, mais que um irmão, você é definitivamente meu anjo da guarda, em carne e osso.

As palavras de Victor continuaram vivas em minha mente e haveriam de ficar pela eternidade.

Meus olhos então avistaram Leonard Primorak largando o pai, convulso, sentado no chão, vindo na nossa direção com a intenção de nos agredir. Puxei Victor pelo braço no mesmo instante e disse:

— Vamos sair daqui, esse homem é louco, o filho tanto quanto.

Partimos dali quase correndo. Mais uma vez, ao passar pelo moinho abandonado meus olhos se detiveram por instantes na sua melancólica aparência. Pensei que aquilo que já tivera vida e beleza hoje guardava apenas melancolia e as rugas que o tempo lhe havia imposto. Avistei novamente a morte diante dos meus olhos querendo roubar a vida de Victor Dorigan como um ladrão sem alma e sem coração.

A morte, a morte... sempre ela a perturbar o ser humano com sua ameaça constante. Sempre a morte... mas havia outra coisa tão perturbadora quanto a morte a nos rondar e nos encher de ameaças, chamava-se amor, a-m-o-r... eu é que não sabia até aquele momento essa verdade.

Capítulo 3

Um encontro marcado pelo destino

Era por volta das dez da manhã quando eu e Victor pegamos o trem para Maryland, sua cidade natal. Nunca até então tivera a oportunidade de visitá-la, apesar de Victor ter me convidado para ir com ele por diversas vezes.

Partimos da estação sob um céu azul e ensolarado, com a crescente sensação de que o fim de semana prometia ser o mais agradável possível.

Conversamos por quase todo o trajeto, a prosa foi tanta que nem sentimos a viagem passar. Quando percebemos já estávamos chegando a Maryland. O tempo continuava perfeito, claro e ensolarado. Apenas o ar se mantinha frio. Mas com aquele ar puro, que só encontramos no interior, o frio tornava-se irrelevante.

Foi só no momento em que nos calamos que eu fiquei a admirar com prazer a paisagem através da janela do trem em que viajávamos. Havia lugares de beleza indescritível.

Foi bem nesse momento que meus olhos avistaram o que parecia ser um bosque nas proximidades do vilarejo de Maryland. Cheguei a colar o nariz na janela para poder apreciar melhor o lugar.

— Lindo, não é? — comentou Victor também olhando para o arsenal de árvores com admiração.

— Sim. Esplendidamente lindo.

— Brinquei muito por lá quando menino e nos áureos tempos da adolescência. Chamamos o lugar de bosque encantado e há quem diga que lá vivem duendes e borboletas jamais identificados pelo homem. Tudo não passa de superstição, mas o povo gosta de fantasiar as coisas, você sabe.

Perdi a fala. Tomado por uma vontade súbita de me aventurar por aquele bosque como faria um menino sapeca, disposto a vasculhar cada cantinho dele como um bom detetive... Seria capaz até mesmo de me perder dentro daquele bosque lindo...

— Eu sabia que assim que visse o bosque iria se encantar por ele. Não há quem não resista ao seu encanto. Por essa razão, muitos o chamam de bosque encantado.

Victor deu-me um leve soco no braço, em tom de brincadeira, e disse:

— Acorda, homem.

De repente, me vi procurando por palavras que não existiam para quantificar o que sentia. Endireitei meu corpo no assento, ficando novamente de frente para Victor, que me olhava com ar de sapeca, certamente rindo de mim por ter me encantado tanto com algo da natureza.

— A casa dos meus pais fica a poucos metros do bosque — comentou ele como quem diz: fique tranquilo, você vai poder sondar o lugar a vontade.

— Deve ser um privilégio morar aqui.

— Sim, privilégio é a palavra certa para descrever os que moram em Maryland — respondeu Victor sorrindo. Houve uma pequena pausa até que ele continuasse:

— Estou louco para lhe apresentar Romolla. Quero muito, mas muito mesmo, que ela conheça o homem que salvou a minha vida.

— A que hora ela chega?

— Somente amanhã de manhã.

— Somente amanhã, por quê?

— Porque ela tinha um compromisso marcado com a família. O pai, um daqueles pais radicais, não permitiu que ela se ausentasse.

Anuí.

Quando o trem parou na estação, eu e Victor já aguardávamos na porta do vagão para descer. Foi um pulo.

Seguimos a pé até a casa da família Dorigan. Tudo ali era muito simples e acolhedor, casas de tijolos à vista, separadas por uma rua feita de paralelepípedos. Parecia mais um lugar que o tempo esqueceu. Pelo caminho, tive a impressão de que Victor diminuiu o passo ao passar diante de uma casa de aspecto sereno, simples, mas também altamente acolhedora. Silenciou-se enquanto seus olhos estudavam a edificação com certa nostalgia. Pensei em perguntar de quem era, mas uma borboleta me distraiu e acabei perdendo a pergunta dentro de mim. Quanto mais descíamos a rua, mais nos aproximávamos do bosque, e quanto mais perto, mais bonito e atraente ele se tornava.

— Chegamos, Christopher — anunciou Victor parando diante de uma casa de aspecto rústico cercada por um muro baixo, com um portão simples, feito de madeira na frente. — Essa é a casa da família Dorigan.

Visto que nossas mãos estavam ocupadas, Victor abriu o portão com um pontapé. Por sorte estava sem trinco, senão não teria adiantado nada.

— Ô de casa — berrou ele.

Lá de fora pôde-se ouvir nitidamente uma voz empolada de um rapaz dizer:

— Papai, mamãe, o Victor acabou de chegar.

Victor largou as malas na varanda, que ficava na frente da casa, e entrou. O pai assim que o viu foi até ele com os braços abertos e os dentes à mostra num sorriso de felicidade, plena felicidade por poder rever o filho querido.

— Victor, meu Victor.

Os dois se abraçaram fortemente.

— Papai, papai, que saudade.

O pai apertou o queixo do filho impondo na força o mesmo tanto de carinho. A seguir foi a vez de Victor abraçar a mãe, que chegou a chorar nos seus ombros de saudade. A seguir o irmão, Robert e depois a irmã, Catherine.

Só então, Victor voltou-se para mim, que assistia o reencontro da família parado na soleira da porta. Puxou-me pelo braço e disse a todos:

— Este é Christopher Angel, meu melhor amigo, e como já disse por carta, o homem que salvou a minha vida das garras da morte.

Eu, que já estava sem graça, fiquei ainda mais ao perceber que esquecera de tirar o chapéu para entrar na casa, o que fiz imediatamente, pouco antes de sorrir timidamente para todos os membros da família Dorigan, que me observavam com curiosidade e certo encanto.

O pai, Lionel Dorigan, homem avantajado com atitudes que sugeriam reservas de força, veio até mim, pegou firme nos meus ombros, apertou-os, olhou fundo nos meus olhos com seus olhos de um azul claro e profundo e disse:

— Não consigo encontrar palavras em meu sucinto vocabulário para expressar o que seu gesto para com meu filho significa para mim, para toda a família. Só tenho a lhe dizer, do fundo do meu coração, muito obrigado, *filho*. Obrigado imensamente. Nossa casa está aberta para você para todo o sempre.

A palavra "obrigado" foi muito mal pronunciada por mim devido a forte emoção que sentia naquele momento.

A seguir, foi a vez da mãe de Victor, dona Ingrid Dorigan, chegar em mim e expressar sua gratidão. Era uma mulher de cerca de quarenta e sete anos que na juventude devia ter sido linda. Ela passou a mão delicada e lentamente por minha face e entre lágrimas falou:

— Faço das palavras do meu marido as minhas.

Desta vez consegui pronunciar o meu "obrigado" de forma mais audível e natural. Robert Dorigan, o irmão de Victor, chamado por todos de Bob, foi o próximo a me cumprimentar e me agradecer por ter salvado seu irmão querido, seguido pela irmã, Catherine, uma jovem na flor da adolescência que fisicamente lembrava muito Victor.

A seguir, ao chamado de Victor, fui para o seu quarto no andar superior da casa e lá ajeitamos nossas malas, lavamos o rosto no banheiro e demos um trato no cabelo. Quando descemos, a mesa para o almoço já estava posta e Catherine acabava de pôr os últimos talheres ao lado dos pratos. Ao me rever, seus olhos penetraram nos meus de forma curiosa, como se quisessem ver o que ninguém mais podia enxergar. Algo a que nem eu mesmo tinha acesso. Sorri, sem graça, e me dirigi para a sala onde se encontrava o sr. Lionel e Bob, os quais me receberam mais uma vez com simpatia. Depois, mergulhamos em interessante palestra sobre a origem de Maryland.

Durante a palestra me peguei mais de uma vez admirando o cuidado com que Catherine punha a mesa. Ao perceber que eu a observava sorriu-me candidamente.

A seguir, foram postas as comidas sobre a mesa. Havia carne assada, uma salada farta de legumes, uma travessa com batata gratinada... comida para um batalhão, pensei.

O almoço transcorreu de forma alegre e descontraída, parecia até uma celebração, o que de fato era, comemoravam a presença de Victor e o fato de ele ter sido salvo, da morte, por mim.

O almoço me fez recordar dos almoços em minha casa ao lado de papai e mamãe. Tempos bons, quanta saudade... Senti-me mais uma vez sendo apunhalado pela revolta, por Deus tê-los levado tão cedo. Deveria ser proibido na face da Terra e no Universo que as pessoas que se amam fossem separadas pela morte de forma tão prematura e estúpida.

A sobremesa, um delicioso manjar com calda, serviu para tirar o travo amargo que meus pensamentos deixaram na minha boca.

Após o almoço seguimos para os fundos da casa, onde também havia uma gostosa varanda com um bonito balanço de madeira, o qual Victor tratou logo de ocupar antes que alguém mais tivesse a mesma ideia. A vista dali também era esplêndida. Tão esplêndida quanto aquele ar puro dos campos enchendo os meus pulmões.

— Sinto falta dessa calmaria, Christopher — confessou Victor em tom nostálgico.

— Quem não sente?

— Por mim, moraria aqui pelo resto da minha vida. Cresci aqui, minhas raízes estão aqui. Nenhum lugar significa tanto para um homem do que aquele em que criou raízes.

— Será que você se acostumaria a morar aqui novamente? Justo você que me parece tão fascinado pelos agitos da cidade grande?

— Seria bem capaz sim, desde que...
— Desde?
— Desde que pudesse viver aqui ao lado da mulher dos meus sonhos.
— Romolla?! — perguntei sem esconder o espanto. — Você fala tão pouco dela... Não pensei que a amasse tanto assim.

Victor não respondeu, apenas bocejou.

— Mulher dos meus sonhos... — repeti as palavras de Victor. — Será que todos os homens sonham encontrar a mulher dos seus sonhos?

— Creio que sim — respondeu Victor parecendo distante. — Não só os homens como as mulheres.

— Seria mais fácil, no entanto, buscar apenas uma mulher, sem idealizá-la, do jeito que viesse e que ao pousar os olhos nela você simplesmente se ouvisse dizendo: "é ela, é com ela que eu vou me casar" e se casasse e procurasse fazer de seu casamento o mais feliz do mundo, na medida do possível.

— Sim, seria bem mais fácil.

— Quanto menos exigimos coisas da vida, mais fácil se torna viver. Quando exigimos e não conseguimos alcançar nossas metas, obter o que queremos, como queremos, sentimo-nos frustrados e decepcionados, o que nos faz muito mal. Aceitar de bom grado o que a vida nos traz, é facilitar a vida, é contribuir para o nosso equilíbrio físico e mental.

— Pode ser, ainda assim acredito que só é feliz de verdade o homem que consegue encontrar a mulher dos seus sonhos. Idem a mulher. O que é raro, raríssimo. Mas não impossível.

— Fico contente, Victor, que você já tenha encontrado a mulher dos seus sonhos. Você merece ser feliz.

— Você também, Christopher. Você também merece ser feliz, como todo homem merece.

Apreciei intimamente aquelas palavras. Nisso, Catherine juntou-se a nós, sorriu para mim, no seu jeito cândido de sempre, e sentou-se na cadeira de madeira que ficava rente ao balanço. Trocamos algumas palavras, por fim, disse:

— Deixe-me dar uma volta por aí para fazer a digestão. Alguém me acompanha?

— Nem pensar, meu caro — adiantou-se Victor —, comi tanto que mal consigo piscar. Acho que vou ficar por aqui mesmo tirando um cochilo nesse balanço gostoso.

— Antes eu conseguisse fazer a cesta, dizem que nos faz muito bem, mas toda vez que me forço a dormir depois do almoço, ainda que somente por quinze minutos, acordo com uma baita dor de cabeça.

— Se não fosse o sol eu o acompanharia, Christopher, mas minha pele é inimiga do sol... — disse Catherine em tom de desculpa.

Sorri em compreensão. Nem bem havia completado meu segundo passo, a voz de Victor soou às minhas costas:

— Se for ver o bosque tome cuidado para não se perder dentro dele. Muitos entram e não conseguem sair. É tal como um labirinto quando não se conhece ele direito.

Tornei a sorrir em compreensão e retomei minhas passadas lentas e concentradas. Catherine ficou me observando até eu ganhar distância, voltou-se então para o irmão e disse:

— Ele é um homem muito bonito, exatamente como eu sempre idealizei para me casar.

Mas Victor não ouviu o comentário, já cochilava com a boca semiaberta e ligeiramente babante.

Cruzei os muros que cercavam os fundos da casa dos Dorigan e me dirigi, sem pensar duas vezes, na direção do bosque que àquela hora sob o sol da tarde tornava seu verde luminescente. Quantas espécies de árvores e plantas deveriam estar ali convivendo juntos em harmonia, pensei. Sem contar nos insetos, borboletas e animais de pequeno porte.

Assim que me atrevi a entrar no bosque maravilhei-me ao ver o efeito que o sol filtrado por meio das árvores dava ao lugar. Parecia uma sequência de raios de luz caídos do céu. Algo magnífico de se ver.

A cada passo que dava, uma onda crescente de calmaria envolvia-me o corpo todo. Era como se aquele caminho fosse findar no paraíso. Ali, o mundo parecia existir sem qualquer laivo de amargura e dor. Quão bom seria se o mundo todo se tornasse um bosque como aquele onde só existisse calma e paz.

Ri de minhas próprias observações. Um riso gostoso como havia tempos não dava. Quis encher novamente os meus pulmões com aquele ar puro e fresco e por esse motivo inspirei o ar mais uma vez com vontade. Prossegui no caminho deixando-me envolver cada vez mais pelas maravilhas do lugar.

O canto de um pássaro ecoou nas proximidades. A seguir outro e depois outro e outro... Ah, a natureza, o cheiro de mato, misturado ao cheiro das flores. Ah, aquilo tudo era tão bonito de se ver e sentir.

Enquanto eu refletia, meus olhos se detiveram numa borboleta cuja beleza das asas eu jamais vira igual. Quando banhada pelos raios do sol, as cores de suas asas se realçavam, tornando-se luminescentes, lindas... Não consegui mais tirar os olhos dela. Segui-a com o olhar e um sorriso de menino iluminando a minha face.

Ouvi outro canto de pássaro ou talvez de um grilo ou de outro inseto que eu não soube identificar ecoar nas imediações, enquanto eu seguia obstinadamente a bela borboleta, que ao desviar dos galhos e flores parecia encenar um balé dos mais nobres e tocantes.

Então, subitamente, um raio de luz ofuscou-me a visão me fazendo perdê-la de vista. Soltei um suspiro de desagrado. Perdê-la foi como se eu tivesse perdido um brinquedo quando criança. Decepcionante. Mas tratei logo de recuperar aquela sensação gostosa de paz que estava sentindo por estar ali, naquele bosque, sendo encantado por ele, perdendo-me dentro dele...

Continuei meu caminho, ainda obstinado por reencontrar a borboleta que tanto me encantou. Pensei talvez que ela houvesse voado mais para o alto, em direção às copas das árvores, assim, dirigi meu olhar na direção delas. Podendo agora contemplar seus encantos também. Coisas assim estão sempre a nossa disposição e acabam passando despercebidas para a maioria de nós.

Foi então que algo, no topo de uma das árvores, prendeu a minha atenção.

– O que era aquilo? – perguntei em voz alta.

Estudei atentamente o que via por instantes.

– Sim – murmurei –, é isso mesmo, só pode ser... Uma casa na árvore...

Mal podia acreditar no que via. Há quanto tempo eu não via uma. Anos... Desde, certamente, a minha infância querida onde costumava viver minhas aventuras. Meus sonhos de herói. Novamente o sorriso de menino despontou em minha face enquanto eu me deixava saborear com os velhos ecos dos meus tempos de criança guardados com carinho dentro do meu coração.

Quando dei por mim, estava rente a escada que levava à casa de madeira construída no topo da árvore. Sem pensar em mais nada, me pus a subi-la com a sensação cada vez mais crescente de que algo de bom, de especial aguardava-me por lá.

Pelo estado de conservação da madeira, a casa devia ter alguns bons anos de idade. Fora, com certeza, construída há uns trinta, quarenta anos. Ainda assim, as madeiras que a sustentavam estavam em bom estado.

O que eu não conseguia compreender era o porquê alguém havia construído uma casa na árvore ali, no meio do bosque.

Fui subindo, subindo até finalmente alcançar o topo. Ali encontrei a resposta para a pergunta que fizera há pouco: a casa fora construída ali, estrategicamente ali, por causa da vista linda que se tinha, especialmente do rio que passava rente ao bosque.

Meus olhos ficaram paralisados diante do panorama do lugar. Aquilo intensificou ainda mais a sensação de paz dentro de mim. Cheguei a mergulhar com os olhos por diversas vezes na superfície da água espelhada, querendo imensamente passear pelo seu interior, descobrir seus segredos, desvendar seus mistérios.

Meus pensamentos foram novamente despertos pelo voo raso de uma borboleta. Seria a mesma que há pouco vinha seguindo com o olhar? Observei atentamente suas asas para descobrir a resposta. Sim, era ela. Luminescente como sempre sob os raios do sol. Com sua beleza de encher os olhos. Um sopro de alívio ecoou do meu peito. Havia reencontrado meu *elo* perdido.

Foi quando me pus novamente a acompanhar seu voo bonito que eu descobri que não era a única pessoa ali presente na casa da árvore. Havia mais uma visita. Uma moça. Jovem e linda.

De cabelos claros, brilhantes e de pele rosada. Talvez um ou dois anos mais jovem que eu. A descoberta fez-me perder, subitamente, a respiração. Algo se apoderou de mim; deixando-me completamente parado, como que petrificado. Com o coração atravessado. Amando-a mesmo antes de amá-la.

Capítulo 4

Amo você mesmo antes de amá-lo

Quis dizer alguma coisa, mas nada me ocorreu. Tamanha surpresa. Uma encantadora surpresa. Pensei: "Como é linda... indescritivelmente linda".

– Eu... eu... – tentei falar, mas as palavras se perdiam na minha garganta.

Senti que o mundo rodopiava, ficava de cabeça para baixo, tomado de uma súbita, impossível e gloriosa alegria.

Onde já se viu ficar abestalhado daquele modo?, repreendi-me, tratando logo de me recompor. Firmando a voz, eu finalmente consegui dizer alguma coisa audível e legível:

– Desculpe-me. Não havia visto você aqui...

Ela não me disse nada, tampouco olhou para mim. Arrisquei novas palavras.

– A visão daqui é linda. Estupidamente linda.

Nem uma sílaba, nem um olhar, só o silêncio mais uma vez. Calei-me por um minuto. Permaneci com meus olhos fixos nela. Queria desesperadamente ouvir sua voz, admirar seus olhos.

– Vem sempre aqui? – insisti por não aguentar mais ficar calado.

O silêncio dela permaneceu.

Tornei a repreender meu gesto. Ela estava em paz até eu chegar e, agora, com minhas falas, eu devia estar incomodando-a profundamente. Um suspiro tenso atravessou minhas narinas.

Confesso que tentei lutar contra o meu desejo louco de olhar para o seu perfil e admirá-lo com ardor, mas fui fraco diante do desejo, caí aos seus pés, rendido.

Ela deveria ter no máximo dezoito, dezenove anos, era uma criatura encantadora, com um quê de princesa, cabelos de um louro que parecia banhado a ouro, emoldurando a cabeça de talhe primoroso com suaves ondas naturais...

Aprofundei meu olhar no seu lindo e delicado perfil, percebi então que havia um quê de tristeza. O que de certo modo me desapontou, pois apesar de se tratar de uma total desconhecida para mim, não queria vê-la triste por nada.

Talvez fosse a tristeza que a mantinha naquele estado imóvel. Mas que tristeza era aquela capaz de aprisioná-la naquele estado tão alheio a tudo a seu redor?

Chegou, sim, a passar pela minha cabeça que ela fosse surda, até mesmo cega, mas teria voltado o olhar para mim, pelo menos por uma vez, assim que sentisse o impacto dos meus passos sobre o chão feito de tábuas.

Novamente me vi escravo do silêncio.

Senti vontade de sentar-me no chão e assim fiz. Fiquei ali, de pernas cruzadas, quietinho, com os olhos a ir e vir do lago para a jovem sentada a um metro de distância de mim.

Fiquei ali experimentando pela primeira vez a sensação de estar participando de um encontro marcado pelo destino. Sim, um encontro marcado, o qual o destino usou uma borboleta de raríssima beleza para me levar até ele.

Milhões de perguntas começaram a passar pela minha mente. Iam e vinham tal como ondas do mar, desaguando sempre numa praia chamada coração. Perguntas como:

Quem era ela? Quem era aquela jovem encantadora, que mesmo calada, parecia me dizer tudo? Que mesmo sem me dirigir o olhar, parecia me ver mais que qualquer outra pessoa que conhecera até então.

E, novamente, brotou dentro de mim a sensação de estar amando aquela jovem, linda, estranha, mesmo antes de estar lhe amando.

Eu sabia, com uma certeza arrebatadora que quando a olhasse fundo nos olhos eu não veria mais os olhos de outra mulher como sempre acontecia quando eu mergulhava fundo nos olhos de uma dama. E isso era sinal de que eu finalmente encontrara a dona daquele olhar que sempre encontrei escondido no fundo dos olhos de toda mulher por quem me interessei.

Eu estava diante da dona do meu destino. Um destino ignorado. Ainda que ignorado, o qual eu queria tanto mergulhar, de corpo e alma, sem medo de me ferir, sem medo de ser feliz.

A borboleta voltou a voar pela minha lembrança. A linda borboleta que prendeu meu olhar e me fez avistar a casa da árvore. Que a vida abençoasse a dona daquelas asas multicoloridas, porque fora ela quem permitira que eu chegasse até a mulher que sempre vi sem nunca ter visto.

Então, para minha total surpresa, o silêncio se quebrou. Sem mover seu corpo ela disse:

— Eles me disseram que um dia você viria...
— Desculpe-me. O que foi que disse?

Ela tornou a repetir:

— Eles me disseram que um dia você viria.

A voz dela era doce como o mel. Doce como o olhar que ela lançou sobre mim. Com seus olhos de um azul profundo e vívido.

Quando nossos olhos se encontraram o tempo pareceu parar. O rio, pareceu deixar de correr. Os pássaros deixaramm de voar e cantar. O vento, deixou de soprar. O silêncio se derramou sobre nós dois de forma encantadora. Como se precisássemos dele, mais do que tudo para que pudéssemos reacender a nossa luz interior.

— Bem que eles disseram que você viria... — repetiu ela olhando-me com ternura.

— Eles? — indaguei ponderado. — Eles quem?

A resposta soou imediata:

— Rosamund e Samuel.

Fiquei pensativo. Como alguém poderia saber que eu viria àquele dia àquela hora? Apesar de incoerente, as palavras dela não me assustaram, era como se eu já esperasse por elas. Nova pausa, novo silêncio.

— Seja muito bem-vindo ao bosque encantado — acrescentou ela, minutos depois.

Sorri e agradeci. Disse:

— O lago, visto daqui, é simplesmente lindo. Lindo demais.

Ela confirmou com o olhar. Acrescentei:

— Quem me dera poder viver num lugar tão lindo, tendo como pano de fundo um lago tão belo como esse para poder admirar todos os dias quando eu bem quisesse...
Seus olhos azuis tornaram a passear pelos meus.
— É bom sonhar, não é? — perguntou-me ela.
Anui com simpatia acolhendo seus olhos com os meus, ainda com mais carinho.
— Você vem sempre aqui? — perguntei.
— Sim. Era o nosso lugar favorito desde criança. Meu, de Rosamund, de Samuel...
— Ah, seus amigos.
Ela confirmou, novamente com a cabeça.
— Onde estão eles?
O rosto iluminado da jovem perdeu a luminosidade. Arrependi-me imediatamente amargamente de ter feito a pergunta. A ponto de querer engolir as palavras para que nunca houvessem atravessado meus lábios.
— Desculpe-me — disse entrecortadamente. — Se não quer falar a respeito...
O silêncio novamente caiu sobre nós. E de repente tudo o que eu mais queria saber era o porquê a pergunta deixara aquela jovem tão linda tão triste?
Resolvi perguntar:
— Você não se sente só aqui?
Nossos olhos azuis, profundos, reencontraram-se mais uma vez. Ela disse:
— Como alguém pode se sentir só cercada de pássaros que cantam tão lindamente, em meio ao vai e vem das borboletas, o caminhar das joaninhas... Além do mais, Rosamund e Samuel estão sempre comigo...
— Amigos, o que seria de nós sem eles?
Ela concordou com um ligeiro balanço da cabeça. Mergulhamos novamente no silêncio. Desta vez num abençoado silêncio, do qual despertei rindo e tratei logo de explicar o motivo:
— Quando criança minha mãe costumava me contar histórias de duendes que habitam os bosques e eu sempre quis visitar um só para poder encontrá-los.

— Acho que todas as crianças que ouvem essas histórias sentem a mesma vontade, especialmente na Irlanda. Eu também quis o mesmo que você, eu e a maioria das crianças que por aqui passaram. Eu e Rosamund chegamos até a armar armadilhas para pegar duendes. Mas, infelizmente, nunca pegamos nenhum. Minha tia nos disse que é porque eles são muito rápidos e espertos e quando um cai numa armadilha os outros o ajudavam a se soltar o mais rápido possível.

Ri e opinei:

— Quando somos crianças acreditamos em cada coisa, não é mesmo? Tudo é possível, tudo é fantástico, o mundo é mais colorido e divertido...

— Os duendes, na minha opinião, são seres que descobriram essa verdade, isso que você acabou de dizer e, por esse motivo, recusam-se a crescer, mantendo-se eternas crianças só para não perderem o encanto que só a infância proporciona

Gostei do que ouvi e dei mais uma vez minha opinião:

— O mundo seria bem melhor, um lugar muito mais agradável de viver, se cada um de nós jamais perdesse o espírito de criança.

Ela assentiu novamente com seus olhos lindos da cor do mar. O silêncio novamente se fez presente entre nós e dentro dele fiquei relembrando com admiração a voz dela, transparente e frágil como um cristal lindo e repousante para os ouvidos.

De repente, ela se levantou, ajeitou o vestido com as mãos e se dirigiu para a escada que dava acesso à casa da árvore. Acompanhei-a.

Descemos. Ao tocarmos o solo. Nada mais foi dito por parte dela senão um adeus.

— Espere! — esbravejei. — Você não me disse seu nome!

Não houve resposta. A jovem da casa da árvore, como eu já havia apelidado, afastou-se, desatando a correr, graciosamente, elegante em cada movimento. Segui-a respeitosamente com meu olhar até ela desaparecer como que por encanto por entre as árvores como se nunca tivesse estado ali.

Voltei para a casa da família Dorigan naquela tarde vivendo um misto de alegria e tristeza. Alegria por ter vivido aquele encontro tão marcante, inesquecível, maravilhoso, e triste por não ter sequer noção de quem era aquela jovem tão linda, tampouco se voltaria a reencontrá-la.

Caminhava tão envolto em meus pensamentos que nem notei a aproximação de Victor. Ao perceber minha dispersão, ele parou e ficou me olhando por instantes com curiosidade.

– É impressão minha ou o meu divino salvador está meio abobalhado?

Sua frase despertou-me do meu mundo interior. Rindo calorosamente, Victor passou o braço pelas minhas costas e seguimos assim até chegarmos ao jardim que ficava no fundo de sua casa.

– Estava preocupado – disse ele, após alguns segundos. – Desapareceu. Cheguei a pensar que havia se perdido no bosque.

– Não me perdi por pouco... tão lindo que dá vontade de nunca mais sair de lá.

– Cuidado. Dizem que há duendes morando ali. Muitos juram que já viram diversos.

– Se eu encontrar um, eu tiro de letra.

– Alguns historiadores contam que no passado o bosque era o local favorito das "pseudo bruxas" para realizarem suas bruxarias.

– Bruxas, duendes?

– Estou falando sério. Pergunte a qualquer um no vilarejo.

Fiz uma careta desdenhando o seu comentário. Em seguida, contei-lhe detalhadamente tudo que havia me acontecido há pouco.

– Você só pode estar maluco – repreendeu Victor, com certo sarcasmo.

– Estou falando sério, Victor. Havia realmente uma jovem encantadora na casa da árvore.

Nisso, Catherine se juntou a nós. Victor voltou-se para ela e num tom de brincadeira disse:

– Christopher disse-me que encontrou uma jovem linda na velha casa da árvore no meio do bosque e que ficou conversando com ela durante todo esse tempo, até que ela foi embora e desapareceu.

— Jovem? — indagou Catherine, demonstrando mais respeito pela minha história do que Victor.

— Sim — confirmei — uma jovem encantadora.

Catherine cerrou os olhos, pensativa, depois perguntou:

— Como era ela fisicamente?

Tratei imediatamente de descrevê-la sem exageros. Quando terminei Catherine sorriu e disse:

— Pela sua descrição parece-me ser a Anne.

As sobrancelhas de Victor se fecharam de forma assustadora:

— Anne?

— Anne? — ecoei.

— Sim — afirmou Catherine, bastante segura do que dizia. — Anne Campbell.

— Ora, Catherine — exaltou-se Victor —, você não acabou de ouvi-lo dizer que ele ficou conversando com a moça.

— Sim.

— Então não pode ser a Anne.

Exaltei-me. Perguntei:

— Por que não?

Assustei-me ao ver Victor engolir em seco e as palavras fugirem de seus lábios perdendo o rumo da conversa.

— Porque... — disse ele por fim, procurando firmar a voz — porque Anne Campbell não fala... Há muitos anos que não fala... Ela é muda.

Capítulo 5
O renascer de uma tragédia

Tanto o meu quanto o rosto de Victor Dorigan transformaram-se, cada um movido por uma emoção diferente. Levei alguns segundos para perguntar:

— Anne Campbell... Quem é Anne Campbell?

Por mais que tentasse, devido a uma forte emoção, Victor não conseguia responder.

— Onde foi mesmo que você encontrou essa jovem? — tornou Victor, um tanto aturdido.

— Numa casa da árvore — repeti firmemente, resumindo a trajetória dos últimos acontecimentos que envolveram a minha vida.

— Tudo indica ser Anne — prosseguiu Catherine, pensativa.

— Mas não pode ser ela, Catherine... Anne não fala. Há muitos anos não fala. Desde... Desde a tragédia.

A palavra "tragédia", não sei por que, bateu fundo dentro de mim. Fazendo-me lembrar no mesmo instante da tristeza infinda que observei por trás da bela pele rosada da jovem que encontrei na casa da árvore. Interrompendo minhas reflexões, perguntei:

— O que houve com essa jovem? Que tragédia foi essa? Contem-me.

Havia um misto de aflição e curiosidade na minha voz agora. Victor disse, com uma sombra de inquietação em seu rosto:

— Eu não gosto nem de lembrar... foi uma coisa tão estúpida. Hedionda...

— Se lhe faz mal falar a respeito...

Parecendo não me ouvir, Victor Dorigan começou a falar pausadamente expressando grande tristeza no rosto e na voz:

— Rosamund era irmã de Anne, uma irmã querida, muito querida. As duas não se desgrudavam por nada. Nada deste mundo. Brincamos muitas vezes juntos. Pelo bosque, na casa da árvore... Aí então, Rosamund se apaixonou por Samuel, Samuel Groben, filho de um bem-sucedido agricultor da região. Mas o rapaz não tinha olhos para a jovem, não que Rosamund fosse feia, pelo contrário, era linda, estupidamente linda, assim como Anne, mas Samuel não passava de um molecão... Seu corpo havia se desenvolvido, mas sua cabeça não. Não queria saber de namorar, queria brincar, curtir a vida como todo moleque. As moças na adolescência se desenvolvem física e mentalmente mais rápido você sabe bem. Enfim, cansada de ser ignorada pelo rapaz, Rosamund armou um plano para chamar a atenção dele. Supomos que tenha sido isso que aconteceu, pois Anne jamais abriu a boca para nos contar a verdade.

"Visto que Samuel sempre ia pescar no riacho que passa rente ao bosque, Rosamund aguardou por sua chegada e num momento oportuno jogou-se na água na esperança de que ele a salvasse e assim tivesse um bom motivo para conversarem e com isso criarem um laço de amizade e mais tarde um afetivo. Só que Rosamund não sabia nadar e o pior é que Samuel também não. Ao ver seu desespero, o rapaz deve ter pulado na água para salvá-la e acabou morrendo afogado com ela. Os dois corpos foram encontrados abraçados."

Victor sentiu um arrepio horrível antes de acrescentar:

— Anne deve ter assistido tudo de longe, da casa da árvore. E por mais que corresse para o riacho na esperança de ajudar Rosamund e Samuel ela não conseguiu chegar a tempo de salvá-los. Leva-se tempo para descer da casa e há grande dificuldade para correr por entre o capinzal. Não é fácil.

"Deve ter sido um baque, um choque tremendo para Anne descobrir que a irmã e o rapaz por quem ela, a irmã, estava apaixonada haviam morrido afogados. E uma decepção com ela mesma por não ter conseguido chegar a tempo de salvá-los."

Suspirei, entristecido. Disse:
— Isto explicaria a tristeza. A tristeza que havia por trás daquele olhar de beleza infinda.
— Desde esse dia — prosseguiu Victor com um pesar tamanho —, Anne nunca mais falou... ficou meio amalucada... Foi um choque para todos. Principalmente para mim, pois gostava muito de Anne, encontrávamo-nos praticamente todos os dias e prozeávamos por longas horas.
— Os pais de Anne dizem — observou Catherine —, que desde a tragédia Anne passou a olhar para o nada como se olhasse para alguém que esta lá, mas só é visível a seus olhos, invisível para os demais. Judiação, uma jovem tão linda tornar-se o que se tornou após essa tragédia...

Seria a misteriosa jovem da casa da árvore de fato Anne Campbell? Uma forte curiosidade penetrou as grutas do meu coração naquele momento. Voltei-me para Victor e disse:
— Você me deixou curioso, Victor.
— Você também... — respondeu ele olhando fundo nos meus olhos.

Houve quase um minuto de silêncio até que um de nós voltasse a falar e fui eu quem se manifestou. Minha voz estava um tanto quanto sonhadora ao dizer:
— Tive a impressão de que o nosso encontro, o meu e dessa jovem, foi um encontro marcado pelo destino. Você acredita nessas coisas?

Victor balançou a cabeça afirmativamente. As minhas palavras o tocaram por algum motivo e uma lágrima caiu de um de seus olhos. Muitas outras teriam acompanhado essa se ele não tivesse procurado reprimir a emoção.
— O destino nos uniu, Victor — acrescentei sacudindo a cabeça sapientemente. — O destino me uniu a essa jovem que conheci hoje na casa da árvore tal como me uniu a você...

Victor estremeceu ao comentário.
— Como assim? — perguntou ele com certa inquietação.
— Ora?! Se eu não houvesse me ligado a você não teria vindo parar aqui e, conseqüentemente, conhecido essa jovem.

O comentário despertou um riso esquisito em Victor Dorigan. Nova pausa. Nova intromissão do silêncio.

De repente, senti um arrepio esquisito diante de um pensamento que me atravessou a mente como um raio.

– O que foi? – perguntou-me Victor ao me ver arrepiar.

– É que, de repente, senti uma vontade enorme de viver lá, no meio daquele bosque, naquela casa da árvore, ao lado daquela jovem linda... pelo resto da minha vida.

– Oh, Deus... – exclamou Victor rindo. – O cupido acertou mesmo uma de suas flechas em seu coração!?

O comentário pareceu não ter alcançado os meus ouvidos. Pensativo, acrescentei:

– Ao mesmo tempo em que me sinto agradecido por ter entrado naquele bosque e conhecido essa jovem, algo dentro de mim se arrepende amargamente de ter entrado ali.

– Ora, Christopher, por quê? O que deu em você?

Estava prestes a responder a pergunta quando a mãe de Victor nos chamou para o chá da cinco e o assunto se dispersou.

– Preciso revê-la, Victor, preciso rever essa jovem... Temo que se não o fizer não conseguirei mais viver em paz...

Essas foram as últimas palavras ditas por mim antes que entrássemos na sala de jantar da família Dorigan.

Naquela noite acordei diversas vezes pensando, encantado, no encontro que havia tido com aquela linda jovem na casa da árvore. Mal via a hora do dia amanhecer para me infiltrar novamente naquele bosque divino e reencontrá-la. Não sei por que, mas havia uma certeza gritante dentro de mim de que nós haveríamos de nos reencontrar, a mesma que me dizia que nós dois havíamos sido feitos um para o outro.

Passei horas deitado observando o teto iluminado discretamente pela luz do luar que atravessava a janela, o tempo todo com o rosto da misteriosa jovem da casa da árvore impresso na minha mente, em meu coração e em cada órgão vital do meu ser. Parecia mais um garoto desabrochando para o amor. O que de fato era verdade, pois nunca havia amado daquele jeito, naquela intensidade e assim tão de repente.

Só nessa hora confirmei o que eu já havia previsto: o fato de que pela primeira vez em toda a minha vida eu não havia visto no fundo dos olhos de uma mulher os olhos de outra mulher a me observar. Para mim aquilo era sinal de que eu havia finalmente encontrado a mulher dos meus sonhos. Sim, só podia ser, afirmei com convicção.

A vida era realmente cheia de surpresas, havia liberto finalmente meu coração para uma mulher linda, com um passado trágico, encontrada no lugar mais inóspito que eu já visitei em toda a minha existência, uma casa na árvore.

Insano ou não, por mais absurdo que pudesse ser, eu estava amando uma estranha que no fundo nada tinha de estranha para mim. Parecia uma velha amiga de longa data.

Encontrava-me já em estado de alfa quando algo, uma fúlgida lembrança me despertou. Eram as primeiras palavras que a misteriosa jovem da casa da árvore havia me dito:

"Eles me disseram que você viria..."

"Eles? Eles quem?"

"Rosamund e Samuel..."

Estava tão baratinado que não me ativera ao fato quando Victor me contou a triste história que envolvera o casal de jovens. Isso mostrava nitidamente para mim, sem dúvida nenhuma, que a misteriosa jovem da casa da árvore era de fato, Anne Campbell. A descoberta deixou-me mais aliviado. Pois agora eu saberia onde procurar a jovem que tanto me encantara.

As palavras da jovem tornaram a ecoar em minha mente fazendo-me refletir: como eles, Rosamund e Samuel, poderiam ter dito a Anne que eu viria se estavam mortos, mortos havia muito tempo? Isso era impossível... Mas a pergunta ficou sem resposta, o sono me venceu finalmente.

***

O domingo amanheceu com um sol quente, sem uma nuvem sequer para destoar o céu azul. Logo após o café da manhã acompanhei Victor até a estação de trem para apanhar Romolla, sua namorada que chegaria no primeiro trem da manhã.

Victor parecia mais alegre que o normal e, novamente, surpreendi-me com seu jeito, pois jamais pensei que ele estivesse tão apaixonado por Romolla como demonstrara estar nos últimos dias.

A poucos metros da estação, ouvimos o apito agudo do trem anunciando sua chegada. Aceleramos o passo e em menos de um minuto, Victor tomava nos braços a jovem que namorava já havia quase dois anos.

– Christopher – disse Victor. – Quero lhe apresentar Romolla Brennan.

Cumprimentei-a, e ela me olhou com curiosidade, fazendo uma reverência.

– Muito prazer, Christopher – disse ela num tom delicado e preciso.

– O prazer é todo meu – respondi polidamente estudando a jovem com discreto interesse.

Romolla Brennan era uma jovem encantadora. Jovem na idade, mas de personalidade madura, adulta. Ao me ver estudando sua mulher amada, algo semelhante a um leve sorriso surgiu nos lábios de Victor, um sorriso enigmático. Naquele almoço de domingo, confesso que estava tão ansioso por encontrar a misteriosa jovem da casa da árvore, provavelmente Anne Campbell, que comi apressado sem saborear direito a comida. Minhas mãos denunciavam a minha inquietação, bem como meu jeito reservado de me portar à mesa evitando tomar parte da conversação que se desenrolava ali.

O sr. Lionel, entre uma garfada e outra, entretinha a todos com suas histórias do passado. Sua energia para a tagarelice era admirável. Romolla Brennan se mostrava aparentemente descontraída, mas seus olhos não se afastavam por muito tempo do rosto de Victor. Ela era encantada por ele, literalmente encantada, qualquer um podia ver. E eu desejei que a mulher com que viesse a me casar um dia fosse também encantada por mim daquele modo.

Quem não desejaria o mesmo? Todos querem ser amados por alguém que nos ame bem mais do que amamos a nós mesmos.

Após o almoço, saí da casa discretamente para evitar explicações, e me dirigi para o bosque com a certeza infinda de que haveria de me encontrar com a jovem que tomara conta dos meus pensamentos. Para mim ela já estava na casa da árvore me aguardando. Pretensioso de minha parte? Não. Esperançoso.

Parei diante do bosque, passeei os olhos por entre as árvores, respirei fundo umas duas, três vezes e por fim mergulhei dentro dele como alguém mergulha dentro de um lago cristalino, um mar ou um rio.

Não levou muito tempo para que eu localizasse a casa da árvore. Suspirei aliviado assim que a avistei e me pus a subir a pequena escada que dava acesso a ela. Meu coração pulsava acelerado, ansioso e feliz. Lá estava eu novamente no topo da casa da árvore, olhando com certo receio para tudo o que me cercava. Com medo de me desapontar caso não encontrasse a jovem de brilhantes olhos azuis e cabelos dourados ali.

Mas a apreensão foi passageira, logo cedeu lugar ao alívio e à alegria ao ver que ela estava ali, como eu tanto quis, sentada no mesmo lugar que estivera sentada no dia anterior. Olhando na direção do lago que margeava o bosque.

As primeiras palavras que atravessaram os lábios de minha amada naquele dia foram mais que tocantes. Foram emocionantes.

— Estava esperando por você.

Meu rosto pareceu transformar-se quando dei um sorriso de menino. Sem graça, ri, e falei:

— Eu também estava esperando. Esperando por esse encontro. Este encontro marcado pelo destino, Anne.

Os olhos dela se abriram de forma exuberante.

— Como sabe o meu nome?

Fiz certo mistério:

— Um passarinho me contou. E eu que pensei que o boato era falso.

— Boato? Que boato?

— De que os passarinhos não falam coisa com coisa.

Ela sorriu com leveza infinda. Sorri também.

— Gostaria que os passarinhos me contassem mais — acrescentei sorrindo.

— Mais? Sobre o quê?

— Sobre você, Anne?

Os olhos dela se entristeceram. Pousei minha mão sobre a dela e com o mesmo carinho disse:

— Eu sinto muito, Anne. Sinto muito mesmo pelo o que aconteceu a sua irmã.

Ela se conteve para não chorar. Disse:

— Ela era tão jovem... Estava tão apaixonada...

— Foi um acidente, o que se há de fazer...

— Prometi a mim mesma que se um dia eu tiver um filho ele há de aprender a nadar como um peixe para que nunca mais tragédias como essa possam acontecer.

Sua voz extinguiu-se por instantes, aguardei calado até ela prosseguir:

— Fiquei desolada... O que me confortou durante todos esses anos foram os dois, Rosamund e Samuel... Um dia, meses depois da tragédia quando eu me encontrava aqui sentada com os olhos fixos no lago, procurando desesperadamente encontrar uma explicação por trás do que aconteceu, eles apareceram para mim.

Eu quis gritar, mas a voz não saiu. Eu quis falar, mas a voz se perdeu. Eles então me disseram "calma, Anne, calma"... Ainda assim eu queria gritar de felicidade por vê-los aqui ao meu lado, *vivos*... Eu sabia que não era uma ilusão, uma visão criada por minha mente, eram eles de fato, os dois, não em carne e osso, mas em espírito.

O que mais me impressionou não foi poder vê-los em espírito e sim o fato de não haver um pingo de tristeza nos olhos deles, tampouco rancor... havia somente compreensão... Uma compreensão infinda... Eles então me falaram sobre a vida após a morte. O que há do lado de lá... Contaram-me coisas impressionantes. Coisas emocionantes...

Ela suspirou:

— Foi numa dessas visitas que eles me disseram que você viria...

Diante do meu silêncio e do meu olhar de espanto Anne perguntou:

– Você não acredita em nada do que estou lhe contando, não é mesmo?

Engoli em seco.

– Eu também duvidei – continuou ela –, cheguei sim a acreditar, apesar de não querer acreditar, que tudo não passava de uma visão criada pela minha mente, pela saudade deles, mas sua chegada provou de vez que eles não eram uma projeção de uma mente fantasiosa e deprimida pela saudade. Eram reais.

– O que mais eles disseram sobre mim?

– Nada além de que viria e nesse dia eu voltaria a falar... Seria também o momento exato de eu voltar a viver para cumprir a minha missão.

– Sinto-me lisonjeado por ter podido de certo modo ajudá-la a voltar a falar. Deveras lisonjeado.

Uma borboleta passou por entre nós tão linda quanto aquela que me levara indiretamente à casa da árvore e a Anne Campbell. Acompanhei-a com o olhar até perdê-la de vista. Contei-lhe como cheguei até a casa e até ela.

– São muitos os caminhos que Deus encontra para unir as pessoas – observou Anne com certa admiração.

O modo como ela disse "Deus" tocou-me fundo, eu que nunca fora muito íntimo Dele senti-me mais próximo do Pai Celestial naquele instante como nunca estivera em toda a minha vida.

Fomos envolvidos por uma deliciosa aparição do silêncio no qual pudemos perceber que se pode dizer muito um para outro sem que seja necessário fazer uso das palavras.

Eu estava prestes a dizer meu nome, algo que ainda não havia tido a oportunidade de fazer, e ela tampouco de me perguntar, quando Anne disse:

– Eu gosto do seu nome. É um nome forte, bonito.

– Eu nem lhe disse o meu nome.

– *Eles* me disseram, Christopher.

Eu fiquei abobado.

— Christopher Angel — pronunciou ela bem devagar. Parecendo apreciar cada vogal contrastando com as consoantes. — Dois nomes fortemente ligados a Deus. Christopher que se assemelha a Cristo (ungido com o óleo sagrado) e significa o portador de Cristo e Angel, o nome dado aos emissários de Deus.

Ela de fato soubera o meu nome de uma forma sobrenatural. Algo surpreendente e difícil de acreditar, ao menos para mim que era totalmente cético no terreno da metafísica. Era mais uma vez surpreendente constatar que por mais que tenhamos uma prova mediúnica ainda assim nos recusamos a acreditar nela.

Anne aprofundou seus olhos sobre os meus e disse:

— No fundo, no fundo, Christopher, você é um anjo disfarçado de homem. Sua missão é a de um anjo. Proteger, ajudar, amparar... Um dia você vai descobrir isso.

— Suas palavras me envaidecem.

Fomos envolvidos por uma nova e apreciável onda de silêncio que nos deixou completamente imóveis.

O silêncio se quebrou quando Anne disse:

— Não permita jamais que as coisas belas da vida passem longe do seu olhar, Christopher Angel.

— Não permitirei, Anne. Não permitirei, jamais.

Nova pausa antes de ela perguntar:

— Nunca se desespere, Christopher. Haverá momentos de desespero, principalmente quando a vida não corresponder ao que você almeja.

— Vou tentar, Anne... Vou tentar.

— Prometa-me.

— Eu prometo.

Enquanto o silêncio pairava sobre nós como uma deliciosa chuva de prata eu pude admirar com mais detalhes a face linda e rosada daquela mulher. Tudo nela era perfeito para mim.

Por mais que eu tente me expressar em palavras não conseguirei jamais descrever em detalhes sua beleza. Sob aquele pequeno raio de sol que chegava até ela por meio de uma brecha entre os galhos e folhagens das árvores, sua pele adquiria uma tonalidade dourada, os cabelos loiros, fulvos, ligeiramente esvoaçantes chegavam a brilhar como ouro e prata. Fiquei certo mais uma vez de que havia encontrado em Anne a mulher da minha vida. Sim, eu a amei desde o primeiro instante em que a vi. Uma onda de alegria acelerou meu coração e eu soube que nunca mais seria o mesmo homem após aquele encontro.

Ficamos com os olhos presos um ao outro, por cerca de minuto, enlevados por mútua concentração.

De repente, vi-me querendo tomá-la nos braços, beijá-la, apertá-la contra mim e dizer-lhe palavras de amor na linguagem mais poética que alguém pode usar. Tive a ligeira impressão de que nada mais existia no mundo além de mim e ela. Olhavamo-nos e uma gloriosa felicidade explodia, algo que somente poucos podem provar na vida.

Quase lhe disse, ali mesmo, que a amava antes mesmo de estar lhe amando. Que a queria para o resto da minha vida antes mesmo de querê-la. Que ela seria minha Terra e meu céu, as quatro estações do ano, a luz que liberta o ser humano das trevas.

Uma vontade louca de me casar com Anne, o mais rápido possível, abateu-se sobre mim. Que a vida me concedesse essa graça. A graça de desposar aquela jovem encantadora e também a graça de me dispensar de toda e qualquer realidade mundana para viver com ela um conto de fadas.

Não foi preciso dizer uma palavra sequer. Anne podia sentir, só de estar ao meu lado o que se passava em meu coração.

Nunca confirmei, mas creio que Anne também soube de imediato que eu era o homem de sua vida naquele exato momento.

Nós dois saímos do bosque aquele dia caminhando lado a lado sem pressa, bem diferente do dia anterior em que Anne saíra correndo e desaparecera como que por encanto entre as árvores.

Sugeri que fôssemos até à casa da família Dorigan, todos gostariam imensamente de revê-la, o que Anne aceitou de prontidão.

Victor estava sentado numa das cadeiras da varanda, com os pés apoiados na cerca de madeira, quando entramos no seu campo de visão. Ao nos ver, ele por pouco não se desequilibrou e caiu. Tratou imediatamente de se recompor e correu até nós dois trazendo consigo um sorriso bonito na face ligeiramente ruborizada.

— Anne?! — exclamou Victor embevecido. — Anne Campbell, é mesmo você! Oh, Anne... que saudade...

Nem bem ele terminou o que dizia, abraçou Anne fortemente. Acrescentou emocionado.

— Anne, como é bom, como é bom poder vê-la novamente como antes... como nos velhos tempos. Nossos idos tempos de adolescentes...

— Que bom — disse ela no seu tom mais delicado —, que bom que você não me esqueceu, Victor...

— Esquecer de você, Anne? Como?

Ele a apertou novamente num abraço querido antes de acrescentar num voz embargada:

— Ah, como é bom, como é bom poder ouvir sua voz novamente, Anne...

— *Eles* sempre me perguntavam de você, Victor, sempre...

Victor sorriu, olhou para mim sem mover a cabeça. Compreendi a razão.

— Eles também me disseram, Victor, que ele viria — acrescentou Anne voltando-se na minha direção. — E agora que ele veio eles puderam partir...

Não era preciso perguntar, Victor sabia que ela se referia a Rosamund e Samuel. E acreditou que Anne escolhera inconscientemente a fantasia para se esconder da triste realidade a qual não poderia ser jamais remediada.

— Ora, ora, ora se não é Anne Campbell — comentou d. Ingrid com espanto, da soleira da porta que dava para a varanda.

Anne foi até a senhora e a cumprimentou com sua graça de sempre.

— Que bom, minha querida, que bom que está... — Ingrid Dorigan interrompeu-se. — Que bom te ver aqui, meu anjo. Que bom.

A seguir foi a vez de Catherine. Bob também cumprimentou a moça. Lionel Dorigan também saiu da casa para vê-la, admirado e agradecido a Deus por ver Anne recuperada. A última a aparecer ali foi Romolla Brennan.

— Está é Romolla — explicou Catherine para Anne —, a namorada de Victor.

As duas jovens olharam-se com admiração.

— Muito prazer — disse Anne, graciosamente.

— O prazer é todo meu — respondeu Romolla numa polidez aristocrática.

Voltando para mim, Anne disse:

— Eu preciso voltar, mamãe fica preocupada quando demoro para chegar em casa.

— Se não se importar — adiantei-me —, gostaria de acompanhá-la até a sua casa, Anne.

Ela assentiu com o olhar, a seguir despediu-se amavelmente de todos e partiu na minha companhia. Nem bem saímos, d. Ingrid disse:

— Que bom... que bom que Anne superou aquela tragédia... Eu pensei que ela jamais conseguiria. Foi uma bênção...

— Sim — murmurou Victor pensativo —, foi uma bênção.

— E ela continua linda — observou Catherine —, linda como sempre foi.

— Sim — concordou Bob aprofundando o olhar sobre nós à distância. — linda como sempre foi... ou talvez ainda mais linda...

Capítulo 6

A vinda do inesperado

Nos dias que se seguiram voltei a rever Anne periodicamente. Brincávamos pelos arredores do bosque Encantado bem como por dentro dele como se fôssemos duas crianças.

Nunca a vida se descortinara tão maravilhosamente diante de mim depois de conhecer Anne Campbell. Na verdade, jamais pensei que por trás das cortinas da vida houvesse a vida que agora me abençoava. Sim, era uma bênção, saber que Anne existia, querer estar ao seu lado, viver e sonhar com ela.

Era surpreendente e até mesmo comovente descobrir que estava errado quando pensei que a mulher que um dia haveria de me casar existisse apenas em meus sonhos, no mundo das ideias... Descobrir sua existência no mundo real era deveras fascinante. Uma dádiva, a qual gostaria que todo semelhante pudesse provar na vida.

Eu, apesar de não saber como era a sensação de estar amando de verdade, sabia que estava amando uma mulher pela primeira vez de verdade e essa mulher era Anne Campbell.

Meu período de férias da faculdade para minha tristeza terminou. A volta às aulas me tirou aquilo que se tornara mais importante em minha vida: passar os dias ao lado de Anne. No entanto, não me deixei abater, procurei fazer o possível e o impossível para passar os fins de semana com ela.

Pegava o primeiro trem que ia para Maryland assim que me via livre da faculdade. Só para poder chegar até Anne o quanto antes e passar a maior parte do tempo possível ao seu lado.

Diante da minha necessidade de ficar ao lado de minha amada, a família Dorigan ofereceu-me sua casa para eu me hospedar toda vez que fosse para Maryland. O que acabei aceitando, visto que ficaria muito dispendioso pagar um quarto de pensão toda vez que fosse para lá.

Em alguns fins de semana, Victor viajava comigo e Romolla Brennan seguia então para Maryland para passar o sábado e domingo com ele.

Creio que nunca os fins de semana de todos nós foram tão agradáveis como os que passávamos agora. Uma combinação perfeita entre o prazer, o amor e a alegria de viver.

Eu e Anne, Victor e Romolla acabávamos de voltar de um passeio pelos lindos campos que cercavam Maryland quando, assim que entramos na casa da família Dorigan, Lionel mandou-nos calar a boca. Seu modo brusco nos assustou. O homem ouvia as notícias com aflição. Ao lado do pai estava Bob, roendo as unhas.

— Acaba de ser decretada a primeira guerra mundial — dizia o locutor.

— Oh, meu Deus, que desgraça — exaltou-se d. Ingrid Dorigan. — Onde o homem vai parar com essa mania de fazer guerra? Já não basta todo o sofrimento que causou ao ser humano nas anteriores? Todas aquelas mortes, toda aquela dor?

— Procure ficar calma, mamãe, por favor — acudiu Victor.

Mas Victor parecia estar dizendo aquilo para si mesmo. Dona Ingrid exaltou-se mais uma vez:

— Acalmar-me, Victor? Como? Só uma mãe pode temer a guerra como eu a temo. Ela arranca dos pais seus filhos amados sem nos dar a certeza de que eles voltarão. É horrível. Você não pode compreender, filho, nem ninguém que nunca se tornou pai ou mãe, a dor que é viver sob a ameaça de perder um filho amado na guerra.

E, chorando, Ingrid Dorigan se retirou da sala. Preocupado Bob foi atrás dela.

Quando o filho caçula reencontrou a mãe, ela estava ajoelhada sobre uma almofada diante de uma pequena estátua de Nossa Senhora. O filho ajoelhou-se ao lado dela e disse baixinho:

— Acalme-se, mama. Tudo vai acabar bem.

As lágrimas continuavam a escorrer pela face entristecida de d. Ingrid. O filho passou o braço por suas costas e a confortou em seu peito.

— Viver não é fácil, filho. Não é. Quando nós pensamos que todo o mal que podia nos afetar terminou, ele ressurge novamente para nos atormentar como um ser, uma entidade demoníaca.

"Que a guerra passe longe, bem longe dos meus filhos e se evapore da Terra o quanto antes. Para o bem de todos e da humanidade", suplicou a pobre mulher a Deus.

Bob mergulhou fundo nos olhos da santa, sem saber ao certo por quê. Enquanto isso, permaneci na sala ouvindo as notícias. Romolla foi até Victor e o abraçou carinhosamente.

— Um mundo em guerra, que pesadelo — murmurou ela, entristecida.

Victor apertou ela contra o peito para confortá-la.

— Será que vão convocar os reservistas como nós — perguntei com certo receio.

A resposta foi dada por Lionel Dorigan.

— Sim. Pelo visto, sim. Infelizmente, meus filhos, vocês serão convocados para a guerra.

Percebi de imediato que a notícia havia também mexido com Anne e que ela tentou controlar a emoção. Afastou alguns fios de cabelo de seus olhos e respirou fundo procurando não deixar transparecer o choque que sentiu.

Meu coração se apertou, não pelo fato de ter de ir para a guerra, mas pelo fato de ela me separar de Anne. Nada poderia doer mais em mim do que ser obrigado a me separar da mulher por quem eu me descobria cada dia mais apaixonado.

Meus olhos se encontraram com os de Victor e pude perceber que ele soube o que se passava em meu coração naquele momento. Mordisquei os lábios, lamentando a minha sorte, a nossa sorte, a falta de sorte do mundo mais uma vez.

Não levou mais do que uma semana para que o governo do nosso país convocasse todos os reservistas. Os patriotas receberam a notícia com entusiasmo, bem diferente dos pais e, principalmente, das mães.

— Pelo amor de Deus isso não é justo — explodiu d. Ingrid assim que recebeu a notícia da convocação de seus filhos. A mulher agarrou-se ao filho mais jovem, apertando-se a ele com toda força de que dispunha.

— Não! — chorava ela. — Você não vai. Não pode! Eles não podem tirar meus dois filhos queridos de mim. Não podem. Não é justo.

— Acalme-se, mamãe — acudia Bob Dorigan. — Nós voltaremos para a casa. Acredite em mim, nós voltaremos.

— Você só está dizendo isso para me acalmar.

— É verdade, mamãe — afirmou Victor indo também ao encontro da mãe. — Nós haveremos de sobreviver à guerra com a graça de Deus.

— Quantos e quantos filhos não disseram o mesmo para suas mães e jamais regressaram dos campos de batalha? Não voltou sequer um boné para que essa mãe pudesse sentir pelo menos uma vez mais o cheiro inconfundível do filho e matasse a saudade que antes de saber de sua morte já era horrível e que depois tornou-se caótica e eterna.

"Não é justo uma mãe e um pai fazerem de tudo para criar um filho, sacrificando-se muitas vezes para alimentá-lo, manter um teto em condições dignas sobre a sua cabeça e estudos que possam lhe garantir um futuro promissor e, de repente, vê-lo jogado num campo de batalha, com bombas caindo do céu e explodindo ao seu redor dispostas a matá-lo a sangue frio. Não é justo. Não é certo..."

Bob olhou fundo nos olhos da mãe, sentindo uma pena imensa dela. Ele não sabia mais o que dizer para confortá-la, por essa razão, silenciou-se e abraçou-a fortemente com todo o afeto que lhe vinha da alma, como se fosse o último abraço trocado pelos dois.

Eu já ouvira falar dos horrores que a guerra traz para o ser humano, mas não fazia ideia de que ela podia devastar, ferir, mutilar bem mais pessoas do que aquelas convocadas a lutar. Devastar, mutilar e ferir o coração dos pais daqueles que foram convocados para dar vida a mais uma guerra estúpida e cruel. Não, jamais havia me atido a esse fato. E era assustador constatar isso.

Capítulo 7

Um dia, um adeus...

O relógio já marcava meio-dia e eu aguardava Victor, como combinado, na estação de trem para seguirmos viagem para Maryland, onde ele se despediria de seus familiares e eu de Anne, antes de partirmos para a guerra.

Diante da demora do amigo, cheguei à conclusão de que havia entendido errado o horário que havíamos combinado de nos encontrar ou algo havia mudado os planos de Victor fazendo com que ele seguisse viagem sozinho, sem ter podido me avisar. Por essa razão, não esperei mais por ele, tomei o trem e parti para Maryland.

Ao chegar ao pequeno vilarejo, Anne Campbell aguardava por mim na estação. Quando nos vimos corremos ao encontro um do outro. Assim que a envolvi em meus braços beijei-a nos lábios e a girei como faz um casal apaixonado corroendo-se de saudade.

– Oh, Anne, minha querida... vou sentir tanto sua falta... – desabafei.

– Eu também, Chris, imensamente.

– Maldita guerra. Tinha de explodir justo agora? Deveríamos ter nos casado quando eu falei. Não sei por que senti aquela necessidade de me casar com você tão urgentemente. Acho que era um sinal.

– É que quando o ser humano ama de verdade ele sente uma necessidade urgente de ficar junto da pessoa amada.

Afastei-me só para mergulhar fundo nos olhos azuis de minha amada, para fixar bem na minha memória aquele seu olhar tão bonito, tão raro, para que eu pudesse me lembrar dele com a maior nitidez toda vez que a saudade batesse dentro de mim e o desespero que a guerra causa a todos viesse ao meu encontro.

    Temi, por instantes, que a guerra nos separasse para sempre. Mas tratei logo de afastar da mente e do coração tal possibilidade, nada haveria de nos afastar um do outro. Além do mais, Anne já sofrera muito, não merecia sofrer mais, não agora, depois de ela ter voltado a ser quem era, a ser quem nascera para ser.

    Deixamos a estação que àquela hora já estava em polvorosa e seguimos a pé para a casa da família Dorigan. Para minha surpresa Victor não estava lá.

    – Será que aconteceu alguma coisa com ele? – perguntou-me seu pai, preocupado.

    – Não – respondi –, certamente que não, sr. Dorigan. Eu é que devo ter entendido errado o que ele me disse.

    – Ufa!

    Para mim a casa parecia um velório, na verdade o país todo parecia triste como um velório, com lágrimas a riscar-lhe a face. Dona Ingrid, com a ajuda de Catherine, Romolla e Anne prepararam o almoço. Todos comemos em silêncio, por mais saborosa que estivesse a comida, ela não conseguiu acalmar nenhum dos presentes.

    O relógio já marcava catorze horas quando a sirena aguda de uma ambulância atravessou as janelas da casa, Lionel levantou-se abruptamente de sua poltrona e correu para fora. O carro parou em frente a sua casa, de dentro dele saltou o motorista e um enfermeiro. Por pouco o coração daquele homem, calejado pelas agruras do tempo, não deu sua última batida.

    – Eu disse – bramiu ele, desolado –, bem que eu disse que havia acontecido alguma coisa com Victor.

    Todos saímos da casa para ver o que havia acontecido bem no exato momento em que os dois homens tiravam Victor da ambulância sobre uma maca.

    – Filho?! – gritou Ingrid correndo na sua direção. – Santo Deus, o que houve?!

    Tratei imediatamente de ajudar a carregar a maca. Perguntei aflito:

— Victor, você está bem?

Victor estava sedado. Sobre seu joelho direito havia uma tarja de feltro e uma mancha enorme de sangue.

— O que houve? — esbravejou Lionel, nervoso.

— Ele foi baleado — explicou o enfermeiro.

— Baleado?! Como, quando, onde?

— Numa rebelião no centro da cidade.

Ao ver o namorado naquele estado, Romolla rompeu-se em lágrimas. Anne procurou imediatamente confortá-la.

Transferimos Victor da maca para a cama que ele sempre ocupava em seu quarto e ficamos ao seu redor, olhando para ele, tomados de aflição. Assim que ele recobrou os sentidos, Ingrid sentou-se na beirada da cama e curvou-se sobre ele, aos prantos.

— Calma, mulher — acudiu Lionel Dorigan, procurando fazer-se de forte —, assim você vai sufocá-lo.

— Não se preocupe, mamãe, eu estou bem... Hei de me recuperar — falou Victor com grande esforço.

A seguir, foi a vez de Romolla sentar-se ao lado da cama. A jovem estava desacorçoada.

— Oh, Victor...

— Acalme-se, Romolla — acudiu Victor num tom entrecortado. — Estou bem.

— Poderia estar morto.

— Mas estou bem. Acalme-se.

Meia hora depois, Romolla perguntava:

— E agora, Victor, como você vai para a guerra com uma bala presa ao joelho?

Bob Dorigan respondeu imediatamente:

— Ele não vai. Não será aceito.

Agonizando de dor, Victor agarrou no colarinho do irmão e disse entre dentes:

— Eu tenho de ir, por minha pátria... eu tenho de defender a minha pátria.

— Controle-se, Victor. Controle-se — acudiu Bob Dorigan. — Que serventia terá você na guerra? Nenhuma. O melhor a se fazer

é que você fique e, quando estiver com o joelho bom, aí sim você se junta a nós.
– Até lá a guerra já terá acabado – respondeu Victor desapontado.
– Não conte com isso – observou Bob. – Ela pode durar anos...
– É isso mesmo, Victor – eu disse –, seu irmão tem toda razão.
E com os olhos embaçados de lágrimas Victor acrescentou:
– Boa sorte, Christopher. Eu estarei torcendo por vocês... Nunca se esqueça disso.
Sua voz se rompeu em meio a um choro profundo. Nunca a dor se fizera tão presente na vida de todos ali, unidos misteriosamente pelas mãos do destino.
Deixei Victor, sentindo uma tristeza imensa no meu peito, uma mistura de tristeza e temor. Tristeza pelo que havia acontecido a ele, algo que por pouco não o matara, e temor de que o ferimento o impedisse de voltar a andar novamente, naturalmente. E pior, inflamasse e acabasse matando-o.
Se eu ao menos tivesse um pingo de fé em Deus teria certamente encarado tudo aquilo sob o amparo da fé, que é sempre capaz de suavizar os piores momentos que passamos na vida. No entanto...
Foi a vez então de eu começar a fazer as despedidas. Aquilo que mais almejávamos adiar na vida. Não posso descrever em palavras a dor que senti quando chegou o momento de eu me despedir de Anne. Era como se eu estivesse me despedindo para seguir pelo corredor da morte.
– Pense em mim, Christopher – disse Anne. – Em todo momento, até mesmo nos piores.
– Eu vou pensar, Anne, a cada segundo, a todo minuto, meu amor.
– Eu aguardo a sua volta, Christopher, para juntos, quem sabe um dia, construirmos nossa casa na árvore.
– Aguarde, meu amor, aguarde porque eu volto.
Tornei a abraçá-la e beijá-la com toda a força que o amor pode nos dar. Foi com muito custo que eu consegui me desvencilhar

dos seus braços e seguir caminho. Creio que Bob foi submetido à mesma dificuldade.

Estava prestes a tomar o trem quando Anne correu até mim e novamente me beijou, exprimindo naquele beijo ardente e lacrimoso todo o amor que sentia por mim.

– Eu volto, meu amor... eu volto – disse eu segurando-me para não chorar. – Espere por mim que eu volto para você, por você.

Ela me encarou mais uma vez com seus olhos nublados de lágrimas, procurou sorrir e deixou-me seguir meu caminho.

Assim que entrei no vagão, corri para a janela mais próxima só para poder ver Anne mais uma vez. Lá estava ela, parada, olhando para mim, a poucos metros de d. Ingrid, amparada pelo marido e por Catherine. Foi uma das cenas mais tristes que já vi e vivi até aquele dia. Antes fosse a última.

Anne acompanhou-me com o olhar até que desapareci do seu campo de visão com um último aceno.

Dali ela seguiu para a casa da árvore, onde ficou por horas rogando a Deus que me protegesse durante a guerra. Deixando-se também ser envolvida pela paz que só aquele lugar podia transmitir a todos.

Capítulo 8

Pássaros novos, longe do ninho...

Ninguém faz ideia do que é a guerra realmente. Ouve-se falar dela, contempla-se por meio de fotos, mas ninguém sabe o que é de fato, a não ser que viva dentro dela. É horrível, indescritível.

Dizem que existe um inferno, onde os homens pagam por seus pecados. Se existe, ele é o espelho do que se passa nos campos de batalha, pois nada é mais sofrido do que estar dentro deles. Dormir sabendo que a qualquer minuto uma bomba pode cair na sua cabeça, ou explodir nas proximidades, partindo o seu corpo em pedaços, deixando-o entregue à dor, nua e crua, sem recursos médicos para lhe salvar, é desumano.

Eu não saberia dizer o que é pior: percorrer os campos de batalha fatigados pelo vento frio e cortante, ou noutras vezes, com o sol a causticar a pele, sem um pingo d'água para aliviar a sede. Ou atravessar cidades e vilarejos abandonados, de aspectos melancólicos, mortos por fora e por dentro, que dava-nos a sensação de estarmos todos vivendo dentro de um quadro de natureza morta.

É cruel termos de conviver com a nítida sensação de que a morte caminha ao nosso lado, com rosto humano e coração envenenado de ódio, pronta para aniquilar o inimigo antes que ele nos mate, sendo que somos o inimigo do nosso inimigo.

Não, ninguém faz ideia do que é estar na guerra sem conhecê-la, sem tê-la vivido. Não pode também sentir o quanto é dolorido ter seus planos estraçalhados de uma hora para outra por causa dela. É melhor nem saber.

Se bem que aqueles que nos amam, tais como pais, irmãos, cônjuge, namorado ou namorada, familiares, amigos que realmente nos querem bem, todos eles, enfim sofrem de certo modo como nós. A bomba que ameaça cair sobre nossas cabeças ou explodir perto do acampamento, é tão devastadora quanto a notícia de que você morreu na guerra para eles.

Em muitas noites, sem poder conciliar o sono, eu me lembrava daquela intimidade gostosa que eu vivi ao lado de Anne Campbell. Daquele pequeno mundo que ambos tínhamos compartilhado naqueles poucos meses de namoro e que estávamos dispostos a viver dentro dele até nossos cabelos ficarem brancos como neve.

Temia que esse mundo repleto de amor que nós dois sonhamos viver um ao lado do outro chegasse ao fim mesmo antes de existir.

Nessas horas o desespero me apertava a garganta como se fossem duas mãos invisíveis querendo me estrangular. Acordava suando frio ou transpirando forte, murmurando baixinho o nome de Anne.

Cheguei a escrever cartas para Anne, mas, diante do caos que virou a Europa, muitas cartas se perderam nunca podendo chegar ao seu destino final. Receber uma carta por parte dela tornava-se difícil, uma vez que mudávamos constantemente de endereço. Só restava-me, assim como para todos os combatentes, sofrer calado a saudade que sentíamos de nossas mulheres amadas.

Foi na guerra que eu conheci Benedict Simons, e nos tornamos grandes amigos. Misteriosamente, em meio a tantos colegas, foi dele que me aproximei mais. O que me fez perguntar mais uma vez aos céus: por que nos aproximamos mais de uns do que de outros?

Nessa ocasião, já fazia quase dois anos que eu lutava na guerra.

Benedict era um jovem de 24 anos. Tinha cabelos de um louro avermelhado, um rosto sardento, feio, mas agradável, e um queixo excepcionalmente quadrado. Seus olhos, de um azul claro, eram penetrantes e argutos.

Benedict já entrara na guerra desde o início, no entanto fora convocado para cuidar da parte administrativa, por essa razão tivera tempo suficiente para se casar com sua mulher amada e levar sua vida de casado por quase um ano até ser convocado para se juntar às tropas.

Jordan foi outro dos tantos rapazes que se apegou a mim e consequentemente a Benedict durante aqueles anos na guerra. Era um rapaz magro, de aspecto francês e modos refinados. Certamente de família nobre, mas bastante reservado, nunca soubemos grandes detalhes da sua vida.

Estávamos mais uma vez acampados em terreno inimigo. Nesse dia, ao acordar, encontrei todos dormindo feitos bebês. Creio ter sido eu o primeiro a despertar naquele dia. Acendi o fogo e pus uma chaleira com água para ferver. Nada melhor do que tomar um café para reativar os ânimos.

Benedict foi o próximo a se levantar. Deixou a barraca dando um logo e forte bocejo, esticando os braços para se espreguiçar. Fazia realmente frio, o vento, vindo das montanhas ao longe cobertas de neve, soprava forte. Ele olhou para mim, deu um sonoro bom dia e sentou-se ao meu lado diante da pequena fogueira que eu havia acendido para nos aquecer. Jogamos conversa fora nos minutos seguintes para nos entreter, nos fazer esquecer o horror que vivíamos e a fome que nos apertava o estômago.

– Veja – disse-me ele estendendo-me uma foto. – Esta é a minha pequena.

Olhei com atenção para a figura. Era um rosto bonito, moreno, de olhos marcantes, profundos. Disse:

– Muito bonita.

– Seu nome é Elizabeth. Nós nos casamos pouco antes de a guerra estourar.

– Eu sinto muito.

– Ela estava grávida quando eu parti. Às vezes receio que o bebê nasça sem que eu esteja por perto. Se isso acontecer peço a Deus que tudo corra bem durante o parto.

Anuí enquanto devolvia-lhe a foto.
— E você não tem uma pequena? — perguntou-me Benedict.
— Tenho sim — respondi orgulhosamente. — Seu nome é Anne. Anne Campbell. Minha adorada. Estávamos namorando há quase cinco meses, dispostos a nos casar quando a guerra explodiu e nos separou.

Alguns dizem que é o instinto de defesa que nos faz lutar para não morrer. Outros dizem ser Deus, fico com aqueles que se apegam ao amor, ao amor à mulher amada. É o amor, o amor que eu sinto por Anne que me faz lutar na guerra para não morrer. E só quem ama ou amou de verdade pode compreender o que corre em minhas veias e ecoa até a minha alma. Somente aqueles que acordam, passam o dia e vão dormir pensando na pessoa amada podem compreender o que eu sinto. O quanto essa força é poderosa e eficaz diante de uma situação como essa em que me encontro agora. Nada supera o amor, só o amor impede que nós nos percamos de nós mesmos.

Benedict moveu as sobrancelhas como quem diz: é verdade. A seguir falou:

— Por trás de um homem, grande ou simples, medíocre ou intelectual, há sempre uma grande mulher. Não é isso que dizem? E quem diz está certo, certíssimo. E eu diria mais, por trás da vida está a mulher, pois é ela quem sustenta o dom mais poderoso da vida, que é o de gerar e manter a própria vida.

Gostei tanto das palavras de Benedict que fiquei saboreando-as por alguns segundos como quem saboreia uma fruta predileta.

Sua observação conseguiu tirar um sorriso bonito de minha face devastada pelo martírio que vivíamos naquele lugar sem alma.

Nesse momento, Jordan pôs a cabeça para fora da tenda e disse algo em francês... um palavrão ou dois com certeza. A expressão que deformou seu rosto diante de nossa dura realidade, tirou de mim e de Benedict boas risadas.

— Junte-se a nós, meu bom Jordan — convidou Benedict com sua bonita voz de trovão.

— *Brrrr...* — rosnou ele, para espantar o frio. — Daqui eu não saio.

— Está mais quente aqui do lado desta fogueira do que aí dentro, meu rapaz — observei.

Jordan resmungou mais alguma coisa em francês e por fim se sentou num ressalto da rocha, acendeu um cigarro e afirmou:

— Aqui estamos nós nesse fim de mundo.

— E do lado de lá ficou quem a gente ama. — observei numa voz fatigada, recalcada pela fome e pela tristeza.

— Às vezes penso que a guerra é o inferno e as terras que não estão em guerra são o paraíso — acrescentou Jordan, pensativo.

Suas palavras fizeram com que eu e Benedict olhássemos para ele com atenção.

— Diante dessa experiência de vida — continuou Jordan —, sou levado mais uma vez a acreditar que a vida nos pôs aqui para que aprendêssemos a sorrir toda vez que ela nos diz não. Em outras palavras: toda vez que a vida sai fora dos trilhos, foge do nosso controle, toma um rumo completamente inesperado. Sorrir e reagir de forma positiva é uma das maiores lições que podemos aprender durante nossa breve passagem pela Terra.

— Vida... lição... aprendizado... — murmurei cabreiro.

— Sim. Viver é aprender... tal como fazemos numa escola. Só que na escola da vida o aprendizado se faz na prática e não somente na teoria.

— Você realmente crê que há um porquê por trás de tudo isso que vivemos? Duvido que haja.

— Mas há sim, meu caro. Por trás de tudo o que vivemos há um por que. Assim como há um por que por trás de tudo o que existe e acontece no planeta. Por trás da chuva que cai... por trás do verão... por trás da existência do trigo, por trás do amor... até mesmo por trás de um trem que se desencarrilha há um por que se você esmiuçar bem o que o levou a desencarrilhar. Para tudo e para todos há um por que existir. Uma razão que muitas vezes foge à nossa compreensão, mas que está lá no fundo de tudo e você só enxergará se se permitir ver tudo com os olhos e os sentidos da alma.

"Ainda que não acredite que exista um sentido mais profundo por trás de sua vida, das experiências que ela lhe traz, ainda assim você precisa aprender a sorrir toda vez que a vida lhe diz não, ou seja, erguer a cabeça, se dar a coragem para superar o acontecido, prosseguir, libertar-se de qualquer trauma do passado, pois só assim você poderá suavizar o impacto e descobrir que é mais capaz do que pensa, ativar forças que sequer fazia ideia de que haviam em seu interior. Recusar-se a tomar essa atitude só serve para piorar as coisas.

"Não é porque a vida mudou seus planos, ou melhor, o homem mudou seus planos que você vai se matar. Não! Continue, da melhor forma possível, procure dar a volta por cima, pois só agindo dessa maneira é que terá a chance de viver o que gostaria e que foi interrompido por determinadas mudanças de planos.

"Isso é sabedoria. Isso é usar a inteligência que não nos foi dada à toa por Deus."

Enquanto Jordan saiu em busca de algo, Benedict comentou:

– Admirável esse rapaz...

– Sim, admirável – concordei sem saber ao certo se devia.

Certo dia chegamos a pé a uma cidade cujo esplendor fora mergulhado nas trevas desde que fora bombardeada pelo inimigo. A cidade exalava um forte odor de corpos em decomposição. Em meio ao forte cheiro havia também em certos cantos da cidade um cheiro de urina misturado ao de pólvora. Algo grotesco.

Minha garganta suplicava tanto por água que cheguei a ponto de beber água de um cantil que encontrei junto a um dos corpos dos soldados mortos largados pelo caminho. A água tinha gosto de gasolina misturada com vinagre, algo pavoroso. Ainda assim, continuei a beber por receio de que meu corpo sucumbisse de sede. De repente, senti meu estômago se embrulhar, dobrei-me em dois, como uma marionete quebrada, levei os dedos à boca e vomitei. Para mim foi como se eu tivesse vomitado até sangue, tamanho mal-estar que senti. Por pouco não desmaiei.

Não sabia dizer se meu mal-estar se dera por causa da água ou da visão devastadora que se estendia a minha frente.

Benedict pousou a mão no meu ombro e disse:

– Coragem, amigo. Coragem.

Ele tinha razão. Precisava me dar coragem para prosseguir se quisesse evitar que a morte sucumbisse meu corpo já tão fragilizado, tão fragilizado quanto minha mente.

Não muito longe dali chegamos a uma rua onde crescia uma profusão de mortos. Meu estômago novamente se revirou. Eu não suportava mais ver aquilo diante dos meus olhos, tampouco inalar o odor que a morte deixava impregnado no ar. Era triste demais, pavoroso demais. Minhas pernas travaram. Contorci-me mais uma vez.

Eu tinha de encher os pulmões com ar, mas não queria, pois o cheiro me causava náuseas. Ainda assim eu precisava pôr ar em meus pulmões. Não sobreviveria sem respirar. Ao inspirar o ar tossi muito. Parecia que em minha garganta havia um filete de fogo que me deixou ofegante. Fui sacudido por um acesso de tosse.

— Tome — disse-me Benedict estendendo-me um cantil.

— O que é isso? — perguntei olhando para ele por trás de uma nuvem de lágrimas.

— Conhaque — respondeu-me seriamente. — Vai lhe fazer bem.

Eu não queria, juro que não queria, mas Benedict me forçou. Se eu não aceitasse, ele, certamente, seria capaz de me fazer engolir o líquido à força.

Como ele havia previsto, o conhaque fez um bom trabalho comigo. Minhas pernas já pareciam conter carne e osso novamente. Meu corpo voltou a se endireitar. Agora havia pelo menos um toque de cor em minhas bochechas.

Seguimos por entre os corpos mutilados, dilacerados, mortos e semimortos até deixarmos a cidade.

Era noite mais uma vez, pernoitamos num local não muito distante da cidade pela qual havíamos passado.

Nos encontrávamos sentado em volta de uma fogueira, eu, Benedict e Jordan quando, de repente, caí num choro amargo e compulsivo.

— Não creio que eu consiga chegar ao fim deste inferno vivo — disse eu entre lágrimas. — Ou morreremos atingidos pelo inimigo ou pela fome.

— Ora, Christopher, não diga isso...

– Digo sim, temos de encarar nossa realidade, meu caro. Podemos morrer a qualquer minuto.
– Temos de ter esperança.
– Até onde se consegue manter a esperança vivendo por aqui?
– Não se renda a pensamentos negativos, Christopher Angel – repreendeu-me Jordan na sua voz de trovão. – Aconteça o que acontecer ainda que morto não devemos nos desapegar jamais da esperança.
"Perdê-la dentro de nós é o mesmo que nos entregarmos à morte, algo na minha opinião inconcebível, afinal, só os fracos se suicidam. Não sou fraco. Nunca fui. Vou até o fim."
Ele pegou no meu pescoço por trás, apertou-o e disse:
– Cuspa, Christopher Angel, cuspa para fora sua falta de esperança.
Jordan apertou-me tanto que acabei cuspindo conforme ordenara.
– Isso! Isso mesmo, meu rapaz. É assim que se faz. Agora, respire fundo, bem fundo e repita comigo: Não importa o que aconteça, aqui ou do outro lado da vida eu sempre hei de cuspir para fora de mim a desesperança. Vivo ou morto, nunca perderei a esperança, nunca permitirei que a dor se sobreponha ao amor... cuspirei para fora o que me afana a paz, ainda que me pareça só restar a guerra.
Ele me apertou um pouco mais antes de perguntar:
– Combinado?
Era melhor concordar antes que ele quebrasse meu pescoço.
– C-combinado – respondi, sem muita convicção.
Ele tornou a intensificar o aperto ao dizer:
– Diga com gosto, com ímpeto, com verdade.
Ri, sem graça. Ruborizando-me do dedão do pé até a raiz do meu cabelo.
– Combinado?! – ecoou ele seriamente.
Ainda que incerto, respondi impondo o máximo de certeza em minha voz:
– Combinado.

Ele me largou, ufa, que alívio senti quando a pressão de seus dedos partiram da minha nuca. Benedict olhava para mim, matando-se de rir. Jordan era admirável; sua força e seu positivismo eram invejáveis, ainda que uma voz me dissesse que por trás de toda aquela força houvesse um ser tão frágil quanto qualquer um de nós.

Aquela noite caiu mais uma vez fria e melancólica. Só nos restava procurar consolo no sono e nos sonhos e foi o que fizemos. Cada um de nós encontrou um lugar para se deitar e dormir junto à fogueira acesa para nos aquecer do frio da solidão e do desespero.

Fiquei deitado, imóvel, sentindo o chão sob meu corpo, sentindo minhas roupas sobre a minha pele e a respiração indo e vindo, o frio se misturando às ondas de calor emitidas pela fogueira acesa para nos aquecer, e ouvindo aquele estranho e crepitante ruído.

Ignoro quanto tempo fiquei com os olhos presos no céu, ouvindo uma voz dizer dentro de mim: *olhando para o céu é impossível alguém se sentir sozinho.* No entanto, por mais que olhasse para lá, penetrasse o espaço com meus olhos, ainda assim me sentia muito só. Por fim, acabei fechando os olhos em busca das lembranças dos bons momentos que vivi ao lado de Anne Campbell.

Então, ouvi alguns estrondos provocados pela explosão de algumas bombas jogadas totalmente de surpresa não muito longe de onde nos encontrávamos.

Recusei-me a mover um músculo, tampouco abrir os olhos, não queria arriscar-me a perder tudo o que se passava entre eu e Anne na tela do meu coração. As explosões aumentavam e pareciam soar cada vez mais perto de onde estávamos abrigados. Ainda assim me mantinha inteiramente imóvel, olhando para tudo o que vivi ao lado de Anne durante tão pouco tempo, mas que teve profundo impacto sobre mim, sobre nós dois. Tentei ouvir novamente suas palavras tão delicadas, mas foi se tornando cada vez mais impossível. Os estrondos das bombas eram por demais perturbadores e em intervalos cada vez mais curtos.

— Acorde, Christopher, acorde! — bramiu Benedict chacoalhando-me inteiro. — Estamos sendo atacados! Se não sairmos daqui morreremos

Por fim ousei um movimento físico. Ergui a cabeça com infinita lentidão, com trepidação ínfima. Diante da minha lerdeza, Benedict agarrou firmemente o meu colarinho e me pôs de pé. Deu um tapa no meu rosto e tornou a repetir com sua voz de trovão:

— Acorde, homem, vamos sair daqui!

Nem bem ele terminou a frase uma bomba explodiu perto de nós nos jogando a uns cinco, seis metros de distância. Em seguida, estourou outra.

Meu coração quase parou quando avistei Benedict caído ao chão esvaindo-se em sangue. Corri até ele em total desespero. E novamente estremeci ao ver que seu braço direito havia sido arrancado pela bomba. Meu amigo agonizava de dor.

Benedict, respirando profunda e estertorantemente, jazia como em estupor. Fiquei a olhar para ele, chocado com sua fisionomia tensa e contorcida pela dor que devastava seu corpo.

Pus algumas gotas de vinagre em suas feridas, o que o fez ver estrelas na noite mais escura da sua vida.

— Ele está quase totalmente paralisado pela morte — observou Jordan ao pé do meu ouvido.

Eu não queria acreditar naquilo, mas Jordan estava certo. A morte aliciava Benedict para levá-lo. Apertei sua mão com carinho para que pudesse sentir meu calor e minha presença.

— Estou aqui, meu amigo. Estou aqui...

Subitamente, sua pálpebra direita tremeu e abriu-se. Houve uma leve mudança em seu rosto quando me avistou ali parado diante dele. Tentou falar, mas nada atravessou seus lábios senão mais um daqueles sons ásperos e roufenhos. Passei a mão por seus cabelos na esperança de tranquilizá-lo.

Com grande esforço ele procurou se desvencilhar de sua fala quase ininteligível para dizer algo. Logo percebi que o que ele queria me dizer era importante, importante por demais, por esse motivo se esforçava tanto.

Um longo burburinho de sons tornou a sair de seus lábios. Eu e Jordan franzimos o cenho, impotentes. Os sons continuaram a se repetir. Então consegui perceber uma palavra.

Tomei-lhe a mão e apertei-a com carinho. A pressão dos meus dedos pareceram aliviar o enfermo, ofuscando, ainda que por segundos a aflição suplicante de seus olhos.

– Christopher – disse-me Benedict de forma legível finalmente: –, por favor, cuide de Elizabeth e do meu filho por mim. Diga que sempre os amei, diga isso principalmente a meu filho seja ele homem ou mulher... Diga que eu sempre o amei e que vou amá-los e tomar conta deles caso meu espírito sobreviva à morte.

– Você não vai morrer, Benedict... – disse eu com voz lacrimosa. – Você há de sobreviver, meu amigo...

Nisso outra explosão chacoalhou o lugar. Estremecemos.

– Partam – suplicou Benedict, desta vez com a voz por um fio – partam antes que uma dessas bombas acabe com vocês também.

Recusei prontamente:

– Não posso deixá-lo aqui, meu amigo. Não faria isso jamais.

– Christopher – tornou Benedict com grande esforço –, prometa-me... prometa-me, por favor, que vai cuidar de Elizabeth e do meu filho por mim. Por favor...

A minha voz queria atravessar meus lábios, mas algo a segurava em minha garganta. Não era o medo de prometer algo ao amigo querido e não poder cumprir, mas o medo de que ao ouvir a promessa Benedict se entregasse à morte de vez.

Senti novamente a pressão dos dedos de Benedict sobre a minha mão e mais uma vez o pedido atravessou seus lábios sangrentos:

– Prometa-me, meu amigo... Prometa-me para que eu possa morrer em paz.

Massageei carinhosamente seu peito com a outra mão e lhe disse:

– Não fale assim...

– Prometa-me – ecoou ele com grande esforço.

Por fim, balancei minha cabeça trêmula, em assentimento.

– Eu prometo, Benedict. Prometo que vou cuidar da sua família e dizer tudo o que me pediu.

— Obrigado, Christopher, muito obrigado.

Os olhos já quase sem vida de Benedict pareceram resgatar a vida que a morte insistia em lhe roubar. Mas foi por instantes. Tornei a sentir a pressão de seus dedos sobre a minha mão até que eles relaxaram ao mesmo tempo em que suas pálpebras caíram e se fecharam, e o último suspiro de vida atravessou suas narinas.

O corpo de Benedict Simons estava morto.

Lágrimas e lágrimas invadiram meus olhos, escorreram por minha face e se misturaram à dor que sentimos quando perdemos alguém que queremos tão bem. Jordan chorava calado.

— Vá com Deus, Benedict — disse eu num sussurro. — Que Deus o abençoe.

Tive a impressão de que uma parte de mim morreu com Benedict Simons. Nunca estivera em contato com a morte antes, não daquele modo tão estúpido.

— Nós temos que prosseguir, Christopher — disse Jordan minutos depois.

Mas eu estava tão entregue ao choro desesperador que me perfurava a alma que não conseguia responder.

Ele então se agachou ao meu lado pegou ,firme no meu braço e me fez olhar para ele.

— Vamos, meu amigo. Por favor. Precisamos prosseguir.

Engoli em seco, voltei mais uma vez meus olhos na direção de Benedict sentindo profundamente sua perda.

Jordan pôs o braço sobre as minhas costas e conduziu-me gentilmente para longe dali. Por diversos momentos durante o trajeto minhas pernas travaram e ameaçaram voltar até onde jazia o corpo morto do amigo brutalmente assassinado por uma bomba inimiga. O corpo estirado ao chão, largado como os animais que morrem abatidos e são deixados ao sol até virarem carniça e apodrecerem.

Nesse instante, ouvimos novamente o motor de um avião cada vez mais alto, sinal de que se aproximava rapidamente do local onde nos encontrávamos. Não havia mais lugar algum para nos protegermos, a não ser escombros, paredes ao chão, árvores tombadas, cadáveres por toda a parte, sangue, muito sangue e o cheiro da morte pairando sobre tudo e sobre todos.

Havíamos de correr dali se quiséssemos nos proteger. Mas, correr, com que pernas? Não só o meu corpo estava ferido, mas minha mente, pois por mais que ordenasse às minhas pernas que me tirassem dali o mais rápido possível, elas se mantinham a passos lentos e incertos.

Era o fim, sim, era meu fim e o de Jordan. O fim que todo ser humano clama a Deus que chegue o mais tarde possível em nossa vida. O fim que me impediria de rever Anne, de declarar mais uma vez o meu amor a ela, de me casar com ela como ambos sonhamos e permitir que ela pudesse recuperar de vez a vida que lhe fora roubada com a morte da irmã. E, no entanto, ao que tudo indicava, Anne novamente teria de enfrentar a dor da perda de uma pessoa querida por causa da morte, de um destino cruel.

Jordan pareceu ter lido os meus pensamentos. Laçou minhas costas com seu braço forte e tornou a repetir:

— Coragem, meu irmão. Coragem. Não desista. Nunca desista.

Deixei-me ser guiado por ele, porém, não muito longe dali voltei novamente os olhos na direção do corpo de Benedict. Novamente a cena me cortou a alma.

— Eu tenho de voltar, Jordan — disse eu, travando os passos.

— Esqueça isso, meu amigo. Ele está morto. Benedict está morto!

— Não posso deixar o corpo dele exposto ao sol, para ser comida de algum animal faminto. Não é justo, não é certo. Preciso enterrá-lo, dar-lhe um funeral, o mais digno possível.

— Você ainda não percebeu a nossa realidade, Christopher?!

— Não! — respondi enfurecido. — É você quem não percebeu a nossa realidade.

E sem mais explicações voltei-me na direção que havia deixado o corpo de Benedict, arrastando com grande esforço minhas pernas doloridas por entre os corpos espalhados pelo chão, muitos deles em pedaços.

Jordan ficou parado por instantes sem saber o que fazer. Tentou me repreender mais uma vez com um berro, mas foi em vão, continuei no meu propósito, resoluto.

Ele então veio atrás de mim e tentou me explicar o que havia compreendido sobre a vida:

— Benedict não se encontra mais aí, meu amigo. Ai está apenas o seu corpo físico, aquele que seu espírito usou para reencarnar na Terra.

Olhei gravemente para ele.

— Anda assim — disse com amargor —, quero dar-lhe um funeral digno.

Jordan refletiu por alguns segundos, por fim disse:

— Você tem razão, Christopher. Benedict merece ter um funeral.

Com sua ajuda abri uma cova para enterrar o corpo de Benedict. O mais desesperador foi procurar pelo braço que havia sido decepado durante a explosão.

Exaustos, acabamos escolhendo dentre todos o que mais parecia ser o dele e o enterramos junto com seu corpo.

Quando a cova foi fechada, eu e Jordan estávamos vermelhos, não só pelo esforço físico, mas pela fome, tristeza e amargura...

Caí de joelhos à beira da cova no mesmo instante em que caía num choro agonizante. Enquanto isso, Jordan fez uma cruz com dois pedaços de galho de árvore e fincou no topo da cova. Então se ajoelhou ao meu lado e se pôs a orar o Pai-Nosso em voz alta. O modo como ele pronunciava cada palavra da oração comoveu-me de tal forma que quando dei por mim estava orando com ele. Não só por Benedict, mas por todos os colegas que haviam morrido durante o ataque e agora se encontravam ali ao nosso redor.

Descobri, muito tempo depois, que junto de nós dois estavam os espíritos de todos aqueles homens que haviam acabado de transpor a passagem que ligava a vida terrena ao mundo espiritual. Alguns choravam desesperados por se verem "mortos", outros ainda não haviam percebido exatamente o que havia acontecido. Os que entendiam, encontravam-se ajoelhados orando fervorosamente. Alguns já haviam partido dali por não aguentarem se ver naquela situação, tomando a morte como libertação, outros seguiam com um ódio crescente no coração, revoltados pelo rumo que tomara sua vida. Tanto neste plano da vida como no espiritual, a cena era dantesca. Dolorosa e insana. Voltei meus pensamentos mais uma vez para Anne e me agarrei a ela para ter forças para me retirar dali.

Jordan pôde ler em meus olhos o que eu com grande esforço procurava calar: o fato de que a esperança havia sido também atingida pelo ataque e que parecia estar dando seus últimos suspiros dentro de mim ainda que eu me apegasse ao amor de Anne.

– Torno a repetir o que já lhe disse outrora: Não se renda a pensamentos negativos, Christopher Angel. Aconteça o que acontecer, ainda que mortos, jamais devemos nos desapegar da esperança.

Ignorei todo e qualquer som que não fosse o de sua voz a se projetar na minha mente. Era o único modo de me levar para fora daquele lugar cruel onde a morte brincava com as pessoas como os caçadores se divertem ao caçar animais inocentes. Somente por esporte.

– E agora? – perguntou Jordan. – Que direção devemos seguir?

Refletimos por alguns instantes, por fim, decidimos tomar uma direção que nos pareceu melhor.

Internamo-nos por uma vegetação densa e luxuriante, sob um céu azul, com nuvens brancas que o vento empurrava para o norte. O vento volta e meia soprava frio e cortante, jogando em nosso rosto um jato gelado que nos pulverizava a pele e nos dava a sensação de que nosso nariz e orelhas haviam sido arrancados de nossa face.

Por longos trechos seguimos à sombra do silêncio; não tínhamos fôlego para falar, tampouco energia. No entanto, minha mente seguia sob uma forte chuva de gritos que eu por mais que tentasse não conseguia calar.

Para minha crescente preocupação, meu corpo parecia cada vez mais cansado, pesava tal como se fosse feito de chumbo, embora soubesse que estava frágil como vidro, ameaçando estilhaçar-se a qualquer impacto.

Em meio àquela região desértica, tínhamos a impressão de estarmos os dois presos numa ilha, isolada, sem munição, cercada pelos inimigos que, ao contrário de nós, tinham munição para matar cinquenta vezes mais o número de homens que sobreviveram ao ataque inesperado.

Jordan e eu atravessamos as montanhas amparados por uma força que nunca soubemos explicar de onde vinha. Ao chegarmos à próxima cidade, quase uma aldeia, conseguimos alguma coisa para comer e água para beber. Ainda que a água estivesse com um gosto ruim, não nos restou alternativa senão bebê-la.

A situação ali também era calamitosa. Mulheres andavam pelas ruas chorando sem prumo. Outras se mantinham ajoelhadas diante dos corpos de seus parentes mortos pelos ataques. Homens de todas as idades procuravam ajudar as vítimas ali mesmo, já que o hospital não comportava mais ninguém.

O que fazer então? Que caminho seguir? Aguardar ordens? Fugir? O quê? Chegou então a notícia de que haviam decretado o fim da guerra e que todos os soldados estavam liberados para voltarem para as suas casas.

A respiração agitou-me quando percebi que finalmente estava livre daquele pesadelo e que me restava simplesmente ir ao encontro de Anne Campbell. Um encontro almejado com desespero que me levou quase à loucura. Um encontro que aguardava já há três anos.

Despedi-me de Jordan na mesma estação em que consegui pegar um trem para voltar para casa. Faria algumas baldeações, mas seria o único modo de voltar para o meu país o mais rápido possível. Nem bem me acomodei no canto do vagão, adormeci. Estava entregue a exaustão. Quando dei por mim, já era noite, alta madrugada na certa, pois todos ali dormiam profundamente.

Meu estômago tornou a latejar de fome e eu o alimentei com o único alimento que tinha à minha disposição; respirando fundo, pausada e repetidas vezes, na esperança de saciar a fome que não poderia ser saciada ao menos por hora.

Tentei me distrair voltando meus pensamentos para Anne, minha amada Anne, quanta saudade estava sentindo dela. Uma saudade tão doída quanto a fome que me apertava o estômago. A saudade esmaga, oprime, deprime. Mal via a hora de chegar e beijar seus lábios, dar-lhe um abraço interminável e, ao seu lado, quem sabe esquecer tudo o que vivi naqueles anos pavorosos em meio à guerra. Sim, só Anne poderia me fazer esquecer de toda aquela amargura. Só Anne Campbell...

Meus olhos estavam febris e lacrimosos quando ouvi a voz de Benedict atravessar meus pensamentos, implorando a mim que eu fosse até sua esposa amada e a amparasse no que precisasse. E eu novamente me ouvi dizendo: "Eu prometo, Benedict, prometo...".

A lembrança tirou lágrimas mais uma vez dos meus olhos. Dessa vez, porém, chorei baixinho, quase em silêncio. Adormeci.

Despertei com mais fome. Deveria ter parado para comer alguma coisa, mas minha vontade de chegar até Anne o quanto antes era muito além da necessidade de matar minha fome.

Então, apareceu na minha frente, como por encanto, uma criança, que me ofertou um pedaço de pão. Agradeci seu gesto, disse-lhe que não precisava, mas ela insistiu. Por fim, aceitei sua oferta agradecendo-lhe com um sorriso.

Ela retribuiu e voltou para o lugar onde estava sentada. Cochichava com seu amigo invisível, algo que meus ouvidos não puderam compreender. O amigo lhe havia sugerido que me desse aquele pedaço de pão para matar pelo menos um pouco da minha fome.

Logicamente, isso eu só fui compreender muito tempo depois.

Capítulo 9

Não me apague do seu coração...

O sol já seguia rumo o horizonte quando cheguei à estação de Maryland, de lá segui imediatamente para a casa da família Campbell, mal me contendo de ansiedade para rever minha adorada Anne.

Como era bom estar de volta àquele lugar encantador... o lugar onde eu havia conhecido Anne... minha amada e adorada Anne... A casa da árvore... a vontade que brotou em meu coração logo após conhecê-la: de me casar com ela, formar uma grande família e vivermos ali para sempre...

A lembrança deixou meu pulso fortemente acelerado e uma súbita impaciência brotou dentro de mim. Apertei os passos, mais alguns eu chegaria até Anne, finalmente, depois de todos aqueles longos e tenebrosos anos.

Cheguei em frente à casa da família Campbell, admirei-a por instantes antes de abrir o portão de madeira colado à cerca que rodeava o gramado. A casa estava silenciosa. Assustadoramente, silenciosa.

Entrei, por fim, firmando o passo na medida do possível. Quem me visse de longe, pensaria que eu estava embriagado, o que de fato era verdade, mas não de bebida alcoólica e sim de emoção, saudade, alegria, amor...

Atravessei o portão de madeira gasta pelo tempo não só para rever Anne, mas para abraçá-la, amá-la para sempre, pela eternidade, para nunca mais ter de me separar dela. Entrei para ser feliz ao seu lado até que a morte nos separasse e nos levasse para a eternidade, juntos, sempre juntos, inseparáveis, amando, perdidamente amando. Queria me perder no amor e novamente me reencontrar, num eterno jogo de sedução, paixão e amor.

Fui diminuindo a velocidade dos meus passos assim que me aproximei da varanda da casa, até congelá-los por completo. Parei. Suspirei. Sorri de alegria e alívio por dentro. Era preciso bater palmas para anunciar que eu estava ali, mas algo me conteve. Meu coração batia tão acelerado que eu mesmo podia ouvir suas batidas como se fossem um tambor tocado a algumas quadras dali. Um tambor de Angola.

Tomei ar por diversas vezes respirando bem fundo até avistar por trás da pequena janela retangular da porta alguém chegando ali. A maçaneta começou a girar e girar e girar como se tudo transcorresse em câmera lenta. Meu coração disparou, perdi o ar. A porta foi se abrindo até que Anne Campbell pudesse ser vista na soleira da porta. Lá estava ela, dentro de um vestido rosa pálido, rendado, lindo.

Sua expressão mudou. Havia um misto de surpresa, alegria, tristeza e horror a percorrer sua face agora.

Permanecia de olhos fixos nela. Meus lábios rachados pelo frio sorriram estampando a emoção que me ia na alma. Era emoção demais. Finalmente, finalmente eu estava li diante de Anne Campbell, de volta para ela, para todo o sempre.

Eu quis correr para ela, cheguei a dar um passo, mas a dor aguda que me corria pelas minhas pernas me paralisou. Restou-me apenas ficar ali, sem tirar os olhos dela, cheio de admiração e contemplação.

Anne permanecia imóvel como se tivesse sido chumbada naquela posição. Olhando-me como quem acorda de um transe, vendo-me e não me vendo ao mesmo tempo. Cada um a seu modo estudávamos o outro com o coração a mil, com a emoção à flor da pele.

Não faço ideia do tempo que ficamos ali, um encarando o outro. Talvez fossem apenas segundos, mas dera-me a impressão de horas. Quando ela finalmente falou, meu estômago contorcia-se nem mesmo ouvi direito.

— Chris... Christopher?

O espanto transparente na voz dela denotava uma curiosa surpresa. Levou pelo menos um minuto até que eu dissesse:
— Anne... Anne Campbell — murmurei, com a boca seca.
Ela então caminhou, cautelosamente, até onde eu me encontrava parado. No mesmo instante em que eu deixava cair ao chão a pesada mochila que carregava sobre minhas costas contendo meus poucos pertences. Minha voz tornou a se propagar, trêmula, mas cheia de alegria.
— Anne, minha Anne, quanta saudade...
Anne não respondeu. Imobilizou-se novamente por um minuto ou dois até que voltasse a se pronunciar novamente e quando fez foi timidamente:
— Christopher... Meu Deus... Christopher?! — perguntou frisando os olhos para me ver melhor. — Em que mundo você está, Christopher? No mundo dos vivos ou dos mortos?
Ela, que tinha o poder de ver o espírito da irmã e o de Samuel, pensou estar vendo o meu espírito e não eu em carne e osso.
— Ora, Anne — respondi num fôlego só —, no mundo dos vivos é lógico. No mundo dos vivos.
Notando a incompreensão em seus brilhantes olhos azuis sorri, sem saber por quê. Abri os braços, convidando-a para um abraço. Ainda trêmula ela veio em minha direção e se deixou ser envolvida por meus braços. Ficamos abraçados e eu lhe beijei discretamente os cabelos. Não havia dor no mundo que tivesse o poder de angustiar-me naquele momento. Eu tinha o meu amor novamente ao meu lado, colado ao peito que abrigava o meu coração.
Nunca, em toda a minha vida, havia provado de um abraço tão caloroso como aquele. Quando nos desvencilhamos um do outro, nossos olhos estavam cheios d'água, nossas bocas tremiam, o coração vibrava.
Procurei sorrir, enquanto deslizava meu dedo indicador por sua face, procurando enxugar suas lágrimas. Seus olhos se fecharam ao meu toque, o silêncio caiu sobre nós.
Ela então ergueu sua mão, trêmula, até minha face e a acariciou meu rosto.

— Mas eu... nós... — disse ela a seguir, ofegante — todos nós, pensamos que estivesse morto, Christopher.
Assenti:
— Era para eu estar, Anne... acredite-me era para eu estar morto, escapei da morte por diversas vezes, por um triz. Um triz...
— Meu Deus... é tão bom... é tão bom saber que você está vivo... Não imagina o que isso significa para mim...
Um novo sorriso transpareceu no meu rosto amargurado e devastado pela guerra. Tornamos a ficar olhando um para o outro por um longo tempo em silêncio. Seus olhos brilhavam enquanto um sorriso se desfazia pelos cantos de sua boca. Então, seu olhar esfriou. Com pesar ela disse:
— Não sei se soube, Chris... mas Bob Dorigan morreu na guerra.
— Eu não sabia — respondi com pesar. — Que horror!
— A família Dorigan mudou-se daqui. Dona Ingrid não suportou mais viver na casa com a lembrança do filho. Pobre mulher, virou um trapo depois da notícia... O corpo de Bob nunca foi encontrado.
— É a guerra — comentei —, destruindo tudo e todos, mesmo os que não estão no meio dela. Lastimável.
— Todos nós sentimos profundamente.
— Eu faço ideia.
Correu um silêncio tenso por alguns segundos até que ela voltasse a falar. De repente, seu olhar esfriou ainda mais, era como se ela temesse que o mundo fosse desmoronar em torno de nós. Ela então enxugou uma nova lágrima que descia lenta, silenciosa, pela minha face, e disse:
— A notícia de que você havia morrido chegou dias depois da dele.
Fiquei branco.
— Notícia?! — perguntei estupefato.
— Sim.
— Eles devem ter me confundido com alguém cujo nome era semelhante ao meu ou homônimo.
Ela levou a mão a boca e apertou-a firmemente contra o maxilar.

— Foi desesperador, Christopher. Desesperador saber que havia morrido na guerra...

— Eu imagino.

Ela tornou a acariciar meu rosto amargurado por instantes, antes de acrescentar com ternura:

— Que bom, Chris, que bom que você sobreviveu.

Novamente surgiu aquele sorriso abatido, de derrota e cansaço em mim antes de dizer:

— E o que me deu forças para não me entregar à exaustão e ao desespero que a guerra desabou sobre mim foi você... Anne... você.

Suspirei longamente, baixando os olhos.

— Eu nem tenho palavras para descrever o quanto senti sua falta... — acrescentei entre novas lágrimas.

Recolhemo-nos em mais um profundo silêncio. Não me atrevia nem a respirar. Instantes depois, levantei os olhos e a encarei novamente. Meus olhos vermelhos eram pura emoção, assim como os dela.

Fui sacudido então por um desejo quase doloroso de beijar aquela mulher, uma ânsia como nunca havia experimentado. Ela leu o meu olhar e recuou. Bem no momento que meus lábios iam ao encontro dos seus. Não houve tempo para atinar sobre sua reação, pois naquele instante ouviu-se a voz de Victor Dorigan soar atrás de nós.

— Anne, está tudo bem?

Quando voltei-me para ele, Victor por pouco não foi ao chão. Tamanho susto.

— Chris?! Christopher Angel — exclamou ele num misto de pavor e alegria. — Christopher é você mesmo, meu caro? Meu Deus...

Victor abriu os braços e correu até mim, o amigo por quem sempre tivera tanto apreço.

— Que bom... que bom revê-lo, meu amigo. Meu salvador. Não faz ideia do quanto estou contente...

Victor abraçou-me como nunca havia me abraçado antes. Era um abraço forte, intenso e vibrante. Muito semelhante ao que eu trocara com Anne há pouco.

— Meu Deus — tornou Victor Dorigan —, pensamos...
— Pensaram que eu estivesse morto, Anne já me disse. Como vê, sou que nem um gato, tenho sete vidas.
Rimos. Pousei a mão sobre o ombro de meu amigo e lamentei:
— Eu sinto muito, muito mesmo pelo o que aconteceu a Bob.
— Nem fale... Foi uma perda irreparável.
Fez se um breve silêncio, então Victor prostrou-se ao lado de Anne retomando a alegria de sempre, pegou na mão dela e disse:
— E então já soube da novidade?
— No-novidade, que novidade? — perguntei com certa euforia.
— Anne não lhe disse?
Anne adiantou-se:
— Não houve tempo, ele acabou de chegar.
— Que novidade? — suspirei incomodado.
Victor ergueu sua mão segurando e a de Anne na direção dos meus olhos. Por mais que eu tentasse compreender aonde o amigo queria chegar não conseguia. Ou me recusava a compreender.
— Nós nos casamos, Christopher — informou Victor com alegria.
Meu rosto se desfez como um rosto de cera se derrete ao sol. Não consegui dizer coisa alguma, as palavras me fugiam.
— Vocês... o quê?
— Nós nos casamos — respondeu Victor alegre, — não é maravilhoso?
— Vocês... o quê?
Eu tinha consciência de que me repetia, mas à minha mente não vieram outras palavras.
— Nós nos casamos — repetiu Victor com ênfase.
Minha voz soava tensa e rouca.
Um sorriso repuxou-me os lábios. Para mim aquilo não passava de uma peça para me assustar e me fazer rir da minha própria cara, do próprio desespero que a brincadeira me causou. Mas ao ver Victor Dorigan enlaçar Anne Campbell com seu braço e puxá-la para junto de si, descobri que não se tratava de brincadeira. Os dois haviam realmente se casado.
Meu senso de vitória e realização evaporou-se. Sentindo-me, de repente, invadido por um misto de furiosa frustração e angústia, perdi o chão diante daquele retrato dantesco. Anne cravou-me

um olhar atônito, espelho do meu, com certeza. Por meio deles pude compreender que ela se sentia também com o chão fugindo dos seus pés.

Minha decepção era transparente. Não só estava decepcionado com a vida, mas com Anne e Victor.

Respirei agitadamente e olhei em torno, procurando uma distração mental.

— Aconteceu tanta coisa enquanto você esteve fora — acrescentou Victor com certa euforia. — Minha família mudou-se daqui para outro país. O pai de Anne infelizmente faleceu e sua mãe mudou-se para os Estados Unidos, onde reside sua filha mais velha, porque ela estava muito necessitada da ajuda da mãe... coitada tem três filhos e trabalha o dia inteiro fora... Mudanças... Quantas mudanças, Christopher...

Victor pareceu mergulhar em profunda reflexão nos segundos seguintes, então teve um estalo e disse:

— Não saia daí, espere-me!

E saiu correndo na direção da casa.

Baixei o olhar para o gramado sem saber ao certo para onde dirigi-lo. Anne então me disse, com a voz por um fio:

— Pensei que estava morto... morto entende, Christopher? Guardei luto seu por um ano, Victor ficou tão arrasado com sua morte e a do irmão que caiu em profunda depressão. Tentei reanimá-lo, consegui com o tempo, então ele me disse: por que não ficamos juntos, casamo-nos, tenho a certeza de que onde Christopher está, ficará feliz com a nossa união. A união das duas pessoas que mais o amavam, além de seus pais. Eu e você. Ele estava certo, eu o amava, ele tanto quanto...

— Amava?

— Conjuguei o verbo no passado, por que para nós...

— Eu havia me tornado parte do passado.

Ela baixou o olhar bem no momento em que um sopro de ar frio silvou por entre nós naquele instante nos provocando um arrepio esquisito.

— Só me responda uma coisa, Anne — perguntei a seguir tentando penetrar com o olhar as trevas da mulher que tanto amei —, você alguma vez deixou de me amar?

Ela não teve tempo para responder, Victor saiu da casa falando em voz alta alegremente trazendo consigo um bebê recém-nascido.

– Diga olá para o tio Christopher, Cliff. Diga olá!

E voltando-se para mim, Victor perguntou:

– Ele não é adorável?

Por mais que eu tentasse acreditar no que via, tudo parecia não passar de um pesadelo que eu desesperadamente procurava despertar. Mas que pesadelo que nada, era a realidade nua e crua desabando sobre mim mais uma vez, uma mudança brusca e repentina no meu destino.

A visão de futuro que eu tanto sonhei e planejei passar ao lado de Anne Campbell se estilhaçou como se uma bomba houvesse sido arremessada contra nós.

Meus olhos, de repente, começaram a arder como se labaredas houvessem sido acesas dentro dele, talvez por desespero talvez por ódio. A criança voltou o olhar para mim com seus olhos grandes, bonitos, profundos. Uma réplica perfeita do pai.

Victor deve ter lido a perplexidade em meus olhos e se apressou em acrescentar:

– Ter um filho é maravilhoso, Christopher. Você não faz ideia. Por esse motivo, aconselho a todos a ter um, pois esse menino mudou a minha vida – e voltando-se para a esposa acrescentou – a nossa, não é Anne, meu bem?

Anne, que se mantinha em silêncio com o olhar impenetrável e escuro, respondeu com certa dificuldade:

– É verdade...

– Não consigo desgrudar dele – prosseguiu Victor. – Quero que cresça me amando, não por eu ser seu pai, por obrigação, mas porque me admira pelo que sou. Quero ser alguém com quem ele queira se parecer.

Anne ainda me observava com receio. Um novo sopro gelado silvou nas imediações arrepiando a todos.

– Entre, Chris – convidou Victor –, venha comer alguma coisa, tomar um banho.

– Não, obrigado – agradeci com esforço.

– O que há, meu amigo? Você parece que ficou aborrecido. Que não compartilha de nossa felicidade?

Tentei proferir algo, mas emiti apenas um surdo gorgolejo; minha garganta ainda estava demasiado seca. Pigarreei para limpá-la. Era preciso, seria menos humilhante. Ergui o queixo com régia dignidade e improvisei:

— Não é fácil voltar da guerra de uma hora para outra e levar a vida como antigamente.

Eu precisava dizer alguma coisa urgentemente para sair dali, daquele pesadelo, de mais aquele choque horrível com a realidade. Então, contemporizei. Não saberia dizer o que havia sido pior, nada do que eu vivera na guerra parecia ter sido tão dolorido quanto aquilo que se descortinava a minha frente.

— Tenho muito o que fazer — menti.

Em seguida, contei ao casal sobre a promessa que fizera a Benedict. Foi a melhor forma que encontrei para me retirar dali o quanto antes.

— Chris — pontuou Victor —, nossa casa está de portas abertas para você. Nunca se esqueça disso. Nossa casa é sua casa também. Não é mesmo, Anne?

— Sim, de portas abertas para você — corroborou a esposa, num tom apagado.

— Eu agradeço. Agradeço imensamente. Bem... agora preciso ir.

— Tem certeza? Está cansado e faminto. Seria melhor passar a noite aqui, dias, se quiser, até se recuperar...

— Obrigado mais uma vez, mas eu realmente preciso chegar até a viúva o quanto antes. Ela e o bebê podem estar precisando de ajuda.

Nada mais foi dito. Forcei um sorriso e parti fingindo-me de forte, mas me sentindo apunhalado na alma.

Assim que me vi fora do campo de visão de Victor e Anne, minhas passadas diminuíram, vacilaram e finalmente pararam. Fui obrigado a me apoiar contra uma das árvores que havia na calçada. Crente de que se não parasse cairia duro de choque e decepção com a vida, por tudo que ela vinha pondo em meu caminho naqueles últimos anos. A friagem do ar fez-me estremecer. Senti como se de repente tivesse ficado nu no meio do Alaska.

Capítulo 10

Saudade, chegou cedo demais...

Eu tinha de prosseguir, seguir até a estação para continuar meu caminho e cumprir o prometido a Benedict, era só o que me restava na vida. Depois, que Deus fizesse de mim o que bem entendesse. Nada mais restava para mim. Não havia mais sentido viver.

Esse era o pior lado da paixão, quando fazemos dela a razão do nosso existir. Quando colocamos em suas mãos a existência e sustentação da nossa felicidade, quando ela se vai nos esvaímos. Infelizmente, só aprendemos vivenciando. Batendo de frente com a realidade.

O tronco macio da árvore fez me lembrar do bosque e da casa na árvore, onde eu vira Anne pela primeira vez e me encantara por ela. A vontade de rever o lugar me deu forças para seguir até lá.

Segui claudicando por entre as árvores, respirando ofegante, como se por lá o ar estivesse escasso ou os meus pulmões precisassem de mais ar que o normal para sobreviver. Por fim, cheguei à casa da árvore.

Com grande esforço subi cada degrau que levava até ela e me sentei no mesmo lugar em que Anne estava sentada no dia em que a vi pela primeira vez.

Meus olhos então pousaram no riacho que, àquela hora, refletia o céu lindo de início de primavera, com suas nuances de azul-carmim e me convidavam a me perder dos meus pensamentos. Aceitei o convite sem hesitar. Desliguei-me.

Quando dei por mim meu rosto estava molhado, totalmente molhado de tanto chorar, um choro silencioso, involuntário, nem me dera conta.

Ouvi então um estalo na madeira como se alguém tivesse acabado de pisar no chão da casa da árvore. Senti um perfume gostoso, delicado, como o que Anne usava naquele dia em que a vi pela primeira vez. Delicado como ela.

Voltei-me para trás e para minha surpresa era ela própria quem se encontrava ali. Ela veio até mim e sentou-se ao meu lado em silêncio. Permaneceu assim por instantes, parecia que nenhum de nós tinha coragem de falar alguma coisa por mais que fosse preciso. Minutos depois, ela disse:

– Eu sabia que você acabaria vindo para cá. Por esse motivo também vim... precisava falar com você a sós.

Sua voz soava transparente e frágil como um cristal, parecia que suas palavras se partiriam a qualquer segundo.

Suspirei, aflito e perguntei:

– Por que, Anne, por que não me esperou?

– Porque soubemos que havia sido morto na guerra.

– E você acreditou?

– Que escolha eu tinha? Como poderia saber que era um equívoco?

– Você jurou a mim amor eterno. Jurou que me esperaria.

– Eu não jurei em falso. Jurei do fundo de minha alma porque o amava. Porque...

Ela cortou a frase subitamente e adquirindo um tom mais ponderado acrescentou:

– O destino quis assim, Christopher.

– Por que se casou com ele se me amava tanto? Por quê?

– Porque Victor sempre foi bom para mim. Amparou-me diante daquele momento tão difícil. Você mesmo disse a ele que se algo acontecesse com você na guerra, que ele cuidasse de mim. Só me restou a dor depois que soube que havia morrido, ele me ofereceu o seu amor para que a dor que me devastava por dentro sucumbisse.

Uma rajada de choro trouxe o silêncio para junto de nós. Ficamos ali entre lágrimas que vinham de nós e que pareciam não ter mais fim.

Peguei-me, então, observando com cuidado as mãos de Anne, abertas como asas sobre o seu colo frágil e delicado.

Ela, ali ao meu lado, na casa onde nos conhecemos, onde o nosso grande amor nasceu, cresceu e transbordou juntamente com o cheiro da sua pele, seu perfume, sua luz própria. Tudo isso me transportou para outra realidade, aquela que eu tanto sonhara viver ao seu lado.

– Oh, Christopher... Eu sinto muito...

Sua frase caiu sobre meus ouvidos como uma pedrinha cai sobre a superfície serena de um lago. Afugentando a placidez da água. Quebrando o espelho da água. Sem ter escolha eu disse:

– Eu vou embora, Anne. Vou embora para nunca mais voltar. Não quero mais vê-la. Nunca mais. Não suportaria.

– Não é preciso tanto – disse ela pousando sua mão delicada sobre a minha.

– É preciso sim – assenti com a cabeça. – Vou embora para um lugar onde não possa correr o risco de encontrá-la. Será melhor para todos nós.

Ao ouvir tão frágeis palavras, Anne reagiu:

– Christopher – meu nome saltou dos seus lábios no mesmo instante em que ela apertou a minha mão tomada de ternura. – Só queria que soubesse que meus sentimentos por você ainda são os mesmos. Eu ainda o amo. Amo-o muito.

– De que adianta seus sentimentos agora se está casada com ele? Com um filho nos braços? Você vai deixá-lo? Não vai, não é mesmo?

– Você sabe que não posso, Christopher. Por causa do menino... Além do mais, Victor precisa de mim, ele sempre foi muito bom para mim, não seria certo para nenhum dos dois que eu...

Recolhi minha mão bruscamente

– Então, é melhor que amordace os sentimentos que tem por mim bem dentro de si. Não permita mais que eles emerjam.

Para não se machucar, nem me machucar. Para não piorar ainda mais nossa vida.

Suas lágrimas caíram novamente acompanhadas das minhas. Ficamos ali entre lágrimas na presença do silêncio por mais alguns longos minutos. Então, Anne começou a enxugar o rosto com as mãos, prendeu os cabelos atrás das orelhas, voltando-se para mim, e, mirando fundo nos meus olhos, disse:

— Você merece ser feliz, Christopher. Prometa-me que se fará feliz.

Evitei o seu olhar mais uma vez. Ela, delicadamente pegou no meu queixo e me fez voltar os olhos na sua direção:

— Não perca jamais de vista a felicidade, Christopher. Lembre-se sempre dos nossos mandamentos. Aqueles que criamos aqui dentro quando nos conhecemos.

Desta vez fui eu quem segurei a mão dela com infinita delicadeza e a beijei longa e demoradamente. A voz me falhou por diversas vezes até que eu conseguisse me expressar:

— Eu nunca poderei ser feliz, Anne. Desculpe-me, tampouco poderei cumprir os mandamentos que criamos aqui. Sempre me perguntei: o que vem a ser felicidade? Obtive a resposta quando a conheci. Agora, talvez a vida queira que eu descubra o que é a infelicidade.

Ela ia dizer algo, mas a detetive:

— Se um dia eu reencontrar a felicidade, você haverá de saber, Anne, você estará lá ao meu lado, pois a felicidade para mim só existe se nós dois ficarmos juntos como marido e mulher.

Ela entrelaçou seus dedos entre os meus e me pediu em tom de súplica:

— Eu preciso do seu perdão, Christopher. Preciso que me diga que compreende exatamente o que aconteceu.

Não aguentei, rompi-me em lágrimas chorando como uma criança ferida pela vida.

Anne afagou-me em seu ombro com tanta ternura que parecia uma mãe afagando o filho em desespero.

— Christopher, eu jamais deixei de amar você por nenhum minuto... Nenhum minuto, será que me entende? Fui fiel a você, à sua memória, se não fosse...

Voltei-me para ela e tapei-lhe a boca pondo meus dedos sobre seus lábios macios, lindos e rosados.
– Não diga mais nada, Anne. Não diga mais nada, por favor.
– Então diga, diga-me que me perdoa, eu imploro.
Em vez de responder sua pergunta, lancei outra:
– Por que, Anne? Por que a vida nos separou se nos amávamos tanto, se ainda nos amamos? Eu a amo tanto que me dói a alma...
– Na vida, nem sempre conseguimos tudo o que queremos, do jeito que queremos.
– Eu suportei dias horríveis nos campos de batalha, vi gente morrer da forma mais abominável e brutal que existe, e só não me entreguei ao desespero, à loucura, por sua causa, para que um dia pudéssemos nos casar e viver felizes como sonhamos.
– Mas...
Calei-a novamente com meus dedos em seus lábios.
– Se ainda me ama, Anne, nós...
Ela desvencilhou seus lábios dos meus dedos para pode falar, falar o que necessitava:
– Eu ainda o amo, Christopher, mas não podemos mais ficar juntos, sou uma mulher casada e com seu melhor amigo, temos um filho e não quero em hipótese alguma que meu filho cresça num lar de pais separados. Nunca me senti bem ao ver amigos, parentes, e até mesmo desconhecidos, crescendo em lares de pais separados. Não posso roubar do meu filho esse direito, essa alegria, não posso. Será que pode me entender?
Eu ia falar, dessa vez foi ela quem me impediu. Disse:
– Victor é muito bom para mim. Um marido fiel, trabalhador, não deixa faltar nada. É um pai presente, carinhoso e paciente. Fez de tudo para me ajudar a superar a sua morte assim como eu o ajudei a superar a perda do irmão e os meses em que ele ficou sem poder andar por causa do tiro na perna. Por pouco, Christopher, Victor não perdeu a perna, por pouco não teve uma gangrena. Ele também gosta muito de você, você sempre foi como um irmão para ele, é altamente agradecido por ter-lhe salvado a vida. Ele não suportaria ser traído por mim nem por você. Compreenda e aceite os rumos que nossa vida tomou. É o único modo de superar tudo isso e ser feliz.

— Eu não sei se posso superar mais alguma coisa nesta vida...
— Pode sim. Tenho certeza que pode.

Neguei com a cabeça, ela então segurou meu queixo com sua mão delicada, e me fez voltar o rosto para ela, mais uma vez.

— Pode sim — afirmou com suavidade. — Pode superar sim, por mim. Por mim...

Meu queixo começou a tremer tanto quanto meus lábios. Ela então me beijou a testa com carinho, enxugou seus olhos cheios d'água, levantou-se e tornou a repetir:

— Por favor, faça o que lhe peço. Por mim. Por mim, Christopher.

Não consegui prometer o que ela queria. Por mais que tentasse, as palavras não conseguiam atravessar minha garganta. Levantei-me na velocidade que uma flecha atravessa o alvo. Ela colocou as duas mãos na minha face e me beijou suavemente nos lábios. Era um beijo de adeus, de perdão e gratidão pela vida ter me poupado a vida na guerra.

Cheguei a pensar que se tivesse morrido ali mesmo, com seus lábios nos meus, suas palavras impressas em minha mente, morreria menos infeliz do que haveria de morrer um dia.

Ela afastou seu rosto do meu olhando-me com perplexidade. Espantada certamente pelo que havia feito.

— Preciso ir — disse ela.

— Não! — exclamei. — Por favor, não me deixe.

Seus lábios se moveram, mas não emitiram qualquer som. Ela parou junto à beirada que dava acesso a escada e olhou ao redor. Havia um apelo em seu olhar, dizendo nitidamente, pelo amor de Deus deixe-me ir, não torne esse momento ainda mais difícil do que já está sendo para mim, para nós.

Precisei apelar para cada átomo de coragem, a fim de não correr atrás dela, agarrar-lhe o braço e suplicar que ficasse. Ela se pôs a descer a escada da casa da árvore com o olhar grudado nos meus. Queria loucamente refugiar-me naquele seu olhar de adeus, de nunca mais, para sempre... Ela deu um último aceno com a cabeça e partiu entre as árvores do bosque.

Fiquei, como uma criança amedrontada, contemplando a única pessoa naquele mundo, aquela a quem mais queria, desaparecer do meu campo visual, perguntando-me:

Estaria nossa história de amor perdida, enterrada nas areias do tempo para todo o sempre? Dentro de mim, certamente, enquanto eu tivesse vida, o que vivi com Anne Campbell viveria como um imenso fantasma sem qualquer possibilidade de exorcismo.

Restou então apenas eu, a velha casa da árvore, o verde ao nosso redor, os pássaros e o azul do céu que caía no horizonte como um pássaro ferido.

Quis permanecer ali para sempre... para todo o sempre, até que a morte tirasse de mim o último resquício de vida. Mal sabia que a morte é o oposto do nascimento, que a vida não tem oposto porque a vida é eterna, dela ninguém pode escapar, nem por meio da morte, pois a morte é só do corpo físico.

Na minha mente relampejaram todas as horas e horas que havia me esforçado para sobreviver somente para viver ao lado de Anne. No entanto, se soubesse o que me aguardava após aqueles dias sofridos e amargurados nos campos de batalha, teria me entregado à morte sem ter movido um músculo sequer para me defender. Teria a recebido de peito aberto, sem lastimar.

Perdi-me do tempo, como se ele também tivesse se perdido de mim. Quando dei por mim, pela posição do sol no céu, percebi que já havia se passado quase duas horas.

Aquela sensação de vazio e decepção ainda amargava minha boca. Retorcia minhas veias. Nunca me sentira tão vazio. Tão absolutamente sem objetivo. Quem se sente assim morre. A vontade de viver é tudo. Quando ela some, o corpo a acompanha. É o que ouvi muita gente dizer. Bem, agora eu sabia que eles estavam certos. Não havia mais nada que me prendesse à vida, só me restava morrer.

Que a morte que durante tanto tempo brincou comigo de gato e rato nos campos de batalha viesse finalmente me pegar para satisfazer seu ego infindável.

Veio então ao meu encontro, como uma forte rajada de vento, uma ideia grotesca, a pior dentre todas que pode afetar o ser humano: tentar contra minha própria vida. Uma queda dali seria mais que o suficiente para dar fim a minha vida. Recolher-me de vez na escuridão do nada, segundo a minha crença naquela época.

Transpassei a cerca de madeira que circundava a casa com a ideia fixa de cometer aquela atrocidade contra mim. Contra Deus. Ao pousar meus olhos no chão, fiquei certo de que a queda me daria um fim fulminante.

Estava prestes a me soltar da cerca quando uma voz alcançou meus ouvidos. Ela disse:

– Depois de tudo o que fez para sobreviver, acha justo fazer isso com você? Com aqueles que o amam? Com a vida em si, com Deus?

Girei minha cabeça ao redor, em busca do dono daquela voz. Meu olhar reluzia um misto de terror e espanto.

– Não desista da vida – tornou a voz, firme. – Pode parecer que ela desistiu de você, mas não...

Avermelhei-me, certo de que aquilo só podia ser a voz da loucura.

– A raiva é má conselheira, Christopher. Não faça nada sob o domínio da raiva. Nem sob a decepção, a amargura e a depressão... Todos esses sentimentos são péssimos conselheiros.

"Sei que você está triste e chocado com o rumo escabroso que sua vida tomou. Sentindo um desânimo inimaginável, a ponto de querer tentar contra a própria vida. Eu sei, não é para menos, foi um baque e tanto os últimos acontecimentos que envolveram sua vida. Acontece, não só com você, mas com muitas pessoas.

"Mas se você deixar por um minuto de se concentrar apenas nos seus problemas, deixar de pensar que é o único que os têm, verá que há ainda algo de muito importante a fazer por alguém. Esse ato fará com que você perceba que você é muito mais que seu ego ferido e esse complexo de vítima, que desnorteia e emperra a vida de tantos seres humanos e os aprisiona ainda mais no estado de infelicidade."

Aquelas eram palavras para me tirar do fundo do poço. Trazer-me de volta para a vida. Eu sabia, mas por mais que encontrasse sentido nelas, não conseguia me libertar da mágoa, do rancor e da revolta, como acontece a muitas pessoas, para não dizer a maioria.

Eu estava tão perturbado com a aparição daquela voz misteriosa, que me faltavam recursos para compreender aonde ela queria chegar. O que ela disse a seguir, chocou-me tanto quanto me emocionou.

– Se todas as promessas foram desfeitas, não foram cumpridas, resta ainda aquela que você fez... Benedict.

– Benedict? – murmurei.

– Era esse o nome dele, não era?

– C-como?

A voz não respondeu. Ficou em silêncio aguardando minha reação. Restou somente o silêncio.

"Benedict..." ouvi-me dizendo. E a seguir as últimas palavras que ele me disse antes de morrer: *"Christopher... por favor, cuide de Elizabeth e do meu filho por mim. Diga que sempre os amei, diga isso principalmente a meu filho, seja ele homem ou mulher... Diga que eu sempre o amei e que vou amá-los e tomar conta deles caso meu espírito sobreviva à morte. Prometa-me... Prometa-me, por favor, que vai cuidar de Elizabeth e do meu filho por mim. Por favor... Prometa-me, meu amigo... Prometa-me para que eu possa morrer em paz."*

Sim, era isso, que o dono daquela misteriosa voz queria me dizer. Eu prometera a Benedict no seu leito de morte, procurar sua mulher e dizer-lhe tudo o que ele havia me pedido. Se acabasse com minha vida ali, naquele momento, não poderia cumprir o prometido. E aquilo não seria justo com Benedict, nem com sua esposa, nem com seu filho que a àquela altura já devia ter alguns meses...

Tomei ar, procurei me dar coragem para prosseguir o caminho e chegar até Elizabeth, cumprindo assim a promessa que lhe fiz.

Ainda assim, faltava-me forças para seguir meu caminho. Faltava-me alimentos também, havia tempo que não comia nada nem para forrar o estômago... horas... Como me mantinha de pé era um mistério. Talvez estivesse morto e não soubesse. Se sim, a morte era tão decepcionante quanto a vida, pois não me libertara daquilo que eu tanto quis fugir quando vivo, das tormentas do meu coração.

A voz de Benedict atravessou mais uma vez meus pensamentos em desalinho:

"Christopher... por favor, cuide de Elizabeth e do meu filho por mim...".

Procurei me recompor ainda que não tivesse forças. Era preciso. Respirei fundo cerca de duas, três vezes, e então consegui sair de onde estava e partir da casa da árvore direto para a estação de trem de Maryland.

Tão concentrado fiquei no meu objetivo, o único que ainda me prendia à vida, que me esqueci por completo de perguntar ao dono daquela voz quem era. O tempo me revelaria...

Capítulo 11

Ninguém desvia o destino

Durante a viagem de trem rumo à cidade em que Benedict vivera com sua esposa passei ancorado no mar da solidão e do desespero. Refugiando-me cada vez mais no passado que não passou e nunca haveria de passar.

Já era noite fechada quando o trem alcançou o destino. Segui o caminho que levava à casa de Benedict vagando em crescente desnorteamento. Receei por diversos momentos que a exaustão me levasse ao chão. No entanto, uma força, sobrenatural, possivelmente, segurava-me em seus braços nessas horas. Se Benedict tivesse sobrevivido eu diria que era ele, seu espírito, quem me amparava.

A lua já ia alta no céu quando me vi finalmente diante do portão da humilde casa em que Benedict vivera com sua esposa. Uma casa simples, modesta, que ficava num dos subúrbios mais pobres da cidade, numa rua na qual árvores devastadas pelo outono e pelo inverno procuravam renascer com a primavera.

Só havia uma diferença entre eu e aquelas árvores, elas ao menos almejavam renascer, eu não.

Fiquei prostrado diante da porta, perdido em pensamentos, por alguns longos minutos. O rosto, a voz e o cheiro de Anne ainda se mantinham cravados em minha alma. Deixando cada vez mais um amargo em minha boca e meus olhos envenenados de lágrimas. Foi o sopro de uma brisa gelada que penteava a cidade que me despertou.

Bati na porta, dois toques leves deveriam ser suficientes. A porta logo se abriu e uma jovem muito bonita, de cabelos pretos, presos num coque, vestindo um vestido azul-marinho discreto apareceu.

Aquela deveria ser com certeza Elizabeth Simons, pessoalmente era bem diferente da foto que Benedict havia me mostrado, era mais bela e atraente. Mais mulher.

– Pois não? – perguntou Elizabeth com delicadeza.

As palavras me fugiam. Fugiam de mim por desespero, tristeza, amargura de ter de dar aquela triste notícia àquela bela mulher, àquela jovem mãe.

Ela ficou me olhando com os olhos mais concentrados que já vi. Examinando-me devagar e com certa reserva, com uma tristeza crescente a avermelhá-los, gradativamente roubando deles o brilho da vida. Por meio dos meus olhos ela pôde ler a verdade angustiante que me calava a voz.

Ela levou a mão à boca, num gesto desesperador. Seus lábios se entreabriram, o que iria dizer perdeu-se no caminho, assolado pela dor e o desespero.

Recuou um passo olhando fixo para mim, arrastou-se até uma das cadeiras de madeira parada rente a uma pequena mesa encostada contra uma das paredes da pequena e humilde sala, deixou seu corpo cair e desabou a chorar.

– Eu... eu... – por mais que eu tentasse não conseguia dizer nada, logo chorava tanto quanto aquela mulher corrompida pela dor.

Por fim, ajoelhei-me aos pés de Elizabeth e, procurando firmar a voz, disse em tom de súplica:

– Eu sinto muito, muito mesmo. Procure se contro...

Não consegui terminar a frase ela empurrou a cadeira para trás com rispidez e se levantou bruscamente. Logo estava a andar em círculos pelo aposento, ora gemendo, ora soltando grunhidos de dor, mergulhando as mãos nos cabelos com tanto desespero que logo eles se soltaram e se esvoaçaram.

– Não pode ser... – balbuciava descorçoada. – Não pode ser... não... não é justo... Ele não pode ter morrido. Não sem conhecer o bebê. Não pode.

Nossos olhares voltaram a se encontrar, pousaram um no outro em silêncio por alguns segundos, desta vez, no entanto, encorajei-me a buscar dentro de mim algumas palavras de conforto para oferecer a ela. No último instante, as palavras pareceram evaporar-se e só me restou baixar os olhos diante da minha fraqueza.

Os minutos pareceram se estender mais lentamente que o normal, por conta do peso da dor.

– Acalme-se – disse eu por fim. Antes tivesse me mantido em silêncio. A viúva de Benedict explodiu e com razão:

– Acalmar-me?! – gritou ela. – Como? Como posso me acalmar diante disso tudo? Você bate à minha porta para me dizer que meu marido está morto e espera que eu me acalme... como alguém pode se acalmar diante de uma notícia horrível dessas. Desumana. Cruel. Diga-me, como?

O choro cobriu-lhe a voz sem perdão.

Ela tinha razão, pensei, poucos poderiam se dar ao luxo de se acalmar diante de uma triste notícia como aquela. Avassaladora... devastadora... De repente, para meu espanto, percebi que ambos, eu e Elizabeth estávamos vivendo de certo modo a mesma realidade no mesmo dia. Sendo informados pelo Além de que havíamos sido obrigados a nos separar do grande amor de nossa vida pelas mãos do destino.

– Eu projetei uma vida – prosseguiu ela, com amargor –, um casamento perfeito, um pai maravilhoso para meus filhos, tudo moralmente certo e aprovado pelas graças do Senhor e, no entanto, tudo saiu errado, completamente diferente do que planejei. Por quê? E agora?

Sua voz extinguiu-se e ela contemplou as mãos. Após o que me pareceu muito tempo, ela ergueu a cabeça e me fitou. Disse:

– Diga-me, pelo amor de Deus, que não é verdade. Que Benedict está vivo num hospital qualquer e que muito em breve entrará por essa porta para ver a mim e o bebê. Diga!

Ela segurou firme nos meus braços e tornou a repetir:

– Diga! Pelo amor de Deus...

Sem ter mais coragem para olhar direto em seus olhos, baixei os meus.

Ela largou de mim, andou a esmo até se encostar contra a parede, apoiou-se contra ela e caiu num pranto agonizante novamente, logo estava rente ao chão de cócoras sendo cada vez mais devastada pelo choro.

Deixei que o silêncio permanecesse entre nós até que sentisse alguma melhora no ambiente. Deixei meu corpo cair na cadeira e escondi a face entre as mãos. Pensei...

"A saudade havia chegado cedo demais... cedo demais para nós dois, estranhos um para o outro. O adeus havia dito sem dizer adeus..."

Não sei precisar quantos minutos se passaram até que o bebê chorasse e nos despertasse daquele estado lastimável.

Com grande esforço, Elizabeth se pôs de pé e foi até o quarto onde deixara a criança. Pegou-a no colo e deu-lhe de mamar. Assim que o bebê sentiu o bico quente do peito da mãe em sua boca e o leite morno e gostoso entrar em sua boca, acalmou-se.

Aguardei pacientemente na sala até que ela voltasse. Quando regressou, trazia consigo o filho nos braços. Era uma menina, uma menina linda. De olhos esverdeados, que às vezes, tornavam-se azuis, brilhantes, vivos e anestésicos.

Ao vê-la, como sempre acontece com todos aqueles que se veem diante de uma criança, um sorriso despontou na minha face e, por segundos, esqueci de toda a amargura que vivera até aquele momento.

– É linda – confessei. – Como se chama?
– Beatrice...

Forcei-me a sorrir.

– Olá, Beatrice, como vai?

O olhar da menina pareceu se acender e um sorriso cobriu sua face de ponta a ponta.

– Era o nome que Benedict queria pôr no bebê se fosse uma menina.

Assenti com os olhos.

– Quer pegá-la? – perguntou.
– Eu? – A sugestão me pegou de surpresa. – Não sei se devo. Estou sujo.

No fundo eu queria muito pegar a criança no colo sem saber ao certo por quê. Elizabeth insistiu. Assenti, não antes de tirar meu casaco pesado. Elizabeth então passou a menina para os meus braços e eu, ainda que desajeitado, acolhi aquela criança com ternura. A mesma com que acolheria meu próprio filho quando ele fosse posto pela primeira vez em minhas mãos.

Quando os olhos soberbos de Beatrice voltaram a encarar os meus, a menina pareceu sorrir novamente. Um sorriso contente, de pura alegria por me ver ali.

– Ela é tão linda... – repeti contendo-me para não chorar.
– É, não é?

Ficamos ali, eu e Elizabeth, ambos estranhos um para o outro, observando e admirando aquela criança adorável, ainda um bebê, mexer as mãozinhas e grunhir, parecendo estar contente por se ver assistida por nós dois.

– Eu quis tanto ver esse momento – disse Elizabeth, minutos depois –, o momento em que Benedict pegaria a filha nos braços e a envolveria com todo o seu amor, aquele amor que só um pai amoroso pode transmitir ao seu filho.

Seus lábios trêmulos sorriram pouco antes de ela dizer:

– Mas você o está representando muito bem. É como se ele estivesse por meio de você realizando o que ele no íntimo sonhou tanto fazer.

Mal sabia eu nessa época que Benedict, na essência divina de todos nós, em espírito, estava ali naquela pequena sala presenciando todo aquele momento tão marcante em nossa vida.

Ainda que estivesse tendo a oportunidade de conhecer a filha, desencarnado, a emoção era a mesma que se estivesse ali presente em corpo físico. Seus olhos derramavam lágrimas também, lágrimas de profunda gratidão a Deus por poder estar presenciando tudo aquilo e por tomar conhecimento de que a morte nada mais era que uma volta ao começo, um recomeço noutro tempo e espaço diferentes do que existem na Terra.

A menina tornou a sorrir. Devolvendo-me a coragem que me escapava pelos poros. Tornei a rir, debilmente, entristecido. Nesse momento, então, Elizabeth voltou-se para mim e disse:

– Você deve estar com fome, não?
– Não se preocupe – respondi sem tirar meus olhos da menina. Não conseguia, seu olhar me cobria de calma.

— Tenho algumas sobras do almoço, posso esquentar para você — sugeriu Elizabeth com ternura.

Permaneci calado e ela compreendeu que quando se cala, consente. Ela já estava a caminho da cozinha quando parou, retornou até a sala, e me perguntou:

— Se me disse, esqueci, qual é mesmo o seu nome?

— Não disse — respondi dessa vez olhando para ela. — Christopher. Chamo-me Christopher Angel.

O esboço de um sorriso transpareceu na face pálida e umedecida pelas lágrimas de Elizabeth.

— Angel? — murmurou ela em tom de interrogação sacudindo a cabeça sapientemente. — Com esses olhos azuis vívidos parece mesmo um anjo. Um anjo em forma de homem.

Um leve sorriso bailou na minha face. Ela pediu-me para segui-la até a cozinha, mas quando me viu inseguro quanto a me levantar com a menina em meus braços, tratou imediatamente de tirá-la de mim.

Parei junto à porta aberta da cozinha, um aposento em condições tão humildes quanto a sala. Era forçoso sentar-me o quanto antes. Tive a impressão durante o pequeno trajeto de um cômodo para o outro que desmaiaria de fraqueza a qualquer momento.

Elizabeth ajeitou a pequena Beatrice no cesto que estava sobre a mesa. Disse algumas palavras para ela, no melhor estilo *tatibitati*, e a seguir foi para o fogão. Acendeu o bico sob uma chaleira e sob mais duas panelas.

Voltou-se para mim e disse:

— Por que não toma um banho enquanto esquento a comida?

A sugestão me pegou de surpresa. Antes que eu dissesse alguma coisa, ela passou por mim, seguiu pelo corredor até o que deveria ser um quarto e de lá trouxe uma muda de roupa que me estendeu e disse:

— Tome, estão limpas, eram de Benedict, devem servir para você.

Quis recusar, ela percebeu minha intenção, e, antes que eu o fizesse, ela pôs a roupa na minha mão e disse:

— O banheiro é logo ali. Um banho vai lhe fazer muito bem. Acredite-me.

Ela tinha razão. Então, achei por bem aceitar a sugestão. Quis muito que a água do banho tirasse de mim as marcas do que vivera até então, ainda que soubesse que seria impossível tal fato. Tudo o que vivera de bom e de ruim haveria de me acompanhar até o momento em que eu desse o meu último suspiro, como se tivesse sido tatuado no meu corpo e até mesmo em minha alma.

Quando minha pele sentiu o contato gostoso da roupa limpa e perfumada, algo que eu não sentia havia um bom tempo, foi como se eu tivesse bebido um copo d'água após atravessar um deserto.

Ao voltar para a cozinha, encontrei Elizabeth terminando de preparar o que ia me dar para me alimentar. Procurou sorrir e pediu que eu me sentasse à mesa.

— O que houve com você? — perguntou-me a seguir.

— N-nada — respondi, tentando mascarar o que não podia ser mascarado jamais.

Ela olhou-me de viés. Disse:

— Posso ver em seus olhos uma tristeza profunda.

Olhei para ela como se olha para um trem em fuga. Um suspiro foi tudo que ela obteve de mim como resposta, um suspiro lento e pesado. Eu queria tudo, menos falar da minha desaventurança, não suportaria, só serviria para aumentar a dor.

— Onde mora? — perguntou.

— Em lugar nenhum — respondi sem um laivo de angústia.

Ela me olhou seriamente, com certa pena, talvez receio. Não disse nada. Quem disse foi Beatrice na sua linguagem ininteligível de sempre.

Minutos depois, Elizabeth serviu-me um prato de canja fumegante.

— Coma — disse ela. — Aquecerá seu estômago, alimentará seu corpo, acalmará sua alma.

Olhei para aquele prato com sopa cheirosa e fumegante, mas apesar da fome que apertava meu estômago fiquei estático por instantes segurando a colher de sopa sem me mexer.

— Vai esfriar... — observou Elizabeth.

Olhei vagarosamente para ela novamente com um sorriso leve fugindo dos meus lábios, de repente, não era mais eu, Christopher Angel, de 24 anos, nessa época, que estava ali, e sim o menino Christopher Angel de oito anos diante de sua mãe insistindo para que ele comesse o que não era muito de seu feitio na época.

Saboreei a primeira colherada do caldo pelo maior tempo possível, só então voltei a tomar mais uma, com muita vontade.

Nunca, acho que em toda a minha vida, havia provado um caldo regado com sobras de pão tão apetitoso. Elizabeth me observava calada. Com o mesmo olhar que as mães admiram seus filhos. Se não pude matar a fome de amor que me apertava a alma e feria o estômago pude ao menos matar a fome.

Após o término da singela refeição, refugiamo-nos no único assunto que tínhamos em comum, Benedict Simons.

— Gostaria de saber se ele, pelo menos, foi enterrado? — perguntou Elizabeth a certa altura da conversa.

— Sim. Por mim.

Ela tornou a me olhar com lágrimas de gratidão. Fiquei branco de repente, trêmulo dos pés a cabeça. Palavras começaram a ser cuspidas da minha boca como que por vontade própria:

— Deveria ter sido eu, compreende? Eu que deveria ter morrido no lugar de Benedict. Ele tinha uma mulher e uma filha apaixonante. A vida dele, que deveria ter sido poupada, não a minha.

E, novamente, vi-me repetindo:

— Eu é que deveria ter morrido no lugar dele. Eu... Tudo teria sido bem mais fácil. Bem mais justo.

Elizabeth pegou na minha mão despertando-me daquele estado depressivo.

— Desculpe o desabafo — disse eu olhando envergonhado para ela.

— Vejo que está tão arrasado quanto eu — comentou.

— Estou mesmo. Perder as pessoas que se ama nunca foi fácil para mim. Nem para ninguém, não é mesmo?

Uma lágrima vazou dos olhos vivos e bonitos de Elizabeth, uma lágrima em assentimento. Respirei fundo, endireitei o corpo sobre a cadeira fingindo-me de forte e seguro e disse:
— Agradeço muito sua atenção. Você foi muito gentil me preparando tudo isso. Confesso que estava com fome.
Suspirei mais uma vez antes de dizer:
— Agora, preciso ir.
— Fique — pediu ela. — A noite está gelada. Não lhe fará nada bem partir agora. Mesmo porque não há trens a esta hora. Passe pelo menos esta noite aqui.
— Que nada...
— Por favor, eu lhe peço. É o mínimo que posso fazer para retribuir seu gesto tão generoso por nós. Por mim, Beatrice e Benedict.
Ponderei por alguns minutos e, por fim, aceitei o convite.
Naquele momento, Benedict Simons voltou-se para o espírito de Luz que se mantinha ao seu lado e disse, transparecendo admiração e alívio:
— Ela aceitou minha sugestão. Parece até que minhas palavras alcançaram seus ouvidos. Que bom. — Ele suspirou aliviado. Acrescentou: — Christopher não pode ficar só. Não deve. O desespero vai matá-lo...
— Sim, provavelmente sim — concordou o espírito de Luz. — Se ele se entregar ao desespero, será o mesmo que se entregar à morte, que é o mesmo que cometer um suicídio. As consequências para o espírito que se entrega assim não são nada favoráveis a sua evolução.
Benedict concordou em silêncio e voltou a olhar para mim com muita pena.

**

Depois de ajeitar a louça, Elizabeth guiou-me até o segundo quarto da casa. Um aposento também muito modesto. Ajeitou a cama de solteiro que havia por lá, pôs alguns cobertores à minha disposição, afofou o travesseiro, voltou-se para mim e disse:
— Espero que esteja confortável.

Sorri, palidamente, agradecido. Seus olhos estudaram os meus mais uma vez minuciosamente. Ela pareceu ler algo neles, algo num dialeto totalmente desconhecido para mim.

– Vou buscar um pouco de água com açúcar – disse. – Fará com que você durma mais tranquilamente.

Um minuto depois, Elizabeth voltou, trazendo o copo com a água açucarada. Nossos dedos se tocaram por um instante quando o apanhei de sua mão. Sorri sem graça. Ela retribuiu o leve sorriso e me incentivou com os olhos a beber a água, como uma mãe que desconfia que o filho não beberá o remédio se ela não se certificar. Bebi lentamente. Dissemos boa-noite um para o outro e ela deixou o aposento.

Fiquei tenso quando fechei a porta do quarto. Ainda mais quando ouvi o som da chave girando na fechadura. Não sei por que quis fechar-me ali a chaves. Relanceei os olhos em torno do aposento e tive a impressão de que o lugar era uma jaula e não um quarto. Feito para prender um ser humano, pela eternidade, se isso fosse possível. Estremeci a tal ideia.

Nem bem passou o estremecimento, senti um desânimo inimaginável assolar minha alma. Eu estava novamente a sós com a minha triste realidade, com o rumo escabroso que a minha vida havia tomado.

Ah, se eu pudesse enterrar aquele episódio em algum canto da minha memória para nunca mais sofrer suas implicações.

A constatação provocou um súbito e entrelaçado formigamento na ponta dos meus dedos e no meu rosto. Durante uns quinze segundos, o quarto rodopiou, sombrio, em torno de mim, e fiquei apavorado, imaginando que iria cair. Talvez fosse a morte triunfando sobre mim, finalmente.

Irrefletidamente, apoiei-me na pequena cômoda que estava próxima à cama. Enchi o pulmão de ar e fechei os olhos. Se era para eu morrer, que a morte fosse breve. Aguardei. Perdi-me do tempo. Após alguns segundos, a sensação amainou e tornei a abrir os olhos. Quando a cabeça clareou um pouco mais, consegui focar os olhos na cama e sustentar-me novamente sob minhas pernas.

Havia restado algumas gotas no fundo do copo que Elizabeth havia me trazido. Despejei-as na palma de minha mão esquerda e esfreguei-a contra o meu rosto na esperança de que elas me despertassem daquele estado deprimente. Surtiu certo efeito.

Caminhei para a cama, deitei-me e afundei-me nela com um grunhido. Precisava dormir, dormir para nunca mais acordar.

Capítulo 12

Sentindo um frio em minha alma

A noite transcorreu calma e serena lá fora, porém, dentro de mim, seguiu sob tempestades e furacões, saudades e desilusões.

Ao abrir os olhos, no dia seguinte, vi o fogo do nascer do sol nas paredes e no teto. Permaneci deitado de costas, sem me mover, com a cabeça e o corpo entorpecidos, como se houvesse bebido demais. Quem me visse pensaria imediatamente que eu havia morrido. De certo modo sim, interiormente era um homem morto.

Meu primeiro impulso foi novamente o de voltar ao passado de algum jeito para mudar o meu destino, impedir que minha vida e a de Anne fossem separadas pela mãos cruéis e injustas do destino.

Minha vontade era tanta que pensei ter conseguido regressar no tempo simplesmente pela força do meu desejo.

Meus olhos se deslocaram até encontrar a porta do quarto. Acreditei, na minha doce ilusão, que por trás dela estaria a felicidade me esperando novamente de braços abertos dizendo: "Eis-me aqui viva, aguardando sua vinda".

Cautelosamente, sentei-me na cama. Com dificuldade, ergui o corpo e me firmei sobre minhas pernas. Querendo o mais rápido possível alcançar aquela porta.

– A porta – murmurei. – Eu preciso chegar até a porta... é ela quem me separa da felicidade que eu tanto sonhei para mim... Do amor que eu preciso viver para saber o que é o amor de verdade... realizar a minha missão de vida...

Minhas pernas bambearam ao primeiro passo.

— Por favor, não me deixe fraquejar agora — supliquei sem ter ideia a quem eu pedia.

Segui como um bebê tentando dar seus primeiros passos. Com os olhos fixos na maçaneta.

— A porta — tornei a repetir em voz alta. — *Eu preciso chegar até a porta...* a felicidade que eu tanto quis viver está lá, atrás da porta... Tem de estar, não pode ter fugido de mim...

Finalmente alcancei a maçaneta, destranquei a porta, e a abri. De novo, a realidade chegava até mim como um tapa de um vento a cem por hora. Não havia nada ali a não ser a humilde sala da casa simples que abrigava a esposa e a filha de Benedict Simons. Bateu-me um frio em minha alma. Senti-me como um suntuoso castelo de areia sendo derrubado por uma onda. Um rei destronado. Um ser sem ter nem por quê.

Fugi da visão assustadora que a realidade me imprimia, desviando os olhos para um canto qualquer do aposento que não fosse aquele. Pousei meus olhos nas cortinas brancas e etéreas, presas ao lado das janelas do quarto que me fora cedido gentilmente por Elizabeth. Nesse instante bateu em mim uma vontade louca de abrir a janela e ganhar o ar puro da manhã.

Minhas pernas ameaçaram dobrar-se ao dar o meu primeiro passo. Nesse momento já não parecia mais um bebê de equilíbrio incerto, e sim um homem que misturou a seu sangue fortes doses de bebida alcoólica.

Alcancei finalmente a janela e abri as venezianas. O ar me ganhou. Puro... pândego. Procurei respirar, fundo, bem fundo na esperança de me tranquilizar, e, nessa tranquilidade, apagar senão toda, mas pelo menos um pouco da decepção que insistia em me apunhalar a alma.

Aferrei-me ao batente da janela e dei a vazão ao choro que queria sair de dentro de mim e que eu segurava, por vergonha talvez, por honra, por ego ou por tudo junto.

Foi o choro de Beatrice quem me despertou daquele estágio deprimente. Em menos de dezessete segundos meu equilíbrio físico e mental retomou seu lugar. Vesti-me, caminhei até a porta e saí.

Quem diria que o choro ainda irritante de um bebê, de uma criaturinha tão inofensiva, conseguiria despertar um homem de um estado tão deprimente como o meu.

— Bom dia — disse eu, procurando firmar a voz, assim que encontrei Elizabeth na sala com a pequena Beatrice no colo.

— Bom dia — respondeu-me ela, delicada como sempre.

Elizabeth amanhecera trajando luto.

Beatrice notou minha chegada e voltou imediatamente os olhinhos na minha direção. Novamente, vi em seu pequeno rostinho aquele sorriso bonito de orelha a orelha acompanhado de um grunhido.

— Não tenha vergonha de chorar, Christopher — disse Elizabeth assim que flagrou meus olhos. — Se o choro não fosse necessário, Deus não o teria criado.

Pestanejei ao perceber o palor do meu rosto.

Despertei, e quando dei por mim encontrei Elizabeth estudando-me com atenção. Novo palor cobriu meu rosto. Com grande cautela ela me perguntou:

— Houve alguma coisa. Alguma coisa igual ou até mesmo pior que a guerra, para deixar esse vazio nos seus olhos, esse tremor pelo corpo?

— Não — menti, mas sem grande sucesso.

— Houve sim... Algo que o está martirizando, corroendo seu coração. Pode desabafar comigo Christopher, nada nos alivia mais do que um desabafo.

Meneei a cabeça procurando fugir do seu olhar. Em vão.

— Estou aqui para ouvi-lo, Christopher — reforçou ela com carinho —, pode contar comigo.

Movi os lábios, mas a voz parecia não ter força suficiente para atravessá-los. Cheguei a dizer alguma coisa, mas me enganei com as palavras. Então, minha voz extinguiu-se de vez.

— Foi um problema afetivo, não foi? — sugeriu Elizabeth. — Algo na sua vida afetiva desmoronou, perdeu-se, consumiu-se por inteiro, não é mesmo?

Sem perceber, uma lágrima vazou do meu olho direito. Elizabeth acrescentou:

— Quem é ela, Christopher, quem foi ou quem é essa mulher por quem seu coração arde de tristeza?

Voltei meus olhos lacrimejantes para ela e disse em tom de desculpa:

— É uma longa história, Elizabeth. Um dia, quem sabe, lhe conto. Não agora, falar a respeito só me causa dor, ainda mais dor. Espero que me compreenda, por favor.

Ela assentiu com um olhar acolhedor.

— A vida não é fácil — disse. — Precisamos ser fortes para lidar com ela. E creio que a vida não é fácil para que possamos descobrir dentro de nós a força que temos para lidar com as intempéries que ela nos traz.

Um sorriso envergonhado salpicou meu rosto.

— O tempo tudo cicatriza — acrescentou ela num tom que uma mãe usa para consolar um filho. — Até mesmo as feridas que se abrem em nosso coração, o tempo é capaz de cicatrizar. Você verá...

Ela se pôs de pé e me disse:

— Venha tomar uma xícara de café e comer um pedaço de pão.

Aceitei seu convite sem protestar. Foi quando Elizabeth me disse: "Desculpe-me por lhe oferecer apenas pão sem manteiga, mas é que estou sem no momento". Algo me assaltou a ideia e perguntei:

— Você tem trabalho? Digo, está trabalhando em algum lugar?

— No momento, não — respondeu, enchendo uma xícara de café.

— Como vai sustentar vocês duas de agora em diante?

— Dá-se um jeito — respondeu ela, em meio a um sorriso abatido.

Senti um aperto imenso no peito. Uma pena terrível daquela mulher tão jovem, viúva tão cedo e daquela linda menina, uma criança inocente, num mundo tão cruel e desumano sem ter agora um pai para dar-lhe sustento.

A imagem de Benedict no leito de morte assolou minha mente novamente. Junto dela, suas palavras ditas em tom de súplica:

111

"*Christopher, não deixe lhes faltar nada, veja se estão precisando de algo, por favor, cuide de Elizabeth e do meu filho por mim. Diga que sempre os amei, diga isso principalmente a meu filho, seja ele homem ou mulher... Diga que eu sempre o amei e que vou amá-los e tomar conta deles caso meu espírito sobreviva à morte... Prometa-me, meu amigo... Prometa-me para que eu possa morrer em paz.*"

Eu tinha de ajudar financeiramente aquelas duas mulheres desamparadas. Não era justo partir dali deixando-as à mercê do desamparo e da solidão.

Aquele sentimento de compaixão pelo próximo deu-me forças necessárias para sair aquela manhã em busca de um emprego. Por sorte consegui um naquela mesma tarde numa pequena loja de secos e molhados, trabalharia ali até encontrar algo melhor, de preferência na minha área. Assim que voltei para casa cheguei para Elizabeth e disse:

– Eu tomei uma decisão, Elizabeth. Vou ficar aqui na cidade por um tempo, trabalhando para ajudar você e Beatrice.

– Mas, Christopher...

– Por favor, aceite a minha ajuda. Vocês precisam, pelo menos até que você tenha condições de trabalhar para sustentar vocês duas.

Elizabeth conteve-se para não chorar, seu esforço foi visível. Seus olhos brilhavam com lágrimas de cristal quando ela voltou a me olhar olhos nos olhos e assentiu, comovida.

– Pelo menos, fique morando aqui conosco – disse ela –, a casa é humilde, mas...

– Agradeço muito, Elizabeth, mas não devo. Vou procurar uma pensão na redondeza.

– Por favor – insistiu ela –, eu lhe peço, é o mínimo que posso fazer em retribuição ao seu gesto tão solidário.

Foram os olhos da pequena Beatrice que me fizeram concordar com sua mãe. Por algum motivo não queria me desgrudar da menina, na certa por temor, temor de me ver só, assolado pela triste realidade que me apunhalava a alma.

Assim eu fiquei. E toda vez que o desânimo, a tristeza e o amargor vinham me ver, era na pequena Beatrice que eu pensava, no seu sorriso bonito, banguela, nos seus olhos azuis profundos. Nas suas necessidades de criança.

Viver para ajudar uma criança a sobreviver, uma criança que poderia ter na vida uma sorte bem maior que a minha, fez-me encontrar algum sentido para me manter vivo neste mundo cruel e desumano.

Como eu imaginei, logo recebi uma proposta de emprego na minha área. A proposta chegou no mesmo momento que a neve. Afugentando a cor de todo e qualquer lugar. Até mesmo do nosso físico.

Se eu fosse uma pipa observando do céu o meu caminhar por entre aquela paisagem coberta de neve, teria a impressão de que eu era apenas um risco de carvão a se mover por uma tela em branco.

Se já era difícil lidar com meus sentimentos atribulados, os ecos da guerra e da paixão dentro de mim em tempo ameno, com o frio da neve tudo ficava ainda mais difícil, pois a estação nos deixava mais melancólicos, suscetíveis à depressão, mesmo sem ter razão para sofrê-la.

Todo dia quando voltava do trabalho e avistava Elizabeth, ainda trajando luto, varrendo a neve que se acumulara na calçada e na pequena passarela que levava até a frente da humilde casa em que vivíamos, meu coração se sentia menos frio, tinha a impressão de que a expressão radical da tristeza e da melancolia que havia coberto minha face perdia um pouco suas nuances.

Às vezes me pegava admirando sua coragem e determinação. Elizabeth era sem dúvida uma mulher dentre poucas e isso a meu ver era admirável.

Era bom voltar para a casa e encontrá-la ao lado de Beatrice aguardando ansiosa por minha chegada. Espelho da minha necessidade.

Nos meses que se seguiram fui ganhando confiabilidade e confiança na empresa onde trabalhava e em pouco tempo fui promovido. Não nego, dedicava-me ao trabalho com todo empenho que só os que procuram se esconder de uma realidade que os entristece são capazes de se dedicar.

Quando algo não vai bem na vida, principalmente afetiva, não há nada melhor do que se atolar no trabalho, ocupar a mente sem abrir espaço, uma brecha sequer para que o desalento da realidade se infiltre.

No entanto, por mais que eu me entregasse ao trabalho havia horas em que eu precisava me desgrudar dele para poder voltar para a casa, tomar meu banho, jantar, dormir... sem contar os fins de semana.

Nessas horas procurava me ocupar o tempo todo com a pequena Beatrice, que crescia cada vez mais fofa, cada vez mais linda.

Certamente que eu pedia, não sei bem a quem, desculpa por usar a menina para encobrir aquilo que ainda não tinha condições de encarar, tampouco acreditava ter um dia.

***

Durante o avanço dos meses, o silêncio ligeiramente constrangedor que pousa sobre os estranhos, foi desaparecendo entre mim e Elizabeth. Quando não falávamos das peripécias de Beatrice, relembrávamos nossa infância.

Percebi, então, que não era só Beatrice aquela menininha de nariz arrebitado e pele rosada quem havia se tornado minha melhor amiga. Elizabeth também era uma grande amiga.

Ainda que me sentisse amparado por aquelas duas mulheres presentes agora em minha vida e por um trabalho que me consumia por inteiro, era difícil me recolher para dormir, pois encontrava as memórias, as tristes obviamente, esperando por mim naquele quarto silencioso, passeando de lá para cá, daqui para lá, como Peter Pan fazia pela velha Londres. Se eu ao menos me dispusesse a orar, seria abençoado pelo poder benéfico da oração, mas, revoltado com Deus, privava-me de tamanha graça concedida ao homem pelo Pai Celestial.

Nessas horas, restava-me apenas dialogar com a voz, a misteriosa voz que surgia de repente dentro ou fora de mim, não sabia dizer ao certo, cujo dono me era totalmente invisível. A voz que acabei apelidando de voz das sombras. Ela sempre surgia procurando me amparar por meio de palavras bonitas nos momentos em que eu me encontrava mais desesperado.

— As feridas que um dia se abrem no corpo do ser humano, até mesmo em sua alma, um dia se cicatrizam, Christopher.

— As feridas podem cicatrizar — retorqui —, mas as cicatrizes estarão sempre ali e toda vez que eu bater os olhos nelas me lembrarei do que sofri.

— Sim — afirmou a voz. — É importante que seja assim para que perceba que é mais forte do que pensa ser, que é capaz de seguir adiante, mesmo após ter sido ferido. Capaz de recomeçar, renascer das cinzas.

Refleti por instantes.

— E quanto às feridas que se abrem em nosso coração? — perguntei.

— Essas também vão cicatrizar — afirmou a voz.

— Não creio — dissuadi. — Para muitos, as feridas no coração já são profundas demais para cicatrizarem.

— Ainda que profundas, Christopher, todas podem cicatrizar. Todas, sem exceção.

— Será?

— Sim, com certeza. Mas serão cicatrizadas de forma bem diferente do que você espera, por meios que você jamais sonhou. E você só perceberá muito tempo depois.

A voz conseguiu me deixar mais uma vez intrigado.

Levou muitos anos para que eu percebesse que a *voz das sombras* estava certa com suas afirmações. Antes eu houvesse me permitido perceber bem antes. Algo que não fiz por teimosia.

***

Com o passar dos meses os vizinhos, as mulheres, principalmente as desocupadas e pobres de espírito começaram a comentar com maledicência sobre a minha presença na casa de Elizabeth. "Onde já se viu uma viúva, cujo corpo do marido sequer esfriou, ainda mais, mãe de uma filha, hospedar um homem na sua casa e ter a pachorra de dizer que o hospeda por gratidão. Gratidão uma ova, pouca vergonha, isso sim." Diziam as línguas viperinas dessas desocupadas.

Diante da distorção da nossa realidade me propus a mudar para uma pensão, mas quando Elizabeth soube da minha decisão, opôs-se gravemente. Disse:

— Esse tipo de gente vai sempre falar mal dos outros, Christopher. Sempre encontram um motivo para criticar ou maldizer. É o único modo de se ocuparem, de fazê-las esquecer o que não gostam de ver e viver. Por tudo isso, não se preocupe com elas. Ignore-as. O seu desprezo as incomodará mais do que o mal que elas insistem em nos causar.

Gostei do que ouvi. Gostei profundamente. O que me fez admirar Elizabeth ainda mais. Então, em uma noite cuja lua parecia derramar sobre nós uma chuva de prata, Elizabeth me fez uma surpresa.

Havia um bolo esperando por mim sobre a mesa assim que cheguei em casa. Meu bolo favorito. Sorri agradecido, então ela me disse:

— Parabéns, Christopher. Parabéns pelo seu aniversário.

Fiquei deveras chocado ao perceber que de fato era o dia do meu aniversário e que havia me esquecido completamente dele. Meus olhos lacrimejaram de emoção.

— Eu nem me dei conta...
— Parabéns — tornou ela carinhosamente.

Ela aproximou-se de mim e me deu um abraço. Um abraço que me tirou lágrimas dos olhos. Com a voz embargada de emoção, agradeci:

— Muito obrigado.

Tomei-lhe a mão, levei-a até meus lábios, beijei-a esfregando depois meu rosto contra ela.

— Você é muito especial para mim, Elizabeth. Muito especial — acrescentei enquanto mais lágrimas atravessavam meus olhos vermelhos de emoção.

Elizabeth olhou para mim bondosamente. Com seu olhar de afeto de sempre. Despertando em mim uma vontade imensa de abraçá-la, de sentir o calor do seu corpo.

Sentia-me cansado de sofrer e viver aquele vazio, aquele inverno interminável em meu interior, eu precisava de calor humano, de muito calor humano como todo homem, todo ser precisa, e urgentemente. Assim eu acabei baixando a guarda e permitindo que o carinho daquela mulher penetrasse nas minhas defesas e me entregasse a ela com afeto.

Ainda devagar, com a maior lentidão, puxei-a contra mim abraçando-a forte e carinhosamente. Ficamos enlaçados, como crianças amedrontadas que se reencontram após longas, terríveis horas, de separação.

Pressionei então a minha testa contra a dela e deixei que o silêncio dissesse mais do que palavras. Então, os lábios dela buscaram os meus expressando todo afeto e todo carinho que só as mulheres sabem transmitir por meio de um beijo.

Elizabeth disse meu nome; sua voz soava abafada, quase amedrontada. Apertei-a um pouco mais em meus braços deixando me envolver por todo o seu afeto e calor humano.

– Sempre ouvi dizer que quando tudo está perdido, quando sua vida cai numa profunda escuridão, quando você menos espera, surge uma luz no fim do túnel. Agora sei que é verdade, a mais pura verdade. Você é essa luz na minha vida, Christopher. Uma luz intensa, pela qual sou tão agradecida, a qual amo tanto.

– Poderíamos nos casar, Elizabeth – sugeri. – Gostamos um do outro...

Seu rosto adorável estava agora corado e seus olhos cintilavam lágrimas.

– Eu gosto de você, Christopher, gosto muito. A princípio era apenas um sentimento de gratidão por tudo o que você fez e faz por mim e Beatrice, depois...

Ela suspirou antes de acrescentar:

– Eu quero muito fazê-lo feliz, Christopher, muito... Do jeito que você merece...

Suas palavras fizeram-me apertá-la ainda mais contra o meu peito e dizer:

– Você já me faz feliz, Elizabeth.

Os olhos dela brilharam emocionados. Dessa vez fui eu quem beijou doce e ternamente seus lábios. Sentia-a estremecer, e sua respiração fluiu de leve em minha boca, como vinho morno. Ela disse:

— Até então pensei que não houvesse outro rumo para dar a minha vida — desabafou ela. — Deus meu, nem acredito que tais palavras estejam saindo de meus lábios! Pode imaginar quão profundamente você me modificou, em tão pouco tempo?

Eu sabia que não amava Elizabeth Simons tanto quanto amava Anne Campbell, nem que nunca poderia amá-la na mesma intensidade, mas tinha um carinho por ela, um carinho que eu próprio não sabia explicar.

Elizabeth me fazia companhia, era carinhosa. Na verdade, éramos o espelho um do outro. Ela amara Benedict tanto quanto eu amara Anne e cada um encontrou no outro alguém para preencher o vazio que aquele nosso coração elegeu como grande amor de nossa vida deixou em nós.

Nós nos casamos uma semana depois, no dia 18 de junho de 1919, no cartório mais próximo de onde vivíamos. Não houve nada, nem um bolo sequer para comemorar a data, a não ser a alegria da companhia de Beatrice e a nossa disposição para recomeçar a vida afetiva.

Nosso casamento não surpreendeu Benedict, era como se ele já esperasse. A filha e a esposa estavam agora protegidas num mundo onde ele não podia mais protegê-las. Por essa razão, ele só tinha a agradecer a Deus por nossa união, uma união que foi encarada por ele como uma dádiva.

Um mês depois da nossa união, Elizabeth descobriu que estava grávida, perdi a fala quando ela me contou a novidade, tamanha minha surpresa e emoção.

"O filho", murmurei em silêncio, "o filho que eu tanto sonhei ter com Anne..."

— Você ficou contente, Christopher? — perguntou-me ela olhando fundo em meus olhos.

— Sim, Elizabeth, é lógico que sim. Muito contente.

Desviei meus olhos dos seus quando tive a impressão de que ela soube o que se passou em minha cabeça naquele instante.

Elizabeth descobriu com o tempo que me amava tanto quanto amou o pai de sua filha. Como aquilo era possível? Ela não sabia dizer com exatidão. A vida tinha coisas inexplicáveis.

Capítulo 13
As verdades o tempo não apaga...

Havia se passado um ano desde os últimos acontecimentos que marcaram a minha vida. Eu me encontrava a trabalho em Paris. A cidade que eu e Anne sonhamos passar a nossa lua de mel.

Ah, Anne, como doía pensar nela, uma dor que certamente jamais teria fim. Pensei que o casamento com Elizabeth fosse me fazer esquecer Anne para sempre, mas não, ainda me pegava por diversos momentos relembrando os bons momentos que vivemos juntos e os planos que fazíamos.

Eu me encontrava caminhando pela Champs-Élysées quando ouvi alguém me chamando:

— Christopher?

Voltei o rosto com um olhar assustado para a moça.

— Sim — disse eu, franzindo o cenho. Era um rosto conhecido, já o havia visto em algum lugar, no entanto, por mais que minha mente trabalhasse rápido, não conseguia me lembrar de onde.

Ela me estudou com seu olhar profundo enquanto eu, por embaraço, cruzei os braços.

— Lembra-se de mim? — tornou a estranha fazendo uso da mesma delicadeza usada havia pouco.

— Recordo-me vagamente — confessei, embaraçado.

— Romolla Brennan — frisou ela —, conhecemo-nos na casa da família Dorigan. Pouco antes de a guerra começar.

Mantive sobre a jovem um olhar crescente de dúvida.

— Eu era namorada de Victor Dorigan na ocasião, recorda-se?

Descruzei os braços, aliviado, agora sim, tudo havia clareado.
— Sim, lembro-me. Desculpe-me. É que nos vimos tão poucas vezes e eu voltei um tanto quanto aturdido da guerra.
— Não há o que se desculpar. Faço ideia do que deve ter passado nos campos de batalha. Deve ter sido horrível.
— Tenho procurado me esquecer de tudo na esperança de que meu coração volte a bater como antes.
Suspirei e antes que abrisse espaço mais uma vez para o pesar por tudo que me aconteceu, perguntei:
— E você como está?
— Bem, muito bem. E você?
Outra vez uma pergunta pondo-me à mercê do meu passado tão doloroso. Eu estava pensando em como responder aquela pergunta quando Romolla se adiantou:
— Indo, não é mesmo?
— Sim — respondi mecanicamente evitando o seu olhar, envergonhado.
— Compreendo — disse ela, com pesar. — Não foi só a guerra, tudo o que passou nos campos de batalha que apagou o brilho do seu olhar, não é mesmo?
Desviei meu olhar rapidamente para esconder minha fraqueza. Romolla acrescentou:
— Não é incrível como a vida dá voltas? Há poucos anos estava vivendo ao lado do homem que tanto amava e você ao lado da mulher que tanto amava e... de repente, de uma hora para outra tudo mudou de lugar. O que era não era mais, o que foi, voltou a ser...
Concordei.
— Sim. A vida dá voltas.
Um pesar tamanho deformou a face de Romolla a seguir. Com o mesmo pesar ela falou:
— Eu sempre soube a respeito dos sentimentos dele por ela, todos sabiam, todos deixavam escapar durante as conversas, sabe como é...
Sua voz tornou-se arenosa, ferida a seguir:
— Tranquilizei-me por saber que ela, desde a tragédia, nunca mais voltou ao normal. Tampouco parecia que voltaria um dia.

Mas, no dia em que eu a vi pela primeira vez, percebi de imediato que mesmo ela estando fora do normal ainda provocava nele suspiros... compreendi, então, que ele a amava mais que tudo, ainda a amava e a amaria eternamente...

Ela tomou ar, tentou sorrir para mudar a expressão de desagrado que sombreara seu rosto e acrescentou:

— Estou certa de que ao mesmo tempo em que ele se sentiu feliz por você tê-la libertado daquela tristeza profunda, deve ter sentido também ódio por vocês dois terem se encantado um pelo o outro.

"Eu pude ler, nitidamente, nos olhos dele o que se passava em seu coração e até mesmo na alma dele ao vê-los juntos naquela tarde, de mãos dadas, olhando apaixonadamente um para o outro."

Meu cenho fechou-se com uma interrogação.

— Ele? — perguntei sem compreender. — Ele quem? De quem você está falando?

— De Victor.

— Victor?

— Sim. Victor Dorigan.

— Não estou compreendendo — observei com uma sombra de inquietação em meu rosto.

Romolla tratou logo de explicar:

— Ele a amava, Christopher. Pensei que soubesse... Toda a família sabia... Todos na vila... Você pode perguntar a qualquer um.

— Victor? Amava...

— Anne Campbell — adiantou-se Romolla. — Oh, meu Deus, você... Você nunca percebeu?

Um risinho de escarninho enviesou-me os lábios:

— Desculpe a franqueza, mas receio que esteja enganada. Completamente equivocada... Victor nunca me disse nada a respeito, teria me dito certamente se fosse verdade.

Romolla acrescentou friamente:

— Contado ao homem que se tornou o seu rival? Victor Dorigan? Nunca!

— Certamente que sim. Victor e eu sempre fomos confidentes.

As sobrancelhas ruivas de Romolla subiram até quase se confundir com o cabelo. Disse, com surpresa:

— Então você conhece muito pouco Victor Dorigan, Christopher, muito pouco.

Ela suspirou. Enquanto meu corpo começava a tremer. O que Romolla disse a seguir desprendeu-me de minha alma.

— Ele deve ter se arrependido amargamente por tê-lo levado até a casa da família. Jamais pensou que você se infiltraria no bosque e acabaria se encontrando com Anne Campbell na casa da árvore. Pior... Que a despertaria do choque e se apaixonaria por ela tanto quanto ela se apaixonou por você. Aquilo deve tê-lo deixado maluco. E por outro lado, extremamente agradecido, afinal, você a libertou do trauma... Antes houvesse somente libertado sem despertar nela a paixão...

Apoiei-me por um momento na ponta dos pés, tomado cada vez mais pela inquietação. As palavras a seguir pareceram saltar da minha boca como que por vontade própria:

— Victor amava Anne? Isso não pode ser verdade...

— A amava desde o início da adolescência. Uns dizem, porém, que ele já gostava dela desde os tempos de infância. Deve ter sido aquilo que chamamos de amor à primeira vista. Infelizmente, a tragédia trancou Anne naquela depressão profunda. Deve ter sido um baque para ele tanto quanto para ela ver a irmã morrer afogada e não poder ajudá-la. Pobre Victor... no íntimo sinto muita pena dele.

Soltei uma tossidinha apologética antes de opinar:

— Isso tudo parece tão...

— Inacreditável?!

— Incabível.

— Mas é a verdade, Christopher. A mais pura verdade. Como disse é só perguntar a qualquer um. A qualquer morador de Maryland. Eu sinto muito.

Meu rosto contraiu-se nervosamente. Meus olhos se perderam no nada. A voz de Romolla voltou a soar:

— A vida foi tão injusta com vocês, digo, com você e com Anne. Uniu-os e depois os separou com a guerra.

Vasculhei o cérebro em busca de algo para dizer, algo que fosse capaz de aliviar meu crescente senso de alienação. Por fim, disse:

— A vida quis assim. Quis que eles ficassem juntos.

Romolla protestou imediatamente:

— Ele, Victor, quis mais que tudo, Christopher. Bem mais que a própria vida. Ele seria capaz de qualquer coisa para ficar com ela. Qualquer coisa, entende?

"Quando soube do acidente, o tiro que ele levou na perna, a princípio fiquei arrasada. Depois, com o tempo, uma luz se acendeu em meu cérebro. Pude compreender então o que ele realmente havia feito.

"Era coincidência demais. Ele ter sido baleado justamente quando havia sido convocado para defender sua pátria na guerra. O ferimento o livrou dos campos de batalha. O ferimento o fez ficar em *terra firme* e consolar Anne Campbell até convencê-la a se casar com ele."

— É, o ferimento o ajudou de certa forma. Se ele não houvesse se ferido...

— A vida de vocês teria seguido outro curso...

— Sim.

— Mas um tiro na perna mudaria tudo. Foi isso que ele percebeu. Só bastava levar um tiro na perna que a vida dele e de Anne seguiria o curso que ele tanto quis. No entanto, não se leva um tiro na perna assim de uma hora para outra. A proporção é mínima. Só havia uma solução...

Ela tomou ar antes de completar:

— Que ele atirasse na própria perna.

Um sorriso repuxou-me os lábios. A ideia era grotesca. Inconcebível.

— Isto é insano — retruquei de modo pouco ininteligível, indignado com a suposição.

— Insano, mas foi a única solução que Victor Dorigan encontrou para ficar com Anne Campbell, a jovem que sempre amou de paixão.

— Sua imaginação é fértil.

— A de Victor também.

— Ele não seria capaz disso, jamais!

— Foi o que ele fez.

Novamente um sorriso repuxou-me os lábios. Aquilo não podia ser real. Aquilo só podia ser um devaneio a ofuscar o bom senso e a realidade.

Senti-me zonzo de repente, com o cérebro cada vez mais cheio de sombras, como ocorre com alguém à beira do desmaio. Tratei logo de encher o peito de ar. Entre uma respiração e outra, falei:

— Acredita mesmo que Victor Dorigan atirou na própria perna para...

— Prendê-lo por aqui e confortar Anne quando chegasse a notícia de que você havia morrido na guerra? Sim. A propósito? Quem deu essa notícia? Nunca procurou saber? Pois bem, eu lhe digo, pois estava lá, naquele dia. Foi ele. Victor Dorigan. E quem deu a ele a notícia? Alguém que ele criou em sua imaginação...

"Desde que o vi com a perna ferida percebi que havia algo errado ali. Era uma sensação obscura. Esquisita. Mas cega de paixão não enxerguei a realidade. Assim que você se foi, ele terminou o romance comigo. Fui ao fundo do poço. Foi uma grande lição. Soube logo que ele andava visitando Anne Campbell com constância. Ele a consolou como ninguém. Foi então que liguei os fatos e pude ver com clareza tudo o que ele havia feito.

"Um dia forjei um encontro com ele. Eu precisava saber. Precisava confirmar o que pensava. Se bem que, no íntimo, eu sabia que estava certa o tempo todo. Ele não precisou me confirmar nada, seus olhos o delataram para mim."

— Desculpe-me, mas tudo isso não passa de um delírio seu...

— Por que a bala acertou o joelho direito de Victor, Christopher? Deixe, eu lhe respondo: por que Victor é canhoteiro e fica muito mais fácil atirar com a mão que você comanda.

— Mas para cometer uma loucura dessas ele só poderia estar louco.

Romolla assentiu bastante segura:

— E estava, como sempre esteve, louco de paixão por Anne Campbell.

Meu cérebro perturbou-se e a saliva transformou-se em serragem.

— Eu sinto muito, Christopher, muito mesmo. Sei que amava Anne tanto quanto ela o amava. Ou melhor, ainda o ama. Um amor assim não morre nem do outro lado da vida. Sei o quanto está sendo difícil absorver mais esse choque com a realidade, mas eu precisava pô-lo a par da verdade. Não para fazê-lo sofrer, mas para ensiná-lo a se precaver contra maldades alheias. Para que você saiba bem quem é Victor Dorigan.

Fiquei imóvel por um minuto. Depois disse:

— É melhor eu ir.

Afastei-me, sem me despedir, desatando a correr. Não muito longe dali me vi obrigado a parar. A zoeira da cabeça tornou-se insuportável e, por mais que eu enchesse o peito de ar, ela persistia tanto quanto o coração latejava em meus ouvidos como tambores de Angola.

A suposição de Romolla era grotesca. Tinha que me libertar completamente dela antes que eu ficasse louco.

Subitamente, todas as forças me abandonaram. Com vergonha de que alguém me visse naquele estado deprimente entrei num pequeno beco. Lá, caí de costas contra a parede e escorreguei lentamente até o chão imundo. Imundo como uma alma torpe de muitos seres humanos.

Por mais que tentasse focalizar minha mente no chão, olhando para aquela imundice diante de meus olhos tudo o que via em repetidos flashes era Victor Dorigan atirando na própria perna. Com todo o sangue frio, bem mais frio que um homem precisa ter para atirar num semelhante.

Apertei as duas mãos contra o rosto e comecei a chorar de amargura e de indescritível infelicidade. Ouvi-me dizendo mais uma vez: a ideia é grotesca. Liberte-se dela, o quanto antes, completamente, antes que enlouqueça. Isso não passa de um devaneio a ofuscar o bom senso e a realidade.

O rosto belo, e ao mesmo tempo austero, de Romolla reapareceu na minha mente:

"Era coincidência demais. Ele ter sido baleado justamente quando havia sido convocado para defender sua pátria na guerra. O ferimento o livrou dos campos de batalha. O ferimento o fez ficar em terra firme e consolar Anne Campbell até convencê-la a se casar com ele."

Ela falava com tanta convicção. Uma convicção tão forte quanto a minha necessidade de negar o fato. De não querer aceitá-lo. Não podia, era cruel demais, chocante e decepcionante ao mesmo tempo. Victor não poderia ter feito aquilo comigo, com Anne, especialmente comigo que salvara sua vida.

Balancei a cabeça em negação, por diversas vezes, como um tique nervoso.

Se aquilo fosse verdade eu seria capaz de matar Victor Dorigan, matá-lo a sangue frio. Ainda que não houvesse nenhum correndo em minhas veias.

Ergui os olhos de repente e vi estampado na parede da minha mente o rosto de Victor Dorigan. Junto dele, vinham inúmeros fragmentos do passado...

"Meu pai me ensinou a caçar com espingarda desde que eu era um garoto. Quando adolescente, ensinou-me a usar o revólver..." fora isso que Victor me disse quando William Primorak o desafiou para um duelo.

Voltou-me a lembrança então o dia em que chegamos a Maryland e Victor diminuiu o passo ao passar em frente a uma casa e ficou olhando para ela com certa nostalgia. Só agora eu percebi que a casa em questão era a da família de Anne Campbell.

O modo como ele ficou ao me ver chegando à casa da sua família acompanhado de Anne. As palavras que ele disse para ela:

"Anne, como é bom, como é bom poder vê-la novamente como antes... como nos velhos tempos. Nossos idos tempos de adolescentes..."

A resposta que ele havia me dado quando lhe perguntei se ele moraria em Maryland após o término dos estudos:

"*Desde que pudesse viver aqui ao lado da mulher dos meus sonhos.*" E o que eu disse para ele: "*Romolla?! Você fala tão pouco dela... Não pensei que a amasse tanto assim.*". Que tolo fora eu, ele não falava de Romolla, falava de Anne Campbell.

Assim que despertei dos meus pensamentos, disse estupefato:

– Não pode ser... Ninguém seria louco a ponto de... – engoli as palavras. De repente, pronunciá-las era tão cruel e dolorido quanto o ato em si. Estremeci. Tentei levantar-me, mas não tinha forças nas pernas e braços. – Diacho! – exclamei. – Antes não tivesse encontrado Romolla, se houvesse um jeito de recolher suas palavras às sombras do tempo... Se não o fizesse, não conseguiria viver mais em paz, só me restava agora tirar aquela história a limpo se quisesse realmente me ver livre dela.

Ouvi passos a seguir, passos delicados e concentrados ecoando no beco vindo na minha direção. Era Romolla novamente.

Enterrei o rosto nas minhas mãos, apertando-o contra minhas palmas calejadas pela guerra para não vê-la e também para que ela não me visse naquele estado deprimente.

– Christopher? – disse ela pronunciando meu nome com tato.

Permaneci mudo com as mãos cada vez mais comprimidas contra meu rosto.

– Christopher... – tornou ela com uma ponta de pesar.

Diante da minha recusa em encarar a realidade, mascarar uma verdade, Romolla disse:

– A realidade dói, Christopher, eu sei. Dói muito. Não fuja dela porque só a encarando de peito aberto é que você pode realmente compreender o quanto vale um grande amor. Compreendeu, Christopher. Só encarando todos esses acontecimentos é que você pode aprender o quanto vale um grande amor. É por esse motivo que a vida lhe colocou nessa situação.

Que palavras eram aquelas? Pareciam ocultar algum significado mais profundo por trás delas. O quê?

– Você precisa de ajuda, Christopher. É melhor eu chamar alguém.

Neguei prontamente.

— Tem certeza?

Minha cabeça balançou novamente fortemente em negação. Minha alma chorava, faltava-me voz para responder. Ela suspirou e disse:

— Então eu me vou. Desculpe por tudo que lhe causei... Desculpe mesmo.

Ela se retirou deixando-me entregue ao febril desespero que me queimava os tecidos, especialmente os órgãos.

Uma coisa era certa, o amor que Victor Dorigan sentia por Anne deveria ser indomável, pois só um amor assim para fazer alguém cometer uma loucura daquela.

Deixei aquele lugar úmido e frio em silêncio, cheio de gritos na minha cabeça, que por mais que eu procurasse silenciar não conseguia. Dali, segui diretamente para o lugar que minha alma insistia.

Capítulo 14

A lágrima não é só de quem chora...

Após algumas averiguações rumei direto para Maryland. Deixei a estação e me dirigi para as imediações da casa onde Victor agora vivia com Anne, e aguardei sua chegada do trabalho escondido atrás de alguns arbustos.

Para passar o tempo fiquei passeando meus olhos pelas nuvens do céu e respirando fundo sempre na esperança de acalmar meus nervos.

Era por volta das seis horas da tarde quando Victor Dorigan chegou do trabalho. Caminhava a pé, puxando ligeiramente a perna direita, devido a sequela deixada pelo tiro que recebeu naquela tarde fatídica.

Assim que ele passou pelo arbusto que me ocultava, segui-o. Não ouviu meus passos; nem mesmo percebeu minha aproximação. Sua primeira noção de minha presença se deu somente quando pigarreei asperamente para limpar o travo amargo que se alojou na minha garganta. Ele virou o rosto e deparou com minha fisionomia que, naquele momento, estava pétrea. Houve um ligeiro espasmo. Depois, seus olhos castanhos me fitaram com surpresa e certa comoção. Disse:

— Christopher? Que surpresa boa, meu amigo.

Ao fazer a alusão de que iria chamar por Anne, impedi-o prontamente.

— Quero falar com você a sós, Victor.

— Aconteceu alguma coisa? Algo grave? Por favor, diga-me logo, não faça suspense.

Fiquei olhando seriamente os olhos de Victor. O olhar ainda era o mesmo, nada podia enxergar nele de diferente, nem uma sombra sequer que comprovasse a teoria de Romolla, até então, na minha opinião, descabida. Após alguns segundos calados consegui dizer ao que vinha.

– Estive com Romolla... Romolla Brennan. Encontrei-a por acaso numa rua em Paris. Eu jamais a teria reconhecido, no entanto ela se lembrou de mim.

– Romolla... Sei... Boa moça, mas muito mimada, ciumenta por demais, começou a ver coisas onde não havia, inventar hipóteses absurdas a meu respeito. Que eu estava de olho em fulana, ou cicrana, que a traía com outras mulheres levianas...

– O que era verdade.

– Sim. Mas nunca me interessei por elas como ela acreditava... A mente de uma mulher ciumenta é insana, Christopher... Insana.

– O que ela me disse a seu respeito me pareceu ser tão sincero.

– O que ela lhe contou?

– Contou-me que você amava Anne desde a adolescência.

– E é verdade. Nós nos amávamos. Crescemos juntos, brincávamos, riamos, é lógico que nos amávamos, sim.

– Não nesse sentido, Victor. Num sentido mais profundo.

– Profundo? Eu não acredito que aquela mulher conseguiu por minhoca na sua cabeça a meu respeito. Justo você, Christopher, que eu sempre considerei o meu melhor amigo. E ainda considero. Devo-lhe a minha vida, esqueceu? Eu não.

– Quem lhe disse, Victor? Como soube que eu havia morrido na guerra?

– A notícia chegou até nós do mesmo modo como chegou a de Bob.

– Quem recebeu a notícia?

– A criada, creio eu.

– Romolla diz que foi você.

– Romolla outra vez? Esqueça essa mulher, e tudo de leviano que ela disse ao meu respeito, Christopher. Ela não merece seu crédito.

– Nunca houve o tal tiroteio cuja bala acertou seu joelho, não é mesmo?

– Como não?

– Eu investiguei.

– As pessoas não se lembram de nada com detalhes quando se passa muito tempo, Christopher. E já se passaram anos.

– As pessoas se recordam sim, Victor, tanto quanto se recordam de que você era apaixonado por Anne desde a adolescência. Alguns acreditam que você a amava desde menino. Perguntei a cada morador da região.

Pela primeira vez os olhos de Victor deram um leve sinal de abalo. Prossegui:

– Estive no correio também e não há nenhuma informação sobre a morte de um soldado com o mesmo nome que o meu, não há nenhum homônimo. O único Christopher Angel que foi convocado para ir à guerra, fui eu.

Victor levantou os olhos para o alto suspirando de indignação.

– Meu Deus... como pode? Estou desapontado com você, Christopher, por estar duvidando da minha palavra.

– E eu estou mais que desapontado, estou decepcionado com você por continuar a mentir para mim deslavadamente.

– Você está cometendo uma injustiça tremenda comigo. Eu não sou de mentir, ainda mais mentir para amigos do peito, gente que respeito do fundo da minha alma.

Continuei a observar Victor, e era difícil precisar suas emoções devido à pouca luz sobre nós.

– Se amava Anne por que não me contou?

Seus lábios mexeram, mas a resposta não veio.

– Por quê? – ergui a voz sem querer.

O silêncio caiu sobre nós como uma chuva de canivetes. Cada segundo parecia arder na alma de nós dois.

– Você não se conforma, não é mesmo, Christopher? – perguntou Victor. – Não se conforma com os caminhos que sua vida, a nossa vida tomou. Mas foi a vida quem quis assim, não nós, Christopher. E essa é a única verdade disponível a todos que tomarem conhecimento dessa história.

De repente, tudo o que vi brilhar nos olhos de Victor Dorigan foi cinismo, nada mais do que cinismo. Senti uma vontade atordoante de me engalfinhar com ele corpo a corpo, até arrancar de sua garganta, nem que fosse sob uma torrente de socos, a verdade que ele queria tanto ocultar.

– Agora, relaxe – disse-me ele em meio a um sorriso de lobo –, entremos em casa. Anne vai gostar muito de vê-lo, jante conosco.

Um acesso de fúria me cegou os sentidos, tomou-me por inteiro, quando dei por mim havia saltado sobre Victor Dorigan.

– Você vai me dizer a verdade. Vai me dizer, senão eu vou matá-lo – explodi segurando ele contra o chão.

– Você está louco, Christopher. A guerra o deixou louco!

As palavras me feriram de forma inexplicável. Furiosamente, agarrei o pescoço dele e comecei a bater sua cabeça contra o chão. Eu chorava de raiva e Victor de dor. Foi uma mão, uma mão do Além que pousou sobre o meu ombro e me fez cair novamente na realidade, ver que eu estava prestes a matar Victor Dorigan a sangue frio. Soltei-o e, com esforço, pus-me de pé, Victor ficou estirando ao chão, arfando e chorando como uma criança assustada.

Apoiei-me contra o muro e fiquei em silêncio procurando recuperar a calma, expulsar aquela força demoníaca de meu corpo.

Minutos depois, Victor se pôs de pé, ajeitou a roupa, que se molhara pelo suor que os nervos à flor da pele lhe provocaram, ajeitou os cabelos, que também estavam úmidos de suor, e voltou-se para mim, trazendo no olhar um ódio mortal.

– Perdão, Victor... – disse eu envergonhado. – Eu não sei o que deu em mim...

Ele manteve-se na mesma posição olhando com o mesmo ódio, espumando de raiva.

– Perdão? – questionou ele com desdém, lançando-me um olhar assassino.

– Eu sei que passei dos limites...

Seus olhos agora sobre mim eram de fato assassinos. Foi com eles que ele ficou me fitando até voltar a se manifestar em palavras. Antes, porém, apertou aqueles olhos frios e castanhos até escorrerem lágrimas de ódio e revolta, e só então perguntou:

— É a verdade que você quer não é, Christopher? — ele suspirou. — Pois bem, eu lhe direi a verdade.

O tom que usou para se expressar assustou-me profundamente. Ele prosseguiu no tom mais ácido que alguém pode usar:

— Eu a amava, Christopher... amava Anne muito antes de você chegar...

Ele baixou os olhos, querendo ocultar as lágrimas que o inundaram. Emocionado prosseguiu:

— Anne me amava também. Reciprocamente. Juntos traçamos planos para o futuro... Para um futuro maravilhoso para nós, só para nós, nossos filhos, netos...

"Mas então Rosamund cometeu aquela tolice... uma tolice que acabou com os nossos sonhos, nossos planos... sua morte acabou de uma hora para outra com a vida que eu tanto sonhara viver ao lado de Anne Campbell. Eu sofri muito, como num campo de batalha, ao vê-la cair naquela depressão que lhe deixou muda por todos aqueles anos..."

As lágrimas agora riscavam-lhe toda face.

— Foi horrível. Doloroso. Desumano e cruel. Minha mãe, minha irmã, meu pai, diziam: "Siga em frente, Victor, busque outra mulher para se casar. Anne nunca mais será a mesma", mas eu, ainda assim, a queria. E vivi sob um céu de esperança, noite e dia, aguardando que ela voltasse a ser quem sempre fora...

"Eu me envolvia com outras mulheres, você bem sabe, mas nenhuma podia me satisfazer porque nenhuma delas era Anne Campbell, a mulher que eu amava desde menino.

"Aí então você apareceu. Embrenhou-se no meio daquele bosque e conheceu Anne. Tirou-a do transe, do choque que lhe deixara muda durante todos aqueles anos, se é que foi por sua aparição mesmo que sua mudez se desfez e acabou mudando mais uma vez o futuro que eu tanto sonhara viver ao lado dela.

"De algum modo, obscuro, você a encantou. Quando eu soube, não quis acreditar. Não era justo que eu, após todos aqueles anos, apaixonado, perdesse o grande amor da minha vida mais uma vez. Não era justo, Christopher, não era...

Um choro dorido cortou-lhe as palavras.
— A vida nos uniu — disse eu, tremendo.
— A vida também nos uniu — defendeu-se ele, impetuosamente.
— Ainda assim...
— Ainda assim, Christopher, eu encontrei Anne muito antes de você.
A fúria retomou seu domínio sobre mim.
— Você me traiu, Victor... Não só a mim, como à sua pátria!
— Não seja hipócrita! — retrucou Victor, furioso. — Você teria feito o mesmo. O mesmo para poder ficar com a mulher da sua vida.
Engoli em seco. Minha saliva parecia ter virado sangue misturada com espinhos. Ainda que minha garganta ardesse tanto quanto minha alma, manifestei-me mais uma vez:
— Quer dizer então que é verdade... é realmente verdade... você atirou mesmo na própria perna para escapar da guerra? Inventou que eu havia morrido nos campos de batalha para convencer Anne a se casar com você...
Seus olhos responderam-me mais que palavras. Indignado, falei:
— Eu salvei sua vida... sua vida, Victor...
O rosto dele contorceu-se numa expressão desdenhosa. Senti a tentação de esmurrá-lo, mas não o fiz. Apenas disse:
— Eu deveria ter deixado aquele calhorda ter matado você pelas costas naquele dia... Que pena. Que pena que minha bondade não permitiu.
Havia agora um ódio homicida circulando o meu corpo. Tanto quanto minha voz:
— A minha vontade é de matá-lo. Ou melhor, arrastá-lo até aqueles campos de batalha onde a vida me jogou para que você sofra tudo o que eu sofri e tudo o que estou sofrendo agora por causa dessa maldita guerra. Dessa guerra ordinária. Se não fosse ela, eu não estaria passando por nada disso.
A voz de Victor grave e ácida elevou-se mais uma vez:
— Acabe com a minha vida, Christopher, e você estará acabando com a sua própria vida.
Suspirei. Victor também, antes de eu acrescentar:

— Teria sido melhor que eu tivesse morrido na guerra.

Ele concordou com a cabeça em meio a um sorriso pesado:

— Você tem razão, teria sido bem melhor para você, para todos nós. Especialmente para Anne.

Meus olhos cheios de indignação aprofundaram-se nos de Victor. No mesmo tom ácido que ele usou opinei:

— E teria sido bem melhor que você tivesse morrido naquele duelo. Como me arrependo por ter impedido que aquela bala perfurasse seu corpo roubando-lhe a vida para todo o sempre.

— Estamos empatados.

O silêncio caiu sobre nós como um punhal. Foi Victor quem nos libertou dele:

— Anne é minha, Christopher, sempre foi... desde o início... Eu sinto muito, Christopher se a realidade dói demais em você, mas é a única disponível para todos nós.

Indignado, comentei:

— Isso não vai ficar assim...

Victor soltou um riso nervoso e num tom ameaçador falou:

— Não pense que você vai estragar a minha felicidade com Anne, Christopher, porque não vai. Eu não vou permitir, jamais...

— Você roubou Anne de mim, mas jamais poderá roubar o amor que ela sente por mim.

— Veremos.

— Então, veremos. Espere até que eu conte para Anne o que você fez contra nós.

— Conte tudo a ela e estará destruindo o lar de uma criança, Christopher. Destrua o lar e estará destruindo Anne também. Como acha que ela vai se sentir vendo um filho crescer em sofrimento?

— Ainda assim eu vou lhe contar toda a verdade. Doa a quem doer, como doeu em mim toda essa farsa.

Nem bem dei um passo em direção a casa, Victor Dorigan tirou de dentro de sua maleta uma arma que rapidamente empunhou na minha direção. Eu mal podia acreditar que ele tivesse coragem de fazer aquilo contra mim. Num tom frio e cortante ele disse:

— Se você ousar dizer alguma coisa para Anne, tentar qualquer coisa contra mim ou voltar a nos procurar, eu sou capaz de usar essa arma mais uma vez, Christopher... E se fui capaz de atirar na minha própria perna, sou bem capaz de matá-lo.

Esfriei de pavor e decepção. Jamais vira tanta ingratidão por parte de um ser humano, ainda mais de um cuja vida fora salva por aquele que agora se via na mira de um revólver empunhado por sua própria mão.

— Fora daqui, Christopher Angel... — bramiu ele. — Fora! Eu não preciso mais de você, nem Anne, nem meu filho. Nenhum de nós. Fora!

Quando ameacei ir para cima dele, Victor segurou o gatilho, estava pronto para atirar e eu não temi que ele atirasse em mim, diria mais tarde que atirara em legítima defesa por um motivo qualquer criado por sua imaginação fértil. Mas uma mão, a mesma mão invisível que me segurara há pouco, tornou a pousar no meu ombro e me cobriu de bom senso.

— Eu sei do que é capaz — disse —, agora sei muito bem. Para quem teve coragem de atirar na própria perna para escapar da guerra e roubar a mulher que a vida havia me concedido, é muito fácil matar. Matar a sangue frio aquele que tinha como amigo, que salvou sua própria vida.

Victor tornou a rosnar entre dentes:

— Eu já lhe disse para dar o fora daqui. Fora! E nunca mais nos procure! Porque se fizer eu acabo com você, Christopher Angel, acabo. Compreendeu?

Juro que senti uma vontade infinda de saltar sobre ele, ainda que ele me baleasse, mas foi a visão de Beatrice que me fez acalmar meus nervos e me retirar dali o quanto antes.

Diante do portão que dava acesso ao jardim da casa de Victor e Anne, ele ficou me observando partir, cabisbaixo, sentindo-me apunhalado na alma, tomado de humilhação, seguindo de volta para a estação. Houve uma lágrima, apenas uma, que vazou do olho direito de Victor e que ele lentamente tratou de enxugar tanto quanto evitar pensar a respeito.

Naquele instante, começou a nevar novamente, esbranquiçando ainda mais todas as ruas e telhados das casas que formavam o pequeno lugarejo de Maryland.

Sentei-me num banco próximo à estação e me pus a chorar. Permaneci naquele estado lamentável por longos minutos.

Meus olhos, como que por vontade própria, depreenderam-se do chão e foram dar no céu. Esse encontro me trouxe à lembrança o onipotente todo poderoso Deus. Só de pensar Nele, meu peito doeu de ódio e revolta. Num tom ácido, dirigi-me a Ele:

– Como pôde? Como pôde deixar que isso acontecesse comigo, com Anne? Por que me deixou escapar daquele inferno da guerra para cair num inferno ainda pior? Diga-me! Por quê?!

As últimas palavras se perderam no choro. Um choro compulsivo, dolorido e desesperador. Há quem nunca pudesse imaginar que um homem feito, como eu, pudesse chorar tanto, sentia-me no ápice do desespero. Para muitos, seria vergonhoso deixar ser visto em tal condição. E, por esse motivo, sufocariam todo aquele aperto no peito e deixariam que explodisse em seu interior uma doença voraz. Tudo isso seria mais fácil do que ter de encarar a humilhação. Para mim, pouco importavam os outros, o que eles pensariam de mim. Na hora da dor o choro vem, o desespero acompanha, a vergonha, a honra e o ego se esvaem.

– Qual é o fim disso tudo? – tornei a indagar aos céus, mas continuei a ouvir somente o silêncio como resposta.

***

– O que houve? – perguntou Anne assim que Victor entrou na casa do casal. – Está passando mal? Você me parece tão sem vida.

– Não é nada – respondeu Victor, ondulando a voz. – Apenas uma ligeira indisposição.

Anne ficou a observar o marido em silêncio, e ele fez o mesmo. Por fim, ele disse:

– Christopher Angel esteve aqui.

– Christopher?

– Ele não se conforma, Anne, não se conforma com o nosso casamento. Começou a agredir-me com palavras, depois fisicamente. Seus ânimos nunca estiveram tão alterados. Receio que a guerra o deixou perturbado. Com profundas sequelas. Creio que jamais voltaremos a nos entender. A vida nos separou para sempre.

— Não foi a vida, Victor. Fui eu.

Ele aproximou-se de onde a esposa estava sentada, pousou a mão sobre seu ombro, olhou-a com ternura infinda e disse:

— Não se culpe, Anne. Você não merece sofrer.

Anne emitiu um som desconsolado. Mas ela sabia que a amizade de Victor e Christopher havia sido rompida por sua causa. Pelo amor que ambos sentiam por ela.

E a pergunta que não queria calar dentro de Anne era: por que a vida a havia feito ser amada por dois homens ao mesmo tempo.

Diante da devastação que aqueles sentimentos conturbados provocavam nela, Anne se apoiava no mandamento que havia descoberto e me dito no nosso primeiro encontro: *"não permita jamais que as coisas belas da vida passem distante dos nossos olhos"*, assim, todo dia, ela procurava por essas coisas belas, que silenciavam a dor que a incompreensão causava em seu interior.

Capítulo 15

Tristeza que não é passageira

Naquele dia, quando eu, Christopher Angel, regressei para a casa, Elizabeth percebeu de imediato que algo havia acontecido comigo. Algo grave. Muito grave. Eu nada disse, ela pouco perguntou, tudo o que ela fez foi ficar ao meu lado, em silêncio, confortando-me com o seu calor humano.

A certa altura, rompi-me em lágrimas. Elizabeth pousou sua mão direita sobre minha cabeça como se quisesse proteger-me dos sentimentos dolorosos que se passavam comigo. Ela na verdade queria entrar em meus pensamentos para arrancar o que me aflige. Mas ela sabia, no íntimo, que só eu tinha acesso e poder de me livrar daquele mar de tormentas, que amputavam a compaixão por mim mesmo e me abatiam a alma, impiedosamente.

Naquele dia tão terrível, uma novidade foi a única coisa capaz de despertar-me daquele estado mórbido de revolta, rancor e ódio. Elizabeth disse num momento oportuno:

— Hoje senti o bebê se mexer pela primeira vez, Christopher.

Naquele instante, o ódio e toda a amargura deram uma trégua. Elizabeth pegou minha mão e pôs sobre a sua barriga. Não levou muito tempo para que eu também sentisse o bebê se mexer e me emocionasse com o fato.

No entanto, por mais feliz que a novidade me deixara, o rancor, o ódio e certo desejo de vingança se mostraram mais fortes do que a felicidade. Eu procurava me esquecer de tudo que Victor Dorigan fora capaz de fazer para fugir da guerra e me separar de Anne. Com grande esforço afogava-me no trabalho, dedicava-me a Beatrice e Elizabeth e voltava meus pensamentos para o bebê que crescia em seu ventre, mesmo assim os efeitos negativos de tudo que Victor Dorigan fizera, permaneciam comigo como uma sombra a me acompanhar. Uma sombra torpe.

Meses depois

Despontavam os primeiros dias de verão de 1919 e meus passos me levavam pelas ruas de uma cidade aprisionada sob um céu azul anil. Lindo de se ver quando ouvi uma voz feminina pronunciar meu nome.

– Christopher.

Meu coração deu um pulo. Reconheci a voz de imediato. Voltei-me para trás com cuidado sem bem saber por quê. Ali estava eu novamente de frente para a mulher dona dos meus turvos anseios, a mulher que roubou o meu coração, minha respiração e a paz que encontrava durante o sono. Até mesmo o direito de eu sonhar com outras coisas.

Os lábios de Anne Campbell esboçaram um sorriso tímido e trêmulo enquanto os seus olhos apalpavam a minha face cada vez mais rubra.

– Quer surpresa agradável – disse ela.

Antes pudesse dizer-lhe a mesma coisa, mas não podia.

Recolhemo-nos a um profundo silêncio. Pareceu-me até que não nos atrevíamos sequer a respirar. Até mesmo piscar os olhos. Instantes depois, ela me disse com sua infinita delicadeza:

– Você está muito bem, Christopher, quase igual ao velho Christopher que conheci antes de partir para a guerra.

Deixei que os meus olhos dissessem algo por mim. Se disse, Anne não soube lê-los. Ficamos em silêncio por quase um minuto até ela perguntar:

– Você já encontrou alguém? Digo, uma mulher? Se não, deveria. Ninguém vive dentro de um só coração, Christopher... Encontre uma mulher para se casar e seja feliz.

– Ser feliz? – indaguei.

Não havia raiva em minha voz, nem mesmo censura, só cansaço.

– Sim – afirmou ela, com carinho. – Ser feliz.

A menção da palavra "feliz" modificou a cor do meu rosto. Perguntei:
— E você Anne, é feliz?
Ela suspirou longamente e, baixando os olhos, respondeu:
— Procuro ser "feliz", Christopher, todo dia, a cada momento...
Permaneci calado. Olhando fundo nos olhos dela, imaginei como Anne reagiria se tomasse conhecimento do que Victor Dorigan fizera para nos separar. Revoltaria-se contra ele ou o admiraria por ele ter feito o que fez para conquistá-la? Se ela o visse com admiração seria como uma punhalada nas minhas costas. Por essa razão, era preferível nunca saber. Por fim disse:
— Não se preocupe comigo, Anne, eu já fiz isso, ou melhor, a vida fez isso por mim. Encontrou uma mulher para eu me casar e construir uma família. Inclusive nosso bebê já está prestes a nascer.
— Estimo.
— E o seu como vai?
— Cliff? Cada vez maior.
Meus olhos, mais uma vez, disseram o que havia de ser dito por meus lábios diante daquelas palavras.
— Bem, preciso ir — disse ela olhando-me com certa timidez.
— Foi bom, muito bom, revê-lo. Que Deus abençoe seu filho que está a caminho.
Senti mais uma vez uma vontade louca de contar a ela tudo o que Victor havia feito, como se duas mãos apertassem minha garganta e fossem capazes de me estrangular se eu não falasse.
Mas, mais uma vez, meus lábios se mantiveram quietos. Nem meus olhos desta vez conseguiram dar-lhe uma resposta. Despedimo-nos em silêncio e partimos cada um para um lado.
Por diversos momentos quis imensamente voltar a cabeça para trás, na direção que Anne havia tomado, para admirá-la mais um pouco, mas me contive. Não era certo, Anne era agora uma mulher casada, ainda que não fosse feliz, era casada, e eu também. Elizabeth investira na nossa relação, apostara com muita dedicação, dia e noite em nosso casamento. Não era certo fazer isso com ela. Além do mais, ela gerava em seu ventre o nosso filho. Suspirei, pesadamente, tenso.

Só me restou nos minutos seguintes um desejo intenso de querer me libertar de tudo que construí em mim durante aquele curto período de tempo em que vivi ao lado de Anne Campbell. Era preciso, se quisesse me dar a chance de ser feliz ao lado de outra mulher. Elizabeth Simons. Agora, Elizabeth Angel.

O encontro havia me perturbado, certamente. Era como se Anne houvesse retirado mais um pedaço do meu coração e levado com ela. Esforcei-me para parecer natural diante de Elizabeth, assim que me vi diante dela naquele findar do dia, mas ela notou a minha mudança.

– O que foi? – perguntou com discrição.

– Nada – menti, como sempre, sem grande sucesso.

– Não. Houve alguma coisa. O que foi? – Seus olhos se abriram no mesmo momento em que meu corpo enrijeceu.

– Você a viu, não foi? – tornou ela. – Você a viu hoje, não é mesmo?

Dei um suspiro, amparado naquele sorriso triste que me perseguia como uma sombra pela vida. Já ouvira falar que as mulheres têm um instinto infalível para saber quando um homem foi mexido por uma mulher, mas sempre pensei que era mito.

Achei então por bem usar de sinceridade:

– Sim, Elizabeth, eu a vi hoje. Nós nos encontramos na rua, por acaso...

– Ela ainda mexe com você, não mexe, Christopher?

Eu quis dizer no íntimo que não, não, Elizabeth, ela não mexe mais comigo. O amor que eu senti por essa mulher é algo que se prendeu e se perdeu no passado. Nunca mais voltará. Mas se eu dissesse estaria mentindo. Infelizmente. Anne Campbell ainda mexia comigo sim, e profundamente. E eu receava que viesse a mexer comigo para sempre.

Meu silêncio disse mais do que as palavras que eu poderia usar para descrever meus sentimentos. Quando consegui encarar Elizabeth, notei que um misto de tristeza e preocupação transparecia em seus olhos. Isso, de certo modo, cortou o meu coração. Peguei na sua mão, olhei firme nos olhos dela e disse:

– Eu sinto muito, Elizabeth. Muito mesmo. Acredite-me eu gostaria tanto que tudo fosse tão diferente...

— Eu sei...

— Mas você, Beatrice e o filho que cresce em seu ventre são a minha realidade e minha prioridade de vida. E nada, nem ela, poderá mais interferir na nossa vida. Por essa razão, não se preocupe.

— Não sei, a vida dá tantas voltas!

— Não mais do que já deu...

Levei sua mão delicada até meus lábios e a beijei, pondo todo o carinho que dispunha em minha alma naquele beijo, doce e quente.

— Compreendeu?

Ela assentiu lentamente, procurando-me com um sorriso. No íntimo sorria ao inverso. Receosa, altamente receosa, de que eu fosse levado dela por essa mulher por quem me apaixonara tão perdidamente no passado. Por essa mulher que ela, no íntimo, sonhava conhecer. Por que, ela não sabia, talvez para poder compreender por que ela mexera tanto comigo. Se é que essas coisas podem ser compreendidas.

Foi diante desse fato, que Elizabeth começou a perceber que gostava mais de mim do que pensava. E que seus sentimentos eram bem mais que um sentimento de posse. Era paixão.

Naquela noite, o sono fugia de mim e eu, apesar de saber o quanto ele era necessário para o meu equilíbrio físico e mental, não tinha vontade de persegui-lo. Nessa mesma noite fiz um juramente, árduo, mas necessário. Jurei a mim mesmo que nunca mais voltaria a ver Anne, que não voltaria sequer a mencionar seu nome ou me lembrar do tempo que tinha perdido ao seu lado. Só assim me pouparia de toda aquela tristeza, saudade, dor, decepção que vinha à tona com sua aproximação.

O que os olhos não veem, o coração não sente, repeti para mim mesmo por diversas vezes. *O que os olhos não veem, o coração não sente...*

Que o ditado fosse cem por cento verdadeiro clamei aos céus. Adormeci.

Dois meses depois, Elizabeth deu à luz um lindo menino. Que batizamos com o nome de Ludovic Angel.

Jamais pensei que a paternidade fosse mudar minha vida tão drasticamente. A chegada de Ludovic foi um passo a mais no caminho de volta para mim mesmo. Para aquele velho Christopher Angel que existiu antes de ser massacrado pela guerra e pela perda de Anne. Do mesmo modo que Elizabeth e Beatrice haviam me ajudado.

O único problema é que eu não tinha consciência disso na época, só fui perceber, infelizmente, muito tempo depois. Digo "infelizmente" porque se houvesse percebido tal fato na época, teria sido bem mais feliz, poupado minha cabeça e o coração de tormentas em vão.

Os anos foram passando e eu fui me tornando cada vez mais bem-sucedido nos negócios. Não demorou muito para que eu conseguisse juntar dinheiro suficiente para comprar uma bela casa numa região nobre da cidade.

Meu maior sonho de consumo era, na verdade, desde que conheci Anne Campbell, comprar uma casa nas proximidades do bosque Encantado, em Maryland, primeiro por ter sido o local onde a meu ver tivemos a benção de nos conhecermos, segundo para que nos momentos de folga pudéssemos namorar ou fazer piqueniques com nossos filhos na casa da árvore, a qual eu certamente deixaria novinha em folha com uma bela reforma.

No entanto, depois da nossa separação, comprar uma casa por lá só serviria para me torturar com as lembranças alegres e tristes do que vivi por lá. Portanto, desisti.

Era uma casa assobradada grande e espaçosa, construída num terreno tão amplo que sobrava espaço para construir mais uma casa nas mesmas proporções que a nossa, se quiséssemos. Havia até mesmo uma árvore viçosa, de caule grosso, uma castanheira plantada no terreno e alguns narcisos, e nos trechos em que o ex-morador não plantou flores havia gramado.

Mudamos para lá na intenção de começar uma vida nova. Mas tudo aquilo que tanto queria deixar para trás, levei comigo, dentro de mim, apertado e aprisionado em meu coração.

Certo dia, peguei-me pensando em construir uma casa na árvore para os meus filhos, notícia que foi saudada por eles com grande alegria, cheguei até a comprar o material para a construção, mas no último momento desisti. Bater os olhos todo dia naquela casa, ainda que não fosse a mesma onde conheci Anne, só serviria para me trazê-la de volta à memória e machucar ainda mais o meu coração já tão machucado.

Inventei uma desculpa qualquer para explicar a mudança de planos e decidi construir há cerca de oito metros de distância da nossa casa uma espécie de casa de bonecas para abrigar tanto adultos quanto crianças. Beatrice amou. A ponto de me ajudar na sua construção juntamente com a mão-de-obra de mais dois marceneiros.

Logo a casa estava pronta, linda e viçosa. Pintamos na cor que Beatrice escolheu. Amarelo-canário. Exceto portas e janelas, essas foram pintadas num tom bonito de azul turquesa. Decoramos também com desenhos de flores, precisamente, botões de rosa em volta dos batentes das portas, janelas e jardineiras. A casa ficou, como muitos costumam dizer: um brinco.

Comprei quantidade suficiente de móveis usados para decorar lindamente os cômodos da casa de bonecas. Os que estavam em estado lastimável foram reformados e, no final, pareciam novinhos em folha. Lindos.

– Obrigada, papai – disse-me Beatrice, já com sete anos nessa época, no seu jeito carinhoso de sempre.

– De nada, filha.

Era assim que ela me chamava. Era assim que eu a chamava. Já havíamos contado a essa altura o que havia acontecido com Benedict, seu pai verdadeiro. Achei melhor que ela soubesse desde pequenina que eu era o seu padrasto. Nada, porém, abalou o seu modo carinhoso de me tratar, tampouco deixou de me ver como pai. Nem eu de vê-la como filha. Para mim Beatrice era minha filha, pois eu a amava como uma filha, para mim meu sangue corria em suas veias e nada me faria pensar diferente.

O inverno novamente fazia de nosso país sua morada. Nevava forte, tão forte que às vezes ficávamos impossibilitados de chegar ao trabalho, tão espessas eram as camadas de neve sobre as ruas.

Foi num desses dias que a notícia da trágica explosão de uma fábrica de fogos de artifício se espalhou por todo o continente Europeu. Infelizmente, só não haviam morrido na explosão os dois funcionários que faltaram ao trabalho devido a uma forte gripe, os demais morreram todos.

Pedestres que passavam por ali também foram vítimas da tragédia, pois foram acertados pelos muitos estilhaços cuspidos longe pela explosão.

Os moradores das casas vizinhas à fábrica também sofreram com a tragédia, a maioria das casas que ficava ao redor desabou caindo sobre os moradores que se encontravam dentro delas naquele momento. Uma tragédia literalmente, que mesmo de longe conseguiu comover até mesmo o coração dos que se julgavam desalmados.

Era por volta das nove horas da noite e a neve caia sem parar quando fomos deitar aquela noite.

Nem bem apagamos a luz da sala ouvimos uma batida leve e discreta à nossa porta. Franzi a testa ao pensar: quem seria à uma hora daquelas? Dei de ombros. Não abriria a porta. Para que nos incomodar? Fosse quem fosse, iria embora e voltaria numa hora mais apropriada.

Bateram novamente. Desta vez um pouco mais forte. Mantive-me estático, envolto de estranha apreensão. Diante da insistência das batidas na porta achei melhor ver quem era, se insistia tanto, certamente era alguma coisa urgente. Quando abri a porta meus olhos mal podiam acreditar no que viam. Para meu espanto e desespero, a visita inoportuna era nada mais, nada menos, que Victor Dorigan.

O tempo pareceu parar naquele instante.

Capítulo 16

Hoje auxiliamos, amanhã seremos os necessitados de auxílio.
Chico Xavier

Victor e eu ficamos ali, face a face, a princípio trocando olhares de pavor, cada qual por um motivo, por quase um minuto inteiro. Havia se passado quase seis anos desde o nosso último encontro. Aquele no qual ele me disse: "Fora daqui, Christopher Angel... Fora! Eu não preciso mais de você, nem Anne, nem meu filho. Nenhum de nós. Fora!". Palavras que ficaram cravadas na minha memória e na alma para sempre como um estepe cravado no coração.

Por fim, ele limpou a garganta e disse ao que vinha:

— Desculpe amolá-lo a esta hora, Christopher, mas...

Cortei ao meio o que ele tinha a me dizer:

— Você?

Percebi seu olhar assustado e a crescente angústia que ele se esforçava em esconder.

— Sim, Christopher.

— Fora daqui, seu verme. Fora daqui antes que impregne minha casa com os odores da podridão da sua alma.

— Christopher, por favor, ouça-me.

Ia fechar a porta quando ele a segurou firmemente com a mão.

— Por favor, ouça o que eu tenho para lhe dizer. É grave.

O tom do meu ex-amigo assustou-me, Victor jamais usara aquele tom para se expressar antes, ao menos comigo, havia de fato desespero por trás de cada sílaba. Seu rosto também transparecia desespero, medo, horror.

— Fale logo — ralhei impaciente.

Os lábios dele tremeram, mas somente a fumaça de frio passou por eles. Senti crescer dentro de mim uma vontade horrível de esmurrar aquela face ainda que tomada de amargura e desespero. Num tom ainda mais ríspido insisti:
— Eu disse, fale!
Foi somente nesse momento que meus olhos avistaram Anne e o menino, encolhidos de frio no canto discreto da nossa varanda. Meu coração falou mais alto nesse momento. Sensibilizado, escancarei a porta e disse:
— Entrem.
O olhar de Anne pareceu se derreter de gratidão.
— O que houve? — perguntei com certa rispidez. Sabia que deveria ter suavizado o tom, mas não consegui.
— Você deve estar sabendo da tragédia, não? Sobre a fábrica de fogos... Pois bem, nossa casa foi uma das que desabou devido à explosão. Nos mudamos de Maryland por causa do meu trabalho.
Estremeci, chocado.
— Foi uma sorte, não estarmos dentro dela naquele momento.
Não sabia o que dizer. Victor continuou:
— Nós não temos para onde ir, Christopher. Minha família, como deve se lembrar mudou-se para outro país, a de Anne para a América... Você era a única pessoa na redondeza que poderíamos contar. Espero de coração que possa nos ajudar.
Ele voltou-se para trás onde Anne permanecia parada com o filho agarrado a barra de sua saia. Voltou-se novamente para mim e perguntou:
— E então, Christopher, pode nos ajudar?
Cheguei a duvidar por alguns segundos que eu dissesse sim. Por fim, concordei com um gesto sombrio. Não por Victor, pouco me importava com ele depois de tudo o que ele havia feito contra mim, queria mais é vê-lo se congelando no meio da neve fria e cortante. Mas por Anne, Anne e o menino.
Pareceu-me que Anne ia dizer alguma coisa, mas foi então que ela começou a chorar. Aquilo dilacerou meu coração de vez. Nem bem dei um passo em direção a ela, Elizabeth entrou na sala. Diante dos fatos havia me esquecido completamente dela.

Sorri para ela e tratei logo de explicar em sucintas palavras o ocorrido. Voltando-me para os visitantes a apresentei:

– Essa é Elizabeth, minha esposa.

Os cumprimentos e demais apresentações foram feitas.

– Meu Deus que tragédia – disse Elizabeth, passando por mim e indo ao encontro a Anne e do menino. – Vocês me parecem famintos. Venham até a cozinha, vou lhes servir alguma coisa para comer.

– Obrigada – agradeceu Anne, com voz profunda.

Assim que as duas mulheres e o menino deixaram a sala, voltei-me para Victor e disse sem dó nem piedade:

– Só estou fazendo isso por Anne e o filho dela. Somente por eles...

– Eu sei – respondeu Victor, cabisbaixo. – Ainda assim agradeço muito pela sua generosidade.

O silêncio caiu sobre nós de forma mórbida. Nunca me senti tão desconfortável diante de uma situação. Segundos depois, a voz de Victor voltou a soar no recinto embotada, desta vez de vergonha:

– Quanto à última vez em que nos encontramos, bem, Christopher eu sempre quis procurar você para falar a respeito.

Tapei os ouvidos como um filho que se recusa a ouvir a discussão dos pais. Ainda assim a voz dele se fez audível.

– Peço a você desculpas por aquele dia, nem sei o que me deu. Perdi a cabeça. Não deveria nunca ter empunhado uma arma na sua direção. Arrependi-me amargamente quando dei por mim. Desculpe-me.

Eu ia derramar sobre ele todo o meu ódio quando Beatrice entrou na sala.

– O que houve, papai?
– Nada minha filha.
– Quem é esse homem?

Victor sorriu para a pequena e se apresentou por si só.

– Meu nome é Victor e o seu?
– Beatrice.

Ele sorriu para ela com ternura. Beatrice retribuiu o sorriso, voltou-se para mim e perguntou:

– Cadê a mamãe?
– Está na cozinha preparando algo de comer para a esposa e o filho desse cavalheiro.
A menina soltou-se dos meus braços e correu para o aposento. Encontrou a mãe servindo Anne e Cliff.
Assim que entrou, o menino voltou os olhos para ela e estudou-a com curiosidade. Aquele olhar de um para o outro creio que ficou marcado para sempre na memória de ambos.
Elizabeth voltou até a sala e convidou Victor para se juntar a eles na cozinha. Ele agradeceu, mas ela insistiu até ele aceitar.
Victor deixou o aposento sem desgrudar os olhos de mim. Deixando-me um travo amargo na boca, um travo de ódio. Onde havia ido parar a minha compaixão, aquela que sempre carregara comigo desde que nasci?, questionei-me. E a resposta foi imediata: Victor Dorigan a matou, esqueceu? Victor Dorigan a matou!
Assim que eles terminaram de comer, Elizabeth quis saber detalhes do acontecido. Depois de tomar conhecimento, dirigiu-se para o quarto de Ludovic e o preparou para abrigar o casal Dorigan com o filho. Ludovic dormiria no quarto com a irmã. Pelo menos enquanto tivéssemos *visitas*.
– Onde estão suas malas? É melhor pegá-las para ajeitarmos as roupas no guarda roupa – observou Elizabeth.
Victor sorriu sem graça e disse:
– Tudo o que tínhamos ficou sob os escombros da casa. Restou-nos apenas as roupas do corpo.
Elizabeth se corroeu de pena e tratou logo de providenciar algumas peças de roupas para que todos pudessem vestir para dormir e usar pela manhã. A princípio o casal Dorigan protestou, mas depois acabou aceitando.
– Seria bom vocês tomarem um banho. Principalmente para relaxarem depois de tudo que aconteceu. Aqui estão as toalhas de banho e de rosto.
Eu assistia a tudo calado procurando compreender o significado por trás de mais essa reviravolta provocada pelo destino. Sim, uma reviravolta. Uma baita reviravolta. Quem diria que eu acabaria abrigando em minha casa o homem que mais odiava na

vida com o filho e a mulher que eu tanto amara e pior que ainda amava de paixão?

O casal e a criança tomaram seus banhos e se recolheram para dormir. Elizabeth ajeitou o pequeno Ludovic no quarto com a irmã e, após dar-lhes o beijo de boa noite, juntou-se a mim no nosso quarto de casal.

— Que situação delicada — comentou ela, com profundo pesar. — Ainda bem que eles se lembraram de você e puderam contar com você.

Balancei a cabeça em concordância.

— Você tem um coração de ouro, Christopher.

— Mentira.

— Tem sim.

Voltei-me para ela com os olhos vermelhos de ódio:

— Você se engana, Elizabeth. Eu só os recebi em casa por causa da esposa e do filho de Victor Dorigan. Se fosse ele, somente ele quem tivesse vindo atrás de mim procurar ajuda eu teria negado sem pensar duas vezes. Iria deixá-lo partir faminto, sujo e humilhado, entregue ao frio impiedoso e à miséria. Eu o odeio. Odeio-o profundamente.

Elizabeth manteve-se calada. Guardou para si o que pensou sobre minhas palavras. Para ela, ainda que eu morresse de ódio de Victor Dorigan eu o teria abrigado em casa exatamente como fiz, pois o meu coração era de fato lapidado de ouro, eu apenas desconhecia o fato e se conhecia queria crer no contrário.

Minutos depois ela voltou-se para mim, mergulhou fundo nos meus olhos, e perguntou:

— O que houve entre você e Victor no passado que deixou esse rastro de ressentimento na sua pessoa, Christopher?

Não consegui responder de imediato. A pergunta pegara-me desprevenido deixando-me completamente imóvel por um minuto ou dois. Depois disse:

— Deixe o passado onde é seu lugar de direito, Elizabeth. Morto e enterrado.

— Será que podemos mesmo enterrar o passado, Christopher? — perguntou Elizabeth, com ar de dúvida.

– Com força de vontade sim – respondi, querendo acreditar imensamente naquilo.

– Se o passado estivesse realmente morto e enterrado você não guardaria ainda em seu coração tanto ressentimento por Victor Dorigan.

Suas palavras tão cheias de razão fizeram-me perder a fala. Elizabeth estava certa, muito certa. Foi preciso muita coragem da minha parte para dizer o que disse a seguir:

– Ele... Victor Dorigan atirou na própria perna para poder se esquivar da guerra.

O impacto da revelação fez com que Elizabeth estremecesse.

– Como?! – perguntou ela boquiaberta. – Como ele pôde fazer uma coisa dessas contra si mesmo?!

Permaneci calado.

– Ele atirou na perna direita, não foi? – perguntou Elizabeth.

– Pude perceber que ele a arrasta um pouco.

– Sim – respondi com ardor.

– Jamais pensei que alguém seria capaz de cometer uma loucura como essa para escapar da guerra. Jamais.

Nesse momento a imagem de Anne reapareceu na minha mente, delicada e encantadora como sempre. A razão verdadeira por trás do ato louco e insano cometido por Victor Dorigan. O motivo verdadeiro que o fez atirar contra a própria perna para fugir da guerra, e consolá-la quando lhe dissesse, sem pudor algum, que eu havia morrido na guerra. A verdade a qual seria melhor que Elizabeth nunca tomasse conhecimento. Não enquanto o casal estivesse vivendo sob o nosso teto, pois algo me dizia que se ela soubesse que Anne era a mulher que eu tanto amei e não pude me casar a poria para fora de nossa casa ainda que seu coração piedoso dissesse não.

Capítulo 17

Deus nunca nos deixa sós

Encontrava-me a meio caminho para a sala de estar quando encontrei Victor parado em frente a uma das janelas olhando por ela. Ao ouvir meus passos ele voltou-se para mim e sorriu timidamente.

Ignorei-o, mostrando uma fisionomia endurecida pelo ressentimento.

— Christopher, eu... — interrompeu-se — eu estava me lembrando de quando a gente...

Voltei-me para ele com fúria assassina. Cuspi:

— Eu ofereci minha casa para se abrigar. Não ofereci minha amizade. Tampouco minha companhia. Sinto repugnância até mesmo da sua sombra.

— Tem motivos de sobra para me odiar, eu sei. Não lhe tiro esse direito. Creio, porém, que viveria melhor se passasse uma borracha por cima de tudo.

Aproximei-me dele com meus olhos ameaçando explodir das órbitas e disse:

— Olhe para os meus olhos, Victor Dorigan... Olhe bem no fundo dos meus olhos e veja se avista um otário dentro deles.

Ele insistiu:

— Digo isso para o seu próprio bem...

Cortei-o mais uma vez, em voz ressoante:

— Meu bem?

— Sim, Christopher, seu próprio bem.

Senti meus pulmões se contraindo, reduzindo-se a pó. Tive a sensação de estar pegando fogo por dentro. Confesso que senti

um desejo quase insopitável de esmurrar-lhe o nariz. Ali mesmo naquela sala ainda que sujasse todo o aposento com seu sangue. Aquele sangue podre e desprezível. Por fim, disse:
— Eu apagaria sim o passado com uma borracha, uma borracha feita do seu sangue.
— Eu sei que dentro de você, em algum lugar bem dentro de você, ainda existe aquele Christopher que eu conheci e que tanto bem me queria.
— Engana-se — cortei-o rispidamente. — Esse Christopher morreu no dia em que ele descobriu quem era de verdade Victor Dorigan. O canalha, o crápula chamado Victor Dorigan.
"Este aqui é apenas o corpo que ele usou antes de ser traído, ocupado agora por outro espírito cujo caráter e a decência você tem grande parte na sua formação."
Soltei um suspiro pesado. Ou me retirava, pensei rápido, ou travaria ali mesmo uma luta sangrenta. Voltou-me a memória o conselho que ouvi da *voz das sombras* naquele dia na casa da árvore quando estava prestes a acabar com a minha vida:
"A raiva é má conselheira, Christopher. Não faça nada sob o domínio da raiva. Nem sob a decepção, a amargura e a depressão... Todos esses sentimentos são péssimos conselheiros."
Assim, retirei-me da sala com passadas longas e furiosas e rumei para o meu quarto.
— Calma, rapaz — disse-me a *voz das sombras*. — Esfrie o sangue!
Fechei-me em meu quarto no mesmo instante que me perguntava: "Como posso odiar um homem numa situação tão delicada e humilhante como a que ele se encontra agora? Como?".
Ah, como eu o odiava. Odiava-o imensamente. Respirei com ânsia. Uma, duas, três vezes. Só então percebi que o nosso encontro havia me arrancado lágrimas dos olhos. E eu acreditei, ou quis acreditar, que eram lágrimas de ódio.

***

Naquele dia, tampouco no outro após a chegada da família de Victor Dorigan a minha casa, Anne Campbell não me dirigiu a palavra, apenas olhares de gratidão e assentimento. Ela aguardou o momento certo, em que nós dois pudéssemos ficar a sós para que eu ouvisse o que ela tinha a me dizer. Eu sabia, no íntimo, que aquele momento chegaria e, sem saber ao certo por que, temia-o.

Ia passando pela sala quando avistei ela de pé junto à janela, com os braços cruzados, contemplando o que podia se ver através da janela. Lá estava Anne, envolta de certa tensão, como sempre. Algo que mantinha escondido bem fundo em seu íntimo, à custa de enorme força de vontade. Algo que eu temia não poder tirar dela para suavizar seu estado.

Fiquei imóvel, contemplando-a de longe. Sendo envolvido pelas doces lembranças do que vivemos no passado. Cheguei a beijá-la na imaginação, sentindo com nitidez os seus lábios macios e receptivos juntarem-se aos meus, os seus dedos engalfinharem em meus cabelos. Nossos corações se tornarem um só.

Quando dei por mim, Anne havia virado na minha direção e me olhava com certa apreensão. Seus lábios estavam duramente comprimidos, não sei se de raiva ou para impedir que tremessem. Ela enxugou os olhos.

— Você está chorando, Anne? — repeti. — O que foi? Posso ajudá-la?

— É bom chorar de vez em quando, Christopher. O choro lava da alma as impurezas...

Ela enxugou as lágrimas com a ponta dos dedos e disse:

— Você é um homem de sorte — foram as primeiras palavras dela. — Elizabeth é uma mulher maravilhosa.

Assenti desviando os meus olhos dos dela.

— Agradeço, Christopher, por tudo o que você, Elizabeth e Beatrice estão fazendo por nós. Agradeço imensamente.

— Não ha de que, Anne... Não ha de que... — disse eu ainda procurando evitar seus olhos.

Ela começou a dizer algo mais, porém eu sequer prestava atenção. Interrompi dizendo:

— Ainda dói em mim, Anne, dói em mim profundamente o que o destino fez de nós dois. Se não fosse a guerra, se não fosse... nossas vidas não teriam saído fora do eixo.

— *Se* não fosse, mas foi assim que aconteceu. Não podemos viver presos ao "se"... *Se* não fosse isso ou aquilo teríamos sido felizes... Temos de nos desprender do "se" e encarar a realidade, ainda que não seja a que sonhamos viver, se tivermos um pingo de dignidade para conosco e com Deus. Devemos procurar dentro dessa realidade o que possa nos alegrar, fazer-nos felizes, dar sentido a nossa existência.

"Foi isso que Rosamund e Samuel tentaram me fazer compreender quando eu mergulhei naquele silêncio depressivo durante aqueles quatro anos após suas mortes. Eu não conseguia me libertar do "se". *Se* eu tivesse chegado a tempo no lago, poderia tê-los salvo do afogamento. *Se* eu não tivesse encorajado Rosamund a prosseguir com seu plano de se atirar dentro do lago para chamar a atenção de Samuel... *se*... *se*... e mais *se*... O fato é que o "se" não muda nada, só nos aprisiona a dor e nessa dor paralisamos e deixamos de fazer algo que ainda poderia ser feito por alguém necessitado, por exemplo.

"Liberte-se do 'se', Christopher. Aceite a realidade. O que pode fazer dela. E extraia dela o que há de melhor."

— Eu gostaria, Anne. Eu gostaria muito, mas...

— Você pode, Christopher. Eu sei que pode.

Chegava a ponto de me ferir a alma a vontade de contar para Anne o que Victor Dorigan fora capaz de fazer para nos separar, destruir antes mesmo de ter nascido a nossa vida tão sonhada, tão querida. Tive, no entanto, de amordaçar mais uma vez a vontade de lhe expor toda a verdade ao me lembrar das palavras que Victor usou para me alertar caso eu fizesse aquilo: "Conte tudo a ela e estará destruindo o lar de uma criança, Christopher. Destrua o lar e estará destruindo Anne também. Como acha que ela vai se sentir vendo um filho crescer em sofrimento?".

— Sei o quanto deve estar sendo difícil para você ter de viver sob o mesmo teto que Victor — acrescentou Anne. — No entanto, se você pudesse rever tudo o que aconteceu entre nós com outros olhos, certamente poderia se libertar desse peso que vem carregando há tanto tempo...

Baixei a cabeça e, num tom de voz gélido, falei:

— Não me peça para fazer o impossível, Anne.
— Nada é impossível, Christopher.
— Isso que me pede é totalmente impossível — afirmei com acidez.
— Viva somente do presente, Christopher, somente do presente... Enterre o passado...
— Você não entende, Anne, se você...
Cai no silêncio. A voz de Anne tornou a soar no recinto:
— Onde foi parar aquele Christopher Angel capaz de ver a pureza e beleza em todo o ser humano? Aquele homem por quem eu me...

Ela reprimiu suas palavras, comprimindo os lábios fortemente. Querendo desesperadamente recolher suas últimas palavras, especialmente a última ao breu.

— Você sabe — respondi. — Você sabe mais do que ninguém onde foi parar aquele Christopher Angel, Anne. Ele morreu... morreu na guerra.

— Não! — discordou ela com firmeza. — Ele pensa que morreu. Ele quer acreditar que morreu, mas ele não morreu e sabe disso. Sabe que está bem vivo. Bem aqui na minha frente. Se aquele Christopher Angel houvesse morrido, ele não me veria com esses olhos, não existiria dentro dele mais nenhum sentimento por mim.

Ela suspirou. Eu suspirei. Ela insistiu:
— Perdoe Victor, Christopher, perdoe-o. Será melhor para você, será melhor para todos nós...

— Eu não vou perdoá-lo jamais. Não posso e você me daria razão se soubesse...

Eu estava prestes a contar a ela o motivo que me fazia sentir tanta raiva e revolta por Victor quando Cliff entrou na sala. Sua aparição me fez recolher imediatamente as palavras que já estavam na ponta da minha língua à escuridão.

— Mamãe — disse o menino.
— Sim, filho.

A criança não respondeu, por algum motivo se sentiu intimidada na minha frente.

Anne procurou sorrir para o menino e disse:
— Eu já vou, Cliff.

Antes de sair Anne voltou-se para mim e me fez um pedido muito sério:
— Reflita sobre o que lhe falei, Christopher... Por favor, reflita...
Eu quis lhe dizer alguma coisa, mas as palavras não tiveram forças para atravessar meus lábios.

Ela passou por mim, deixando no ar seu cheiro inconfundível e caminhou com o filho para o corredor. Eu a acompanhei com o olhar, atordoado.
— Anne... — disse eu. Mas ela não me ouviu.

Talvez houvesse chamado por ela somente em pensamento. Estava tão atarantado que nem percebi. Levando as palmas das mãos às faces ruborizadas, como que para escondê-las, afastei-me e deixei o aposento às pressas. Fechei-me dentro do banheiro e mergulhei as mãos na bacia de porcelana com água num gesto desesperado, passando em meu rosto. Logo estava procurando molhar meus cabelos, e, num repente, mergulhei a cabeça na bacia como quem quer apagar um incêndio com todo o vigor.

***

Elizabeth voltou da venda de secos e molhados tomada de empolgação. Assim que pôs a sacola com as compras sobre a mesa da cozinha, correu em busca de Anne. Assim que a encontrou disse empolgada:
— Há uma casa que foi posta à venda no fim desta rua, não é nada extravagante, mas o que importa mesmo é que seja confortável, bem, pensei que vocês poderiam comprá-la com o dinheiro que vão receber da fábrica pelos danos que tiveram.

A sugestão perturbou Anne Campbell; observou Elizabeth, deixando-a completamente parada, como que petrificada por instantes e quando voltou a falar sua voz saiu tímida e frágil:
— O dinheiro que recebermos pelos danos, se recebermos, não dará para comprarmos uma casa, Elizabeth. Na verdade mal dará para pagar os empréstimos que Victor fez para montar seu negócio que em poucos meses foi à falência. Ele se ilude querendo acreditar que vai sobrar algum trocado, ainda que sobre, eu sei que não dará nem para pagar o aluguel de uma humilde casa, sequer por um ano.

Elizabeth pegou na mão de Anne e apertou suavemente:

— Não se preocupe, meu bem. Vocês podem ficar morando aqui conosco pelo tempo que necessitarem. Tenho certeza de que Christopher não se importará. Sabe, Anne, eu também passei um período difícil na minha vida, quase apenas a pão e água, transbordando de dívidas. Nunca fui uma mulher religiosa, tampouco devotada a Deus. Mas quando Christopher Angel entrou em nossa vida, digo na minha e de Beatrice, eu descobri que Deus existia de fato, que era verdade o que sempre ouvi seus mais devotos seguidores dizerem por aí, que Deus nunca nos deixa sós.

"Deus pôs Christopher no meu caminho e agora pôs eu e ele no caminho de vocês. Por tudo isso não quero que se afobe com nada, pois enquanto vivermos cuidaremos de vocês."

Anne apreciou as palavras daquela que tinha agora como sua nova e melhor amiga, e demonstrou sua apreciação por meio de um sorriso singelo, modesto. Elizabeth tornou a falar:

— Ah, Anne, eu jamais pensei que viria um dia a amar outro homem. Jamais. Quando percebi que havia um sentimento por Christopher, um nível de amor e afeto, desconhecido para mim até então, crescendo dentro de mim... ah, Anne, foi maravilhoso. Uma surpresa e tanto, uma surpresa maravilhosa. Posso dizer que amo Christopher tanto quanto amei Benedict, meu primeiro marido, mas numa frequência diferente, mais lúcida, mais sadia até, eu diria.

"Quero viver com ele até o fim de nossa vida. Quando o branco de nossos cabelos for tão branco quanto a neve. Eu o amo, amo muito. É amor... é gratidão... é tudo ao mesmo tempo... Será que pode me compreender?"

Anne anuiu com simpatia. Elizabeth entre risos falou:

— Que pergunta estúpida a minha, é lógico que pode me compreender. Afinal, você tem Victor, deve ter se casado com ele pelas mesmas razões que me fizeram casar com Christopher, não é mesmo?

Anne tornou a concordar com um leve aceno de cabeça. Elizabeth acrescentou:

— Só uma coisa me preocupa, Anne.

— O que é?

— É algo a respeito de Christopher, algo sobre o seu passado. Uma mulher. Uma mulher que ele amou muito e receio que ainda a ame profundamente, mas que por algum motivo que ele nunca me falou, não puderam ficar juntos.

Anne recuou ligeiramente o corpo, procurando disfarçar a repentina apreensão.

— Você, por acaso, sabe de alguma coisa a esse respeito? Conheceu essa mulher?

— Não, Elizabeth — a resposta de Anne foi precisa. — Não a conheci, mas tenho certeza de que ela, esteja onde estiver, não pode ameaçar o seu casamento com Christopher. Deve ter se casado, tido filhos e está procurando viver a sua vida da melhor forma possível.

— Será mesmo?

— Confie.

Elizabeth suspirou esperançosa.

— Além do mais — continuou Anne —, não creio que Christopher abandone você algum dia por causa dessa mulher. Pelo pouco que o conheço, parece-me ser um homem com a cabeça no lugar...

— É que o amor — replicou Elizabeth num tom preocupado —, o desejo principalmente, é muitas vezes, mais forte que o bom senso, Anne. Principalmente em relação aos homens.

— Agora quem lhe pede para se tranquilizar sou eu, Elizabeth. Acredite-me. Mantenha a sua fé em Deus que nada há de interferir no casamento de vocês.

Elizabeth abraçou aquela que tinha como sua mais nova amiga e confidente. Apreciando intimamente os conselhos que Anne havia lhe dado.

Então Elizabeth não sabia, percebeu Anne, não sabia a respeito dela e de Christopher e seria melhor que nunca soubesse para o bem de todos ali. O conhecimento da verdade só serviria para prejudicar o convívio entre todos. E o momento não era apropriado para criar discórdias, e sim apaziguar corações.

Foi naquele mesmo dia, ao cair da noite, que Elizabeth se viu diante de uma solução para ajudar os Dorigan.

— Até que as coisas se resolvam vocês podem ficar na casa de bonecas — sugeriu Elizabeth, tratando logo de explicar para os presentes: — a chamamos de casa de bonecas, mas na verdade é uma casa espaçosa, que pode abrigar prontamente uma família pequena.

— Já incomodamos vocês por demais — redarguiu Anne.

— Se tivessem, eu certamente diria. Pelo contrário, tem sido um prazer para mim recebê-los em minha casa.

E foi assim que Victor, Anne e Cliff Dorigan fizeram da casa de bonecas sua humilde morada.

Naquela noite assim que nos vimos a sós, encontrei Elizabeth pensativa.

— O que foi? — perguntei.

— A casa... — respondeu ela, longe. — A casa de bonecas.

— O que tem ela? — perguntei, com uma sombra de inquietação em meu rosto.

— Parece até que foi construída para recebê-los. Como se a vida soubesse de antemão que precisaríamos dela para abrigar uma família necessitada.

Estremeci diante de tal ideia. Nunca vira uma observação tão pertinente.

— Às vezes tenho a impressão de que há uma força invisível por trás de nossa vida, Christopher. São como pessoas que nossa visão não pode alcançar. Preparando o terreno, se é que posso usar essa expressão para descrever o que quero descrever, como se pudessem ver o futuro e dentro dele o que um ou outro vai precisar e assim providencia o que lhes será necessário. Compreende? Deve ser o que os religiosos chamam de divina providência.

— Força... Invisível...

— Sim — concordou Elizabeth, lentamente. — Força invisível...

***

Havia se passado uma semana desde que eu havia concordado em acolher os Dorigan na nossa casa de bonecas quando percebi o perigo, a tortura, que se escondia por trás da solução encontrada por Elizabeth.

Como eu poderia viver tão próximo, quase sob o mesmo teto com Anne Campbell, a mulher que eu tanto amara e, pior, que eu ainda amava? Seria uma tortura, uma loucura, uma dor infinda, só serviria para atiçar e aumentar ainda mais o ódio que eu sentia por Victor Dorigan, por vê-lo vivendo a vida que eu tanto sonhei viver ao lado da mulher que eu tanto amava, a vida que ele me roubou por meio de uma farsa, um truque barato de prestidigitação, uma covardia.

Por outro lado, como eu poderia tirá-los da minha casa se eles não tinham para onde ir? Não havia como... só me restava sofrer... procurar me acalmar, torcer para que Victor encontrasse um emprego o mais depressa possível, para que assim tivesse condições financeiras para alugar uma casa e mudar-se da minha.

E os dias foram passando e Victor saindo em busca de uma vaga de emprego, uma vaga que ele nunca podia preencher. Só me restou mais uma vez me dedicar ao meu trabalho com unhas e dentes. Era a forma mais eficaz que encontrei para me esconder de tão embaraçosa situação que passei a viver desde que Anne havia se mudado para minha casa.

Havia chegado mais uma vez do trabalho e, como sempre, antes de entrar em minha casa meus olhos se detinham na casa de bonecas e o que era mais impressionante e assustador para mim é que eles podiam atravessar as paredes da pequena casa, como que por mágica, e visualizar o que se passava dentro dela. Ver claramente Victor vivendo ao lado de Anne a vida que nós dois tanto sonhamos viver lado a lado.

Vinha novamente ao meu encontro a impressão de que toda aquela situação era obra do plano inferior, fora por seu intermédio que a inusitada casa de bonecas havia se tornado a morada dos Dorigan. Só para me torturar.

Eu via imagens repugnantes regozijando-se de prazer por me ver tentando a cometer uma loucura em nome do meu coração, do desejo e da paixão que eu ainda sentia por Anne e que parecia querer me levar à loucura total. Antes me levassem, selando assim o meu fim.

Nessas horas de desespero surgia então a *voz das sombras* dizendo-me:

— Esfria a sua cabeça, Christopher Angel. Harmoniza o seu coração. Não olhe só para o seu umbigo. Pense nos seus filhos. No filho do outro casal. Em Elizabeth, ela o ama, ela vive por você.

"Respire fundo e pense em Deus. Respire fundo e retire seu coração desse tormento. Eu posso lhe ajudar dando-lhe conselhos como esse, Jesus pode lhe inspirar por meio de suas palavras eternizadas no Evangelho, Deus vibra por você, mas só você pode aceitar essa ajuda, pôr em prática o que lhe pode fazer bem, trazer o bem para si, mantê-lo ao seu redor crescendo lindo e viçoso como uma bela árvore, que encanta os olhos, dá sombra e purifica o ar.

Despertei dos meus pensamentos com um dos berros agudos de Beatrice:

— Papai!

Sua voz estridente forte e aguda ainda me dizia que ela um dia seria uma grande cantora lírica. Voltei-me para ela e sorri. Lá estava ela como de hábito, ao lado do filho de Anne. Cliff olhou-me com certo receio, não era para menos, deveria ver em meus olhos, como eu via quando criança, quem não me apreciava. E ele sabia, sabia no íntimo que eu não lhe via com bons olhos, por mais que me esforçasse.

Não podia, não tinha como, ele também fora culpado por eu ter me separado de Anne, se não tivesse nascido Anne não teria se sentido forçada a se manter casada com Victor.

Beatrice quis um beijo meu e um abraço. Atendi seu pedido. Ela então voltou para o balanço preso na árvore seguida por Cliff, que no meio do caminho voltou os olhos para trás, na minha direção, e quando nossos olhos se encontraram um brilho se fez dentro deles, cada qual movido por um sentimento diferente.

Ouvi o rangido de uma porta se abrindo, vinha da direção da casa de bonecas, tratei logo de entrar na minha. Quanto menos contato com os Dorigan, melhor.

Meses depois...

Eu passava pela sala para apanhar meu chapéu e meu sobretudo quando avistei Victor Dorigan ali, poluindo o ambiente com a sua presença. Meu sangue ferveu ao vê-lo.
— Christopher — disse ele com certa cautela.
Estremeci ao seu chamado.
— Gostaria de falar com você um pouco... — prosseguiu ele ponderado.
— Não temos nada para conversar — respondi rispidamente.
— Pensei que poderíamos facilitar as coisas entre nós... — sugeriu Victor com sinceridade.
Estremeci diante das suas palavras. Voltei-me para ele com meus olhos saltando as órbitas.
— Facilitar? — indaguei com descaso.
— Sim, Christopher, facilitar.
Ri com escárnio.
— Se nós pudéssemos nos acertar, pôr um ponto final em nossas diferenças...
Cortei-o bruscamente:
— Você nunca vai receber de mim nem perdão, nem compreensão, nem nada mais na vida e, se por acaso existir vida após a morte, afaste-se de mim, mantenha-se longe, bem longe de mim, pois não mereço passar nem mais um minuto sequer da minha existência neste cosmos ao seu lado.
As pálpebras de Victor tremeram ligeiramente. Minha pressão subiu.
— Eu quis do fundo do meu coração — prossegui ácido — que todos aqueles que morreram nos campos de batalha onde estive sobrevivessem àquele caos, por terem caráter, por terem esposas, filhos, mães, pais, irmãos, verdadeiros amigos, mas Deus não me ouviu não porque seja surdo, tampouco por não existir; Ele existe sim, apenas não se importa com homens de caráter e bom coração. Se se importasse, não teria permitido que você enganasse a todos se livrando da guerra, que era o lugar onde você deveria ter estado como todos os demais convocados.

Levei as mãos aos cabelos num gesto desesperador como se quisesse arrancá-los de mim. Tornei a ficar olhos nos olhos com Victor e falei, sentindo o desgosto na minha própria voz:

– Diga para Anne, seu canalha, diga para ela toda a verdade. Se é que existe alguma dignidade na sua pessoa.

As pálpebras de Victor tornaram a tremer.

– Diga! – gritei.

Senti o piso começando a se agitar sob meu peso, vi as paredes assumirem uma forma gelatinosa como se de uma hora para outra houvessem se transformado em folhas de bananeira a balançar com o vento.

Victor tirou o ar dos pulmões, peitou-me com o olhar e disse, num tom agora, desafiador:

– Será que você, Christopher Angel, amava Anne tanto quanto pensa? Se amava seria capaz de fazer o que fiz em nome desse amor? Seria? Eu joguei tudo para o alto e não me arrependo. Arrisquei minha vida pelo amor de Anne.

"A bala poderia ter me matado, deixado-me paraplégico, as autoridades poderiam ter me desmascarado complicando gravemente as coisas para mim, mas eu ainda assim corri todos esses riscos, pois nada era mais importante para mim do que ficar com Anne, casar-me com ela, realizar o que eu tanto sonhara viver ao lado dela antes de acontecer aquela tragédia. Antes de você ter aparecido..."

As palavras dele caíram como farpas sobre mim, descontrolando-me terrivelmente. Agarrei-o pela gola, arrastei-o até a porta, de onde o joguei para o exterior como um saco de batatas. Ele foi ao chão com tudo, por pouco não bateu a cabeça na quina do cercado da varanda. Ainda que tonto, ele se esforçou para se levantar. Foi nesse momento que eu, num acesso ainda maior de loucura, esmurrei-lhe o tórax. Não percebi que ele estava na pontinha do piso da varanda, entre o piso e a quebra que levava ao primeiro degrau da escada que dava acesso a ela. Victor se desequilibrou e caiu de costas contra a escada batendo a cabeça com toda força no chão de concreto, que ligava o portão da frente da casa com a varanda.

165

O remorso transpareceu imediatamente em meu rosto. O desespero tomou conta de mim a tal ponto que me vi perdido sem saber o que fazer. Estava prestes a acudi-lo quando avistei Beatrice sentada no balanço de madeira, quietinha, olhando aterrorizada para mim. Branqueei mais ainda. Tanto quanto ela. Quis dizer alguma coisa, mas não consegui, só me restou acudir Victor, que permanecia caído entre a escada e o chão, inconsciente.

— Santo Deus! — exclamou Elizabeth assim que nos encontrou ali. — Como isso foi acontecer?!

Vi os olhos de Beatrice voltarem imediatamente para mim. Quis responder, mas Victor foi mais rápido. Disse prontamente:

— Escorreguei. Sem querer.

— Deve ter no mínimo fraturado a bacia — observou ela, agoniada. — Não se mova.

E voltando-se para mim, que permanecia petrificado, tomado de horror, Elizabeth disse:

— Christopher, meu bem, chame um médico. Urgente!

Fiz o que ela me mandou, imediatamente. Meia hora depois Victor Dorigan era atendido pelo dr. Frederick ali mesmo na nossa casa. Logo ele constatou que Victor havia de fato fraturado a bacia. Consequência da minha estupidez. De meros segundos de ignorância.

— Papai — disse Beatrice.

Quis muito olhar para ela, mas temi seus olhos. Nunca me sentira tão envergonhado em toda a minha vida.

— Tio Victor vai ficar bom, não vai?

Ainda sem olhar para Beatrice respondi:

— Sim, Beatrice, ele há de ficar bom, com o tempo...

— Cliff está muito triste pelo o que aconteceu ao seu pai.

— É natural. Victor é pai dele... todos nós estamos de certo modo tristes pelo acontecido.

Beatrice chegou mais perto de mim, pegou no meu queixo com sua mãozinha delicada e voltou meu rosto até ficar face a face com o seu. Senti um arrepio fundo na alma quando nossos olhos se encontraram. Ela me olhava com os olhos mais ternos e compreensivos que já encontrei ao longo da vida. Por fim, abraçou-me derramando sobre mim seu carinho e compreensão.

Segurei-me para não chorar, mas foi em vão. Chorei feito uma criança e tive a impressão mais uma vez de que de nós dois ali, Beatrice era o adulto e eu era a criança.

Ouvi-me novamente dizendo: se eu não tivesse empurrado e esmurrado Victor Dorigan... *Se... se... se...* lá estava ele de novo, o maldito "se" a me importunar. *Se* eu tivesse me libertado do ódio e da revolta que sentia por Victor Dorigan nada daquilo teria acontecido. Anne tinha razão, o *se* era uma praga, um tormento, a forma mais pirracenta do mal a nos atormentar. A "se" eu pudesse me livrar do "se".

Devido à minha estupidez eu agora teria de suportar Victor Dorigan por mais tempo em minha casa. Com sua presença poluindo o ar, asfixiando a minha alma. E o pior, sendo sustentado por mim, já que ficaria preso a uma cama por longos meses, impossibilitado de trabalhar.

Lá estava eu novamente vivendo em meio a uma guerra, travando uma batalha com um inimigo que agora se resumia numa só pessoa chamada Victor Dorigan. Querendo sem pudor algum vencê-lo, vê-lo morto, acabado e humilhado. Sim, eu intimamente lutava por isso.

Hoje percebo que ninguém precisa estar em meio a campos de batalha para viver os horrores de uma guerra. Esses horrores podem ser vividos em qualquer lugar, até mesmo dentro da nossa própria casa, pois a guerra pode também explodir dentro de nossa mente e jamais será vencida enquanto não decidirmos, de uma vez por todas, preencher nossa mente com pensamentos positivos, de amor, compaixão, solidariedade e afeto. Enquanto não tirarmos de nós todo e qualquer sentimento de revolta, ódio, rancor e desejos de vingança.

Tudo enfim que ergue e sustenta a bandeira da paz dentro de nós.

Capítulo 18

Assim que o irmão tempo nos permitir...

Desde o trágico acontecimento eu nunca mais voltei a encarar Victor novamente, pois nunca o visitei na casa de bonecas. Quando percebia que ele havia sido levado por Anne para a varanda para tomar um pouco de sol, mantinha-me dentro de casa, para não me ver obrigado a encará-lo, tampouco ser perturbado, como sempre acontecia, quando me via diante da sua presença.

Eu agora estava mais do que ciente do quanto o ser humano podia odiar outro na mesma proporção em que ele pode amar. E compreendia bem por que se ouve dizer que o amor e ódio andam de mãos dadas.

Toda vez que meus olhos se encontravam com os de Beatrice, sentia um frio em minha alma. Ela sabia, sabia que Victor se encontrava entrevado numa cama por minha causa. O que será que se passava na cabecinha dela, perguntava-me.

Tentei por diversas vezes tomar coragem para conversar com ela a respeito do acontecido, mas como eu poderia explicar a uma criança as razões que me levaram a fazer aquilo. Nem quando ela fosse grande eu acho que conseguiria dar-lhe as devidas explicações. Procurei me esquecer do fato torcendo para que o mesmo se apagasse da lembrança de Beatrice.

Ainda que fosse vergonhoso eu ter feito o que fiz contra aquele calhorda, eu, influenciado pelas vozes do rancor e do ódio que sabem como ninguém insuflar desejos de vingança numa pessoa, acabei chegando à conclusão de que Victor mereceu tudo aquilo que lhe aconteceu pelo que havia me feito e com isso pude me ver livre do sentimento de culpa.

***

Foi no dia que Anne contou a Elizabeth o que havia acontecido com sua irmã Rosamund, que Elizabeth percebeu o quanto é importante uma pessoa aprender a nadar e decidiu matricular Ludovic numa escola de natação.

– Vamos matricular o Cliff também – disse ela.

– Não podemos, Elizabeth, não temos mais dinheiro para isso. Quando estivermos melhor de situação financeira...

– Esse dia pode ser tarde demais – respondeu Elizabeth categórica. – Vou emprestar o dinheiro para pagar as aulas e quando a vida de vocês entrar nos eixos novamente vocês nos reembolsam.

A frase repercutiu de forma esquisita na cabeça de Anne. Dando-lhe a estranha sensação de que sua vida, bem como a de sua pequena família, nunca mais voltaria a entrar nos eixos novamente.

Uma semana depois, como Elizabeth havia prometido, as crianças começaram suas aulas de natação. Foi Cliff quem estimulou Ludovic a nadar. Porque diante da água, o menino se acovardou de forma muito estranha, como se já tivesse tido uma experiência muito desagradável com água. O que era curioso, pois ele nunca havia tido contado com água, senão a do banho e da chuva.

***

Nos meses que se seguiram, Victor tornou-se prisioneiro de diversas complicações de saúde. Ele misteriosamente parecia definhar na cama.

Eu podia ver nos olhos de Anne que ela sofria tanto quanto o menino. E o sofrimento que via em seus olhos me enchia de revolta e indignação. Na minha opinião Anne não podia sentir nada por Victor. Esse sentimento era por mim visto como uma traição.

Ainda que meu ódio por Victor fosse tamanho por nenhum momento eu me recusei a pagar todo o auxílio médico de que ele necessitava para recobrar a saúde. Talvez fizesse isso para aliviar a culpa que estava lá no âmago do meu ser a me perturbar. A culpa por tê-lo empurrado, tê-lo aprisionado àquela cama.

Em certos momentos chegava a pensar que fazia tudo isso por ele influenciado pelos resquícios da amizade que tínhamos em nossos áureos tempos de juventude.

E assim se passaram três anos desde que Victor Dorigan sofreu aquela queda fatídica. Três anos prisioneiro de uma cama.

Nesse período Cliff e Ludovic cresceram fortes e sadios empenhando-se ao máximo na natação. Beatrice não ficava atrás. Os três juntos formavam um trio inseparável, mais apegados um ao outro que irmãos que tem o mesmo sangue correndo pelas veias.

Foi quando o inverno chegou branqueando tudo mais uma vez com sua neve que a saúde de Victor piorou. Tornando-se precária, apesar de todo o esforço médico. Ele estava morrendo, o doutor que cuidava dele sabia disso e não havia mais nada que ele pudesse fazer para afastar de seu paciente essa triste realidade. Eu particularmente acho que Victor sabia disso, estava bem a par de sua verdadeira condição de saúde tanto quanto Anne, tanto quanto cada um de nós.

Chovia forte, bem forte quando Victor pediu a Anne que me chamasse. Que insistisse comigo para ir até ele caso eu me recusasse. Já disse que desde aquele dia em que ele sofrera a queda eu nunca mais lhe dirigira a palavra, tampouco o encarei novamente.

Eu só atendi ao pedido de Victor por causa de Anne, para deixá-la menos desconfortável diante de toda aquela delicada situação.

Anne pôs a mão no meu braço e me conduziu gentilmente para dentro da casa de bonecas até o quarto que era ocupado pelo casal. O enfermo pareceu aliviado ao me ver entrar e me aproximar de seu leito. O olhar de aflição desapareceu de seus olhos suplicantes no mesmo instante em que me viu.

Anne pediu licença e se retirou. Restamos apenas nós dois agora naquele aposento.

– Não valemos nada – desabafou Victor minutos depois, em meio a uma respiração entrecortada. – Diante de nossos interesses, diluímos o nosso caráter em qualquer substância que estiver ao nosso alcance. Noutras, na maioria... Em sangue.

Por mais que eu tentasse não conseguia manter meus olhos sobre ele.

— Antes de morrer, Christopher — acrescentou Victor com voz partida —, quero levar comigo senão o seu perdão, mas a promessa de que um dia, quem sabe, possa compreender o que fiz.

Quis dizer alguma coisa, mas as palavras fugiram de mim, levadas pelo vento do ressentimento que ainda se evoluía incansavelmente dentro do meu coração.

— Christopher... — tornou Victor.

Finalmente meus olhos se encontraram com os dele. Senti-me desconfortável ao ver o modo como ele me olhava, de maneira bastante estranha, como se sentisse pena de mim. O que a meu ver não condizia em nada com a realidade, afinal era eu quem deveria sentir pena dele e não ele de mim. Aquilo me incomodou severamente a ponto de querer sair dali urgentemente.

Somente muitos anos depois é que fui compreender o porquê de ele me olhar daquele modo. Ele sentia pena de mim, por me ver escravizado ao rancor, ao ódio, à revolta e ao caos emocional que nossas desavenças me causaram.

Foi também, muitos anos depois, que eu me ative ao fato do quanto havia sido sofrido para Victor descobrir que Anne, sua amada Anne, havia se apaixonado por outro homem. Certamente, o mesmo grau de sofrimento que me abateu a alma quando soube que ele havia se casado com ela.

Se houvesse percebido tudo isso antes, bem antes, me permitido ver essa realidade eu teria me poupado de todos aqueles anos em que vivi preso ao cárcere do ódio e da revolta.

Procurando firmar a voz, Victor disse:

— Você foi para a guerra e voltou dela. Eu não fui, mas vivi dentro dela por anos. Algo sempre me disse que eu morreria cedo e por isso havia dentro de mim uma necessidade urgente de ser feliz. Por essa razão arrisquei tudo para ser feliz.

Ele respirou com dificuldade antes de acrescentar:

— Eu jamais vou esquecer o que fez por mim... O que fez por mim, por Cliff e por Anne quando mais precisamos. Você foi realmente um anjo em minha vida. Em nossas vidas. Que a vida o recompense de alguma forma.

"Com a minha morte ela será sua, Christopher, toda sua... cuide dela e do menino, meu filho, por mim..."

Suas palavras conseguiram me tocar naquele momento. Fazendo com que os meus olhos, olhos de névoa e de perda, deixassem de olhar para trás, para aquele passado que me deixara tantas cicatrizes para olhar, ainda que por segundos, para aquele presente tão carente de atenção, prestes a ser levado pela morte.

A falta de ar de Victor piorou deixando-me alarmado. Chamei por Anne imediatamente. Ela reassumiu seu lugar junto à cama. Tomou a mão dele entre as suas e sentiu uma débil pressão de seus dedos.

Victor Dorigan disse, com grande esforço:

— Eu amo você, Anne, desde a primeira vez em que a vi perto do bosque, o bosque Encantado... Foi amor à primeira vista... eu sou a prova viva de que ele acontece, de que ele é verdadeiro... Eu a amo, amo infinitamente, até mesmo depois de morto ainda a estarei amando.

"Se fiz algo indevido só fiz porque a amava demais, mais que tudo, mais que a mim mesmo. Minha própria vida. E só quem amou alguém assim tão profundamente quanto eu pode compreender a extensão do meu amor por você."

Anne Campbell tornou a sentir a pressão dos dedos dele, mas foi por segundos, logo relaxaram. As pálpebras de Victor se fecharam. Victor Dorigan estava morto. Seu espírito, liberto daquele físico incapaz de abrigá-lo por mais tempo sem causar-lhe tanta dor.

Funguei quase que imperceptivelmente. Estava abalado, não posso negar. Abalado emocionalmente. O homem que eu tanto odiara, que se tornara o receptáculo de todo o meu ódio naquela vida, estava morto bem diante dos meus olhos. E eu que pensei que com sua morte provaria do doce prazer da vitória sobre ele, senti apenas um vazio imenso se abrir no meu peito, como se o coração estivesse se evaporando com o passar dos segundos.

Anne ergueu os olhos para mim, que estava em pé ao seu lado, procurando apoio. Ajudei-a, então, com delicadeza a se levantar e a acolhi em meus braços. Não pude suportar sua dor, o choro que rompeu seus olhos devido à dor que só a morte sabe provocar na alma humana. Para mim, ela não podia chorar, não diante da morte daquele que nos fez tanto mal. As palavras de Victor tornaram a ecoar na minha mente:

"Ela agora é sua, Christopher, sua... cuide dela..."

Quando senti mais segurança para deixá-la a sós com Victor, retirei-me do quarto em busca de Elizabeth para lhe dar a notícia. A chuva ainda caía pesada. Assim que soube, Elizabeth quis ir imediatamente ao encontro de Anne. Acompanhei-a.

– As crianças... – disse Elizabeth no meio do caminho num murmúrio quase imperceptível.

Havia me esquecido delas, de tão atarantado.

– Eu conversarei com elas – prontifiquei-me. – Você auxilia Anne no que for necessário. Creio que ela precisa de você agora mais do que tudo.

Elizabeth assentiu com seus olhos lacrimejantes. Entreguei o guarda-chuva para ela e corri de volta para casa. Dirigi-me para a varanda onde as crianças se encontravam enfurnadas jogando um de seus joguinhos prediletos. Estavam tão entretidas com o jogo que não se preocuparam com a minha chegada.

– Crianças – disse eu, procurando transparecer segurança.

Sem voltar os olhos na minha direção, Beatrice disse:

– Papai, estou ganhando desses dois pestinhas, finalmente.

Inspirei o ar procurando me tranquilizar. Meus lábios estavam prontos novamente para chamá-los quando meus olhos se encontraram com os de Cliff. Como era de hábito ignorá-lo, não percebi que ele me olhava com atenção desde que eu aparecera ali. Pude ver em seus olhos o que ele leu nos meus. Soube então que não era preciso dizer-lhe nada sobre o pai, ele já sabia.

– Cliff, é a sua vez. Cliff – disse Beatrice voltando a olhar para o amigo querido.

Minha filha então também tomou conhecimento da morte de Victor simplesmente pelo olhar do amiguinho. Pôs-se de pé, quase num salto, voltou-se para mim e com bastante cautela perguntou:

– Papai...

Não sei por que não consegui encará-la, baixei os olhos tomado de certa vergonha. Beatrice então fez o que qualquer adulto sensato faria numa situação dessas. Confortou Cliff em seus braços.

Ludovic olhava para a cena sem compreender. Voltei-me então para ele e expliquei:

— O pai de Cliff, meu filho, acaba de falecer.

Cliff se desvencilhou dos braços de Beatrice num gesto até que brusco e saiu correndo para o jardim em meio à chuva deixando nós três ali perplexos.

— Papai — frisou Beatrice, como quem diz: "faça alguma coisa, pelo amor de Deus".

No entanto, não fiz nada. Permaneci congelado naquela posição assistindo o menino correr em desespero, abrir o portão com ímpeto e ganhar a rua. Vê-lo agora sofrendo era de certo modo uma compensação pelo sofrimento que eu, na minha ignorância, o responsabilizava.

Beatrice subitamente disparou atrás do menino.

— Beatrice! — gritei, com austeridade. — Volte aqui!

Mas ela não me ouviu, graças a Deus, correu com quantas pernas tinha atrás do amigo inseparável. Enfrentando a chuva forte e a friagem que ela trazia.

Algo ficou bem certo para mim neste dia, se a tristeza não foi capaz de destruir as barreiras que eu punha entre mim e Cliff, nada seria. Absolutamente nada.

— Papai... — disse Ludovic, lacrimosamente, pegando na minha mão direita. — Estou com vontade de chorar.

Agachei para ficar rosto a rosto com meu filho, acariciei-lhe a face e disse:

— Se está com vontade de chorar, filho, então chore.

O menino rompeu-se em lágrimas. Eu o segurei firme contra o meu peito acariciando interminavelmente sua cabeça, com um sentimento crescente de indignação por Victor Dorigan, o patife, ter arrancado lágrimas dos meus dois filhos com sua morte, causado todo aquele pesar em minha família. Ter arrastado a todos daquela casa planejada para vivermos de alegrias à sombra da morte. A qual ficou por longos e tenebrosos dias. Pronto, o ódio, o rancor, o asco por Victor Dorigan estavam de volta, retomando o controle sob a minha pessoa ainda que estivesse morto.

Assim que avistei Cliff voltando acompanhado de Beatrice, os dois encharcados pela chuva, meu sangue ferveu. Eu estava prestes a repreender o menino por ter feito o que fez quando Beatrice pousou sua mãozinha no meu braço e disse seriamente:

– Não, papai.

Como a *voz das sombras*, Beatrice sempre sabia o que eu estava prestes a fazer e antes que o fizesse me chamava atenção. E, voltando-se para o menino, disse:

– Papai quer lhe falar, Cliff.

Não me peça para fazer o impossível, Beatrice, pensei. O que tenho eu para dizer a essa criança? Palavras de conforto, esperança? Consolo? Não, Beatrice, é melhor me deixar fora dessa, porque tenho medo de explodir e dizer a ele o que penso realmente sobre o pai dele.

O menino voltou lentamente a cabeça na minha direção deixando-me encabulado.

A *voz das sombras* atravessou meus pensamentos então:

– Ora, Christopher Angel, honre seu sobrenome, ele não lhe foi dado à toa. Recebeu-o para que se lembrasse sempre do que significam os anjos.

Ignorei a observação como um cínico que só ouve o que quer.

Procurando me esquivar do olhar dos três, abri a porta enquanto dizia:

– Sua mãe está precisando de mim.

Entrei e sumi. Acovardei-me diante de uma criança? Sim. Pode ser chamado assim. Uma atitude medíocre tanto quanto os ressentimentos que eu permitia que dominassem a minha alma.

***

Assim que Anne se viu diante do filho, abraçou-o carinhosamente e procurou lhe transmitir palavras de conforto.

– Sabe, Cliff, nunca é fácil saber que uma pessoa tão querida está morta. Ainda mais quando essa pessoa é um pai tão amado.

O menino agarrou-se ainda mais na mãe.

— Eu mesma, filho, já tive de me separar muitas vezes de quem eu amava muito ao longo da vida. Foi difícil, foi muito difícil, mas nós, todos nós, precisamos buscar dentro do coração a força para seguir em frente, superar... Lembrando que a morte não é o fim, pois o nosso espírito sobrevive a ela. Eu sei que isso é verdade, pois quando perdi minha irmã, Rosamund e nosso conhecido Samuel, eu pude vê-los após a morte. Pois eles me visitavam, chegavam até a conversar comigo.

O menino afastou o rosto do dela e olhou firme nos seus olhos.

— É mesmo?

Ela concordou com a cabeça.

— Sim. Seu pai também continua vivo, agora, somente em espírito, num plano onde Deus abriga todas as almas. E um dia nós vamos reencontrá-lo na graça de Deus. Matar a saudade que crescerá dentro de nós durante todos esses anos de separação e, poderemos então, recomeçar a vida juntos.

Uma lágrima escorreu dos olhos do menino. Ela enxugou com o dedo e beijou carinhosamente a ponta do seu nariz tornando a envolver o menino em seus braços macios.

***

Assim que voltamos do funeral de Victor aconcheguei-me na minha poltrona predileta da sala e deixei minha mente se esvaziar. Nem sei por quanto tempo fiquei ali entregue ao alívio por ver Victor Dorigan morto e enterrado, acabado, humilhado e em breve apodrecido.

Saber que Victor Dorigan não mais vivia ao lado de Anne tampouco às minhas custas, muito menos no planeta, enchia-me cada vez mais de satisfação.

Levantei-me da poltrona sentindo-me um rei. Um rei que finalmente havia triunfado sobre o inimigo. Mas a sensação de vitória desmoronou no exato momento em que avistei Cliff Dorigan empurrando o balanço preso na árvore com Beatrice sentada nele.

Nossos olhos se encontraram, colidiram como dois planetas. Estremeci. E me entorpeci de ódio. Por pouco não gritei quando

Elizabeth tocou a minha mão. Chegara tão de mansinho que eu nem percebi.

— O que foi? — perguntou ela surpresa com a minha reação.

Pelos meus olhos ela pôde ver meu tormento.

Baixando a voz ela me disse:

— Victor está morto, Christopher, morto. Não se deixe mais perturbar pelo que ele lhe fez no passado. Ponha um ponto final de uma vez por todas nessa rixa.

— Você se engana, Elizabeth. Ele ainda vive — retruquei com acidez. — Victor ainda vive na pele do filho. Cliff é uma réplica perfeita do pai, no tom de voz, na aparência, nos trejeitos, no modo de olhar, assim como Ludovic é uma réplica de mim. É difícil olhar para ele e não me lembrar de Victor. É quase impossível.

Elizabeth achou certamente estranho o meu comentário, pois para ela, Cliff havia puxado Anne fisicamente. Em tudo, a seu ver.

Ela pegou firme no meu braço no mesmo instante. Olhei-a e ela me disse resoluta:

— Não transfira para o menino o ódio que sentiu pelo pai dele, Christopher. Não fará bem nem para você, nem para o garoto. Além do mais, ele não passa de um menino, um menino inocente. Que não tem culpa alguma pelo o que o pai dele fez.

Elizabeth estava certa no que afirmara, mas minha ignorância não me deixou ver essa verdade. Se tivesse, eu teria me libertado de uma vez por todas de todo aquele rancor e revolta que me aprisionavam até a alma.

E foi pensando em Cliff Dorigan que tanto eu quanto Elizabeth dormimos aquela noite. Envoltos de certa apreensão, cada um por um motivo. Cada um querendo saber a razão que fugia à nossa compreensão.

Anne não mais tirou o luto. Assim que pude fui até ela oferecer-lhe meus préstimos. Dizer-lhe que não se preocupasse com nada, que continuasse morando conosco, que eu lhe daria tudo o que precisasse. Ela voltou-se para mim, olhos lacrimejantes, e me agradeceu por minha generosidade. Eu jamais a deixaria desamparada, nem mesmo do outro lado da vida...

Capítulo 19

A vida continua...

Dias depois, quando me encontrava novamente na sala de estar, no meu lugar habitual, lendo jornal, despertei com o som de um estalido de língua que fora dado por Beatrice. Ela me encarava com seus olhos vivos e argutos de sempre.
— O que foi, filha? Quer falar comigo?
— Sim, papai. É sobre o Cliff.
Meu cenho fechou-se no mesmo instante.
— O que tem ele? — perguntei com certa impaciência.
— O campeonato de natação. Ele não quer mais participar depois da morte do pai.
— E o que eu tenho a ver com isso, Beatrice?
— Ora, papai... Uma palavra, um incentivo vale muito, o senhor mesmo disse.
Ela me puxou pela mão querendo me levar até o menino. Mas eu recolhi minha mão recusando o convite.
— Papai, por favor — insistiu Beatrice no seu doce de voz.
— Não, Beatrice. Que Cliff faça o que achar melhor.
O ar de desapontamento em seus olhos tornou-se notável.
Visto que eu não estava disposto a incentivar o menino a continuar participando daquilo que mais amava: a natação, Beatrice resolveu ter uma conversa seria com o amigo querido:
— Você não pode desistir do campeonato, Cliff, não depois de ter praticado tanto para vencê-lo.
— É isso mesmo, Cliff — reforçou Ludovic. — Você tem de ir.

— Papai era meu maior incentivador — respondeu o menino, desconsolado. — De que vale agora tudo isso se ele não está mais aqui para me ver?

— Ainda assim você tem de ir — incentivou Beatrice. — Tenho a certeza de que ele se sentiria muito mais feliz e realizado se não desistisse. Se participasse e mostrasse o quanto é bom em natação.

— Acha mesmo?

— Tenho absoluta certeza.

Não era apenas para incentivar o amigo querido que Beatrice afirmava aquilo, mas porque realmente acreditava em Cliff como nadador.

***

O dia do campeonato chegou. E foi pensando no pai, falecido havia pouco, que Cliff Dorigan conseguiu vencer a prova. Trezentos metros ida e volta.

Todos vibraram com a vitória do menino até mesmo Ludovic que chegou em quinto lugar. Eu, no entanto não gostei nada daquilo, era para Ludovic ter ganhado o torneio e não outro, ver meu filho perder para o filho de Victor Dorigan era inaceitável. Fiquei tão irritado e desapontado que assim que me vi a sós com Ludovic o repreendi drasticamente:

— Por que não chegou em primeiro lugar, Ludovic?

— Porque... ora, papai, eu não sei... eu tentei, juro que tentei.

— Pois não tentou o suficiente.

— Não?

— Não. Sabe o quanto foi humilhante para mim ver Cliff e não você, meu filho, vencer aquela prova? Faz ideia?

— Desculpe, papai. Prometo que vou me esforçar mais e no próximo torneio hei de pegar o primeiro lugar.

— Acho bom. Não quero me decepcionar com você mais uma vez, Ludovic. Nunca mais, compreendeu?

O menino baixou o olhar, entristecido.

Eu havia saído para o jardim que cercava a casa para tomar um ar, quando bateu em mim uma vontade de ver Anne. Aproximei-me da janela da sua sala o mais quieto que pude e fiquei ali a observando ajudar o filho a fazer as tarefas da casa.

Era um trabalho sobre a primeira guerra mundial. Mesmo dali podia ouvir as explicações que ela dava para o filho com nitidez. À certa hora, Cliff perguntou:
— Ludovic disse que o pai dele lutou na guerra, é verdade?
— Sim. Foi bravo.
— E o papai?
Houve uma ligeira hesitação antes de Anne responder:
— Seu pai não pôde ir para a guerra, pois levou um tiro na perna, bem na altura do joelho, horas antes da convocação.
— Um tiro? Nossa... de quem?
— Foi uma bala perdida. Por pouco não o deixou preso a uma cadeira de rodas para sempre.
— Por essa razão que o papai mancava um pouquinho, não é?
— Sim. Exatamente.
O menino ficou pensativo por instantes, por fim, disse:
— Pobre, papai, sinto tanta falta dele.
— Eu também, filho. Eu também.
A frase veio de encontro a mim como uma bala perdida. Acertando-me fundo na alma. Senti novamente duas mãos apertando o meu pescoço forçando-me a contar a verdade, tanto para Anne quanto para o filho.

Contar o que Victor foi capaz de fazer para fugir da guerra, mostrar ao menino, o covarde, o patife, o canalha e oportunista que fora seu pai. Deixá-lo com vergonha dele. Muita vergonha...

No entanto, mais uma vez procurei seguir o conselho da *voz das sombras:*
— Acalme-se homem, o momento não é para promover discórdias, e sim apaziguá-las.

Acatei o conselho, mas no íntimo a vontade era de desmascarar Victor, revelar toda sua farsa... Uma vontade que latejava e ardia dentro de mim como arde o fogo queimando a pele de um ser vivo.

Despertei dos meus pensamentos ao ver Anne saindo da casa com o rosto todo riscado de lágrimas. Ao me ver, ela pareceu se entristecer ainda mais. Pareceu que ia dizer alguma coisa, mas fosse o que fosse, as palavras não tiveram força para atravessar seus lábios.

— Você chora por ele — disse eu subitamente. Foi como se as palavras houvessem saltado de minha boca como que por vontade própria.

Ela me olhou mais profundamente com seus olhos azuis, vermelhos e lacrimejantes.

— Você sofre por ele — repeti com amargor —, eu não entendo... Como pode chorar por ele se dizia me amar tanto?

— É lógico que choro e sofro por ele, Christopher. Vivemos juntos durante todos esses anos, enfrentando altos e baixos, tivemos um filho juntos...

— É repugnante para mim vê-la derramar lágrimas por aquele que... — travei a língua, incerto mais uma vez quanto a lhe revelar a verdade.

— Victor, ele era bom para mim, eu não o amava, não tanto quanto...

Um suspiro cortou-lhe a frase ao meio.

— Ainda assim — ela prosseguiu —, eu o queria muito bem, um querer que é também uma espécie de amor.

— Você o odiaria se soubesse da verdade, a verdade que está aqui engasgada na minha garganta.

— Seja qual for essa verdade ainda assim eu não o odiaria, Christopher, porque o ódio não cabe em meu coração. Se coubesse eu sentiria vergonha de mim mesma por permitir que tamanha obscenidade se alojasse ali. Ainda mais quando se tem tantos sentimentos tão belos na vida para abrigarmos em nosso coração.

De certa forma, as palavras de Anne feriram-me profundamente.

***

Uma nova competição de natação chegou e Ludovic mais uma vez perdeu para Cliff. Agi mais uma vez com estupidez para com meu filho. Deixei o local sem me despedir de ninguém.

— O senhor está decepcionado comigo, não é papai? — perguntou-me Ludovic assim que me reencontrou.

— Estou, Ludovic. Muito decepcionado. Você havia feito um trato comigo e não cumpriu.

— Eu sinto muito, papai, eu me esforcei.
— Não o suficiente. Se tivesse teria vencido.
— Eu prometo, papai, que vou vencer da próxima vez.
— Espero que não seja mais uma promessa em vão.
— Eu juro.
— Não jure em falso.
— Eu hei de conseguir.

Nem bem Ludovic terminou a frase, Elizabeth entrou no aposento. Ela que havia ouvido parte da conversa voltou-se para mim e perguntou:

— Não acha que está sendo radical com o nosso filho? Mais importante que vencer é participar.

— Ora, Elizabeth não me venha com essas frases feitas, pois elas não me consolam nem um pouco.

— O problema é Cliff, não é, Christopher? É o fato de Ludovic ter perdido o primeiro lugar para o menino que o aborrece, não é mesmo?

— Ora, que bobagem.

Bufei irritado.

— Christopher — acrescentou ela com severidade —, torno a repetir o que já lhe disse antes: Cliff não é Victor Dorigan, é apenas seu filho. Não transfira para ele o ódio que sentiu por seu pai. Um ódio que pelo visto continua corroendo você mesmo depois de Victor estar morto. Releve tudo isso, não desconte sua raiva no menino, tampouco no nosso pequeno Ludovic. Será melhor para todos, especialmente para você.

Elizabeth estava certa em tudo que afirmara. Eu, no íntimo sabia disso, como sabia também que estava errado no modo de me comportar diante de tudo aquilo, mas não tinha forças, talvez por não me dispor a procurar por elas para transcender aquele mergulho na ignorância.

Novo campeonato de natação, nova decepção com Ludovic. De ambas as partes. Assim que voltamos para a casa, arrastei-o para o quarto e dei-lhe um sermão aos berros, estava prestes a dar-lhe uns tapas também quando Elizabeth entrou no quarto e falou num tom elevado:

— Christopher!

Segurei minha mão no ar. O menino se encolheu inteiro de medo, pavor e humilhação.

Minha voz se elevou tanto que atravessou as paredes com facilidade. Daquele dia em diante, Cliff, sem que eu soubesse, nem ninguém mais, começou a treinar o amigo, que tinha como um irmão.

— Você vai vencer, Ludovic — dizia Cliff com convicção.

— Não vou — retrucava Ludovic, descrente.

— Vai sim — insistia Cliff —, acredite nisso. Você tem potencial.

— Não tenho. Por mais que eu me esforce nos treinos, o máximo que eu consigo chegar é em quinto, sexto lugar. É melhor eu desistir.

Cliff segurou firme no ombro do amigo, penetrou fundo com seus olhos azuis nos olhos azuis esverdeados dele e disse:

— Lembra, Ludovic, quando eu quis desistir da competição por causa da morte do meu pai. Você e Beatrice me incentivaram a não desistir, a não entregar os pontos, como dizem os adultos. Portanto, agora sou eu quem lhe peço para não desistir, Ludovic. Persista.

— Sou uma vergonha para o meu pai. Uma humilhação, como ele mesmo diz.

— Não é, não. Ele ama você como meu pai me amava, como sua mãe o ama...

— É melhor eu desistir para não passar mais vergonha.

— Papai disse-me certa vez que só os fracos desistem. E você, Ludovic, não é fraco. Não senhor, é forte e valente.

Ludovic olhou para o amigo com olhos de quem diz: "Será mesmo?". Cliff bateu amigavelmente em seu ombrinho e ordenou:

— Chega de papo, vamos treinar.

Nova competição. Lá estávamos nós, eu, Elizabeth, Anne e Beatrice na arquibancada para assistir os meninos. Pouco antes de Ludovic entrar na piscina nossos olhos se encontraram. Pude ver imediatamente que havia medo dentro deles, medo de perder, medo de me ferir. Assim que Cliff notou nosso encontro de olhares voltou-se para o amigo e disse:

— Concentre-se, Ludovic. Concentre-se. Esqueça tudo mais e só preste atenção no aqui e no agora. Concentração, é só disso que você precisa para vencer.

Ludovic assentiu com o olhar e um sorriso enviesado.

Deu-se a largada. Cliff logo ganhou dianteira, desta vez, porém, seguido por Ludovic. Confesso que me surpreendi ao ver Ludovic em segundo lugar. Por alguns minutos ele ficou emparelhado com um outro garoto disputando o segundo lugar. Braçadas mais concentradas, força, determinação fez com que meu garoto retomasse o segundo lugar e se mantivesse ali. Restava agora apenas ultrapassar Cliff para ganhar o campeonato.

Beatrice vibrava pelos dois, Anne e Elizabeth idem. Eu somente por meu filho. Os dois meninos estavam agora lado a lado, juntinhos, cabeça com cabeça, restava pouco para o final, segundos, milésimos de segundos, chegada. Ludovic Angel vencia por milésimos de segundos de diferença a competição daquele dia.

As mulheres de minha vida vibraram alegres. Eu também poderia ter feito o mesmo, se um pensamento não tivesse me detido, uma suposição na verdade, plausível que se confirmou quando meus olhos se encontraram com os de Cliff.

Ele havia deixado Ludovic ganhar, para alegrá-lo e para me alegrar. Aquilo foi encarado por mim, na minha mais profunda ignorância, como esmola. E eu não precisava de esmolas, ainda mais daquele tipo. Ainda mais daquele menino por quem nutria profunda antipatia.

— Eu sei o que você fez... — disse para Cliff assim que ficamos a sós.

Ele me olhou com o mesmo temor de sempre. Aproveitei-me mais uma vez de sua fraqueza. Disse:

— Meu filho não precisa de você para vencer. Se pensou que estava ajudando deixando-o ganhar, enganou-se, redondamente.

— Ludovic — disse o menino, temeroso —, ganhou por esforço próprio, sr. Angel. Ele é bom, treinou muito...

— Não me venha com lorotas, garoto. Eu sei muito bem o que fez. Repito: não preciso de esmolas!

Eu juro que procurei, com muito custo, suavizar meu modo de me dirigir a Cliff, mas não consegui. Nele eu via a imagem estampada de seu pai, a quem eu tanto odiei e, pior, que eu ainda tanto odiava mesmo estando morto. Quão ignorante podemos ser...

Ouvi-me dizendo: ah, se ele pudesse partir dali, para sempre, para nunca mais ter de pousar os olhos nele e encontrar o olhar, os traços e os trejeitos que o pai deixou nele por hereditariedade. Ah, se isso fosse possível, que benção seria. Mas como me livrar daquela criança indesejada sem machucar Anne?

Só havia um modo, percebi, pagando-lhe os estudos numa cidade distante, ou melhor, num país distante, bem longe da cidade onde morávamos. A ideia me encheu de alegria.

Minha ignorância era tanta que me deixava cego e frio para com os sentimentos alheios. Quão egoístas somos nós. Que mania querer olhar somente para o nosso próprio umbigo, nos livrar daquilo que nos incomoda sem levarmos em consideração o sentimento alheio, a dor que isso pode causar ao próximo. Mas um dia a vida ensina... ela sempre ensina... ninguém pode fugir dos seus ensinamentos, nem mesmo do outro lado da vida.

Capítulo 20

Se o amor insiste em nos querer

Havia se passado quase um ano desde que Victor havia morrido. E eu estava na sala de estar olhando pela janela, pensando nos últimos acontecimentos que envolveram a minha vida. A de todos em geral daquela casa quando avistei Anne, ainda trajando luto, indo pendurar as roupas úmidas no varal.

Elizabeth ia passando pelo *hall* que ligava a sala de estar à outra extremidade da casa quando me viu. Nesse instante mudou de rumo e veio em minha direção. Estava tão concentrado no que via que nem percebi sua aproximação. Sem me dar conta murmurei:

— Ah, Anne...

Elizabeth ia me chamar, mas vacilou diante das minhas poucas palavras. Deixando-a estática, sob a sombra de uma inquietante sensação. Quando me voltei para trás assustei-me terrivelmente ao vê-la ali, parada, olhando-me com curiosidade.

— Elizabeth! — exclamei. — Não a havia visto aí?!

Um sorriso dorido flutuou brevemente em seus lábios.

Ficamos trocando um longo olhar enquanto um lampejo de seriedade crescia no olhar de Elizabeth. Um lampejo que foi me deixando cada vez mais desconcertado e me fez desviar os olhos dos dela. A voz de Elizabeth retornou antes da minha:

— Estava passando e...

Ela não completou a frase, aproximou-se da janela e dirigiu o olhar para onde eu estava olhando, onde Anne encontrava-se estendendo a roupa no varal.

Fiquei receoso de que ela suspeitasse de algo a meu respeito e de Anne. Até mesmo que tivesse me ouvido dizer o que disse sem pensar, apressei-me em dizer:

– Estava pensando em Anne, com pena, viúva, tão jovem...

Sem olhar para mim, Elizabeth disse em tom prosaico:

– Pois eu estava pensando a mesma coisa...

Um longo silêncio dominou o ambiente depois de suas palavras. Um silêncio por fora, não na mente, nem no coração de nós dois.

Daquele momento em diante Elizabeth ficou cismada e atenta ao meu modo de olhar para Anne Campbell.

"Fora impressão?", perguntava-se ela, ou "Christopher olha para Anne com outros olhos?" "Passara ele a olhar daquele modo para Anne depois que ela se tornara viúva ou sempre a olhara daquele modo e ela é que não percebera?"

A questão provocou um súbito e entrelaçado formigamento na ponta dos seus lábios.

"Está Christopher apaixonado por Anne?", indagava-se. Novo formigamento, dessa vez no peito. "Acalme-se", dizia para si mesma. "Não tire conclusões apressadas. Você está imaginando coisas! É tudo obra dessa mente possessiva e ciumenta de mulher. Ainda que Christopher se apaixone por Anne, ela não se entregaria a ele. Não ela, jamais. Ela a conhecia bem, muito bem para afirmar isso."

Elizabeth procurou endireitar seus pensamentos e quando a cabeça clareou um pouco mais conseguiu voltar a respirar no ritmo certo.

Mas a troca de olhares que ela presenciara entre Anne e eu não conseguiu mais sair da sua cabeça. Era como uma farpa que entra na pele e não se consegue tirar, incomodando constantemente.

Desde então, Elizabeth passou a estudar muito discretamente os olhares entre Anne e eu. Especialmente os meus para ela. Então, certo dia, uma hipótese veio ao encontro dela como um raio desses que vem do céu ao encontro de um ser humano. "Seria Anne a mulher por quem Christopher esteve perdidamente apaixonado no passado e por algum motivo obscuro não pode se casar?" Seu coração disparou.

— Aquela mulher — perguntou-me ela, certa noite, pouco depois de nos enfronharmos debaixo das cobertas. — Aquela mulher por quem você foi tão apaixonado na juventude, por onde anda? Que fim levou? Casou-se? Teve filhos? Você nunca falou nada a respeito.

— Se nunca falei é porque não gosto de falar a respeito — respondi secamente.

— Ela ainda mexe com você, não mexe, Christopher?

— Ora, por que isso agora, Elizabeth?

— Precaução.

Fez-se um breve silêncio antes de Elizabeth acrescentar:

— O que você acha de Anne? Viúva, tão jovem... ela poderia se casar de novo, não? Como eu fiz... Pensei em apresentá-la para o sr. John Rubbard, dono da loja de secos e molhados. É viúvo também. Com um filho para criar. Tenho certeza de que ele seria um ótimo marido para Anne e ela uma ótima esposa para ele.

O comentário me deixou inquieto.

— Está pensando em arranjar um casamento para Anne?

Por mais que eu tentasse fazer a pergunta num tom natural, ela saiu exaltada.

— Sim, por que não?

— Você nem sabe se Anne quer se casar outra vez!

Novamente exaltação na voz. Elizabeth virou o rosto no travesseiro até ficar de frente para o meu perfil. Mantive-me com os olhos pregados no teto.

— Isso o incomoda, Christopher? Digo, ver Anne casando-se com outro homem?

— Não! — exclamei. — Absolutamente! Por que haveria de me incomodar?

— Tem razão — murmurou ela pensativa. — Por que haveria de incomodá-lo?

Naquela noite, dormi atormentado só de pensar em ver Anne casada com outro homem. Não seria justo ter novamente um homem se interpondo entre mim e ela, não, não outra vez. Anne era minha, só minha e não haveria de ser de mais ninguém.

***

Havia se passado uma semana desde esse acontecimento. Anne estava passando por mim, quando de repente, num impulso, peguei-a pelo braço, segurei-a e disse seriamente:

— Anne...

Ela me olhou assustada. Disse, começando a tremer:

— Perdeu o juízo?

— Há algo que está me matando, Anne, corroendo-me por dentro. Você pretende se casar de novo? Pretende?

Seus olhos dilataram-se um pouco mais diante da minha pergunta.

— Não! — respondeu enfática. — Por quê?

Respirei aliviado.

— Não sei... é tão jovem, pensei que por ser jovem sentisse vontade de se casar outra vez... Não suportaria vê-la casada com outro homem, Anne, outro homem que não fosse eu. Não de novo.

Minha garganta secou. Estava aflito, amargurado, trêmulo.

— Anne, eu preciso...

— Você precisa aceitar, Christopher, que nessa vida nunca se pode ter tudo.

— Eu não quero tudo, você bem sabe, só quero uma coisa... você.

— Nós já nos temos, Christopher. Vivemos lado a lado, com os mesmos sentimentos de outrora e isso...

— Isso não basta para mim.

— Tem de bastar.

— ... — abri os lábios, mas as palavras me faltaram.

— Sabe, outro dia, em meio as minhas reflexões, percebi algo muito importante sobre a vida. O amor pode ser vivido de diversos modos. Não é preciso que seja necessariamente uma relação carnal. Quando amamos alguém de verdade, amamos independente de ela se deitar conosco, trocarmos beijos ou carícias... O afeto, carinho, prova de amor podem ser trocados por simples gestos, palavras, olhares afetuosos. Mais que isso, podem ser vividos pelo simples fato de saber que um está pensando no outro, que um está para o outro para o que der e vier, isso já é um relacionamento afetivo maravilhoso. Pense nisso, Christopher. Sinta essa realidade na alma. Vai lhe fazer muito bem. Bem para todos nós.

Rechacei suas palavras e disse:

— Se não fosse Victor tudo entre nós teria dado certo.

Senti mais uma vez minha língua formigar naquele instante, louco de vontade de contar para Anne o que Victor fez para nos separar. Não era mais uma vontade e sim, uma necessidade. Ainda que trêmulo disse:

— Você precisa saber Anne, você precisa saber o que aquele canalha do Victor fez para nos separar. Não é justo que você continue por fora do que aconteceu. Derramando lágrimas por ele. Você precisa saber o demônio que era Victor.

Enchi meus pulmões de ar antes de prosseguir:

— O tiro, Anne, o tiro que Victor levou na perna não se deu por causa de uma bala perdida. Foi ele quem atirou na própria perna, Anne. Para escapar da guerra e ficar ao seu lado. A notícia de que eu havia morrido na guerra foi ele quem inventou, só para me esquecer e aceitar sua proposta de casamento depois que ele a amparasse diante da minha morte. Foi tudo estrategicamente bolado por Victor para poder ficar com você.

Os olhos dela, agora cheios de lágrimas, pararam sobre os meus e com muito tato ela disse:

— Eu sei, Christopher. Já faz algum tempo que sei de tudo. Foi o próprio Victor quem me contou no leito de morte.

As palavras de Anne travaram as minhas. Senti-me pequeno de repente diante dela.

— Ainda que tudo que ele fez tenha nos separado, ainda estamos juntos, ligados de certo modo. Amparados pelo afeto que nos uniu. E isso ninguém pode nos roubar.

Ela pousou sua mão direita sobre o meu ombro e confortou-o carinhosamente:

— Guarde bem no coração o que lhe disse, Christopher. Reflita sobre essas palavras com afeto. Você vai se sentir muito melhor.

Anne retomou o caminho que eu havia interrompido. Fiquei olhando para ela, enquanto suas palavras se repetiam na minha mente.

Estava tão fora de mim que me esqueci completamente da presença de Elizabeth na casa. Do risco de ela presenciar aquela cena, entre Anne e eu, descobrir toda a verdade e se ferir profundamente. E foi de fato o que aconteceu.

Elizabeth escutou tudo em surdina e estremeceu ao ouvir aquelas palavras. Foi como se uma bomba houvesse sido arremessada sobre a sua cabeça. Antes a vida soubesse como arremessar essa bomba de forma menos dolorida. Mas qual bomba pode ser arremessada sem que se cause desgraça, dor e sofrimento? Nenhuma...

Agora, ela sabia, sabia que Anne era a mulher que tanto amei. E pior, que ainda amava com paixão. A revelação veio ao seu encontro como fortes ondas vão de encontro aos rochedos.

– Por isso... – murmurou ela, aflita. Pressionando fortemente a mão contra o pescoço. – Por isso que Christopher odiava tanto Victor. Agora, tudo faz sentido.

Creio que desse dia em diante, Elizabeth nunca mais teve paz. E eu, hoje a compreendo muito bem, não é fácil viver, praticamente sob o mesmo teto com a mulher que seu marido amado tanto deseja.

Diante da dor e do desespero que apunhalava agora o seu coração por tão delicada situação, Elizabeth achou por bem tomar uma providência urgente quanto àquilo. Antes que fosse tarde demais para ser remediado.

Depois de muito refletir, Elizabeth se viu diante da única solução disponível para o caso. A meu ver a pior de todas. A mais dolorida, a mais deprimente. Talvez Elizabeth soubesse de antemão o que sua solução causaria em mim e por esse motivo a adotou, para me fazer sofrer, pagar a duras penas, o amor que eu nunca pude lhe entregar por inteiro por causa de Anne.

Elizabeth esperou que eu estivesse no trabalho, as crianças na escola, e chamou Anne para uma conversa particular.

Assim que Elizabeth se viu a sós com ela, sentiu vontade de berrar, mostrar-lhe indignação. Mandá-la sair da casa, da cidade, do país, da vida dela e da minha e dos filhos a pontapé. Mas, estranhamente, foi a calma que predominou.

Elizabeth ficou calada, por instantes, tentando encontrar palavras adequadas para dar início à conversa. Nunca fora tão difícil para ela ir direto a um assunto. A pergunta chegou a seus lábios com tal naturalidade que ela quase não percebeu o que fazia:

— Você... você é a mulher por quem Christopher se apaixonou no passado, não é, Anne?

Houve um espasmo no olhar de Anne.

— Pode dizer — encorajou-lhe Elizabeth.

Por fim, os olhos de Anne disseram que sim.

As mãos de Elizabeth se crisparam. Depois se fecharam tanto que suas longas unhas pontudas penetraram na carne de suas palmas de forma dolorosa. Mas a tensão que caía sobre ela naquele instante como uma sombra, anestesiava a dor que elas lhe causavam.

Elizabeth respirou fundo, uma, duas vezes, até juntar novamente as palavras adequadas para expressar seus sentimentos:

— Eu amava Benedict, Anne, amava-o apaixonadamente com toda a força que me vinha da alma. E, no entanto, a guerra nos separou.

Elizabeth trincou os dentes e respirou, tensa, através deles antes de prosseguir.

— Você faz ideia do que é amar um homem, amá-lo perdidamente, querer viver a vida toda ao lado dele, com ele gerar seus filhos, vê-los crescer, namorar, estudar e se graduar, noivar, casar, ter seus próprios filhos, nossos netos... formar, enfim, uma família, linda, saudável e feliz e, de repente, logo após vocês se casarem, com o propósito de não se desgrudarem nunca mais um do outro, para poderem viver o maior tempo possível lado a lado, vem uma guerra que os separa e mais tarde destrói todos os seus planos sem dó nem piedade? Faz ideia do que é isso, Anne? De como eu me senti?

A voz de Elizabeth começava a tornar-se trêmula. Ela hesitou, antes de acrescentar, com uma expressão facial que oscilava entre a dor e o desespero:

— Foi horrível. Ainda me lembro como se fosse ontem, quando ouvi um toque na porta e pensei ser ele, meu marido, que voltara da guerra finalmente. E, no entanto, ao abrir a porta encontrei um estranho trazendo a notícia de que ele havia morrido nos campos de batalha.

Os olhos de Elizabeth romperam-se em lágrimas. Com dificuldade ela prosseguiu:

— Nós não contamos com ela, Anne. Por nenhum momento durante todos os nossos planos de vida nós jamais contamos com a interferência da morte. Jamais. E, no entanto, ela chegou sem avisar nos pregando a surpresa mais desagradável de nossa vida.

"Eu odeio a morte, Anne. Odeio-a profundamente. É mais que odiar, eu a abomino. E, no entanto, por mais que a odiemos, muitas vezes queremos nos entregar para ela sem pudor algum. Quão tolos somos nós."

A expressão no rosto de Elizabeth adquirira um ar de seriedade agora. Ela prosseguiu:

— Aí, então, quando tudo parecia acabado, para mim e para a minha filha, quando eu estava me sentindo como um navio perdido no mar, em meio a uma tempestade, sem bússola, aquele que Benedict, meu marido, implorou para que viesse atrás de mim e de Beatrice para nos dizer o quanto nos amava e não nos deixasse perdidas no mar da amargura e da miséria, atendeu realmente ao seu pedido. Fez mais do que isso, abrigou-nos em seu coração.

"E com o passar do tempo foi me libertando da dor e da saudade que sentia de meu marido morto na guerra e me dando a chance de recomeçar uma nova vida.

"Não foi somente Christopher quem me salvou dos escombros que a guerra entornou sobre nossa cabeça, Anne. Eu o salvei também... Dei-lhe a chance de voltar à vida, tomar um novo rumo, ser feliz... Eu sabia que jamais poderia substituir a mulher que ele tanto amara e não pôde se casar, sem saber na época por qual motivo, ainda assim eu estava disposta a fazê-lo menos infeliz...

"Quando tudo estava bem, aquela tragédia trouxe você, seu marido e seu filho para cá, nós os abrigamos e procuramos fazer de tudo para que se sentissem em casa."

— Eu sou muito grata a tudo o que fez por mim, Elizabeth.
— Eu sei. Por essa razão, agora da mesma forma que um dia você precisou de nós, eu preciso de você.

Elizabeth tomou ar antes de prosseguir:

— Eu amo Christopher, Anne. Amo-o de paixão. Ele é tudo o que me resta na vida. Não posso perdê-lo. Não posso, jamais, Anne, entende? Nunca fui tola, sempre soube, desde garotinha, que nada importa mais na vida do que o amor. Que só ele permanece ao nosso lado. Principalmente o amor de um homem e uma mulher, um casal. Os filhos crescem, vão embora, têm seus filhos, dedicam-se a eles, seguem seus rumos... Mas, nós, os pais, ficamos só com o nosso companheiro. É o que fica sempre para todos, o companheiro.

"Talvez você pense que tenho medo de ficar só e por esse motivo quero manter o homem que amo ao meu lado, de fato ninguém gosta de viver só. Talvez seja egoísmo... Seja qual for a explicação, eu quero Christopher ao meu lado, Anne, ao meu lado. Não vou suportar perder novamente quem amo. Não outra vez. O destino já me tirou tantas pessoas que eu amava de paixão que, às vezes, penso que nasci para viver enfrentando essas perdas, duelando com a morte, tendo sempre de encará-la olhando-me de cima abaixo com olhos de quem diz: 'de mim ninguém ganha! Nunca!'."

Ela dirigiu um olhar penetrante e angustiado antes de acrescentar:

— E por tudo isso que lhe faço esse pedido agora, Anne, e espero que você compreenda. Não há como vivermos sob o mesmo teto. Ainda que você e seu filho morem na casa colada a nossa é o mesmo que viver sob o mesmo teto. Christopher vai sempre se culpar por olhar para você e eu vou viver enciumada por saber que ele a olha... ainda que você não corresponda a nada... essa situação vai sempre doer demais em mim. Eu vou acabar me revoltando com você, descontando em você, ainda que sem querer, o ciúme que tudo isso vai me causar e, portanto, Anne, eu preciso da sua ajuda, preciso muito.

A expressão piedosa no rosto de Anne lentamente se converteu numa máscara de compaixão e solidariedade. Num tom ponderado ela perguntou:

— Você quer que eu vá embora, é isso, Elizabeth?

A resposta de Elizabeth não foi imediata. Levou quase um minuto para que ela se pronunciasse:

— Não vejo outra escolha, Anne — respondeu ela com um gesto de impotência com as mãos. — Eu sinto muito.

Havia pena, uma pena tremenda agora nos olhos de Elizabeth.

— Eu irei, Elizabeth — concordou Anne. — Partirei com meu filho.

Uma lágrima vazou dos olhos de Elizabeth, com a voz trépida ela acrescentou:

— Cliff pode ficar morando aqui conosco, Anne. Cuidarei dele como a um filho. Beatrice e ele são muito apegados, você sabe, sua partida lhe partiria o coração.

Anne deixou escapar um suspiro amargurado antes de fazer a pergunta:

— O que será de mim sem meu filho, Elizabeth?

— Tem razão — respondeu Elizabeth, com uma sombra de inquietação em seu rosto. — Que sentido tem a vida de uma mãe distante de um filho?

Elizabeth suspirou fundo e com certa tristeza acrescentou:

— Beatrice vai sofrer muito, ela adora Cliff, ama-o, como eu amo Christopher, mas... o que se há de fazer?

— Não há feridas, tampouco saudade, que o tempo não cicatrize — observou Anne com certa tristeza.

O tom que Anne usou partiu o coração de Elizabeth mais uma vez. Com dificuldade ela perguntou:

— Para onde você vai, Anne?

— Eu iria para a América viver com minha irmã e minha mãe se tivesse dinheiro suficiente para pagar as passagens de navio... Há tempos que venho sentindo vontade de visitá-las, já faz tantos anos que não as vejo... Quase dez anos... Só não fui porque...

— Você irá — interrompeu Elizabeth. — Você irá. Porque eu vou lhe dar o dinheiro para pagar as duas passagens de navio.

— Não, Elizabeth...

– Faço questão. Os Estados Unidos é um país em ascensão, será o lugar ideal para vocês morarem.

As duas mulheres calaram-se temporariamente por instantes. Por fim, Anne, disse:

– Se um dia eu conseguir juntar o dinheiro das passagens eu prometo reembolsá-la.

– Esqueça isso, Anne, por favor. É um presente meu. Para você e Cliff.

Houve uma nova pausa, então, num tom mais grave, Elizabeth falou:

– Christopher não pode saber, Anne, não pode saber nunca o verdadeiro motivo que a fez ir embora daqui. Compreende? Você também não pode partir na presença dele, Christopher não permitiria. Não deve partir também na presença dos meus filhos, eles não suportariam vê-los partindo. Então, a partida tem de ser numa hora em que eles não estejam em casa.

– Eu compreendo.

– Você deve escrever uma carta de despedida, dizendo nela o motivo que a fez partir assim tão de repente.

– Que motivo seria esse?

– Uma doença... diga que teve de partir por causa de sua irmã ou de sua mãe, que uma delas está doente, querendo muito te ver. Não escreva em hipótese alguma "adeus" na carta.

Os olhares de ambas, entristecidos, cada qual por um motivo, congelaram-se um no outro. O tempo pareceu desmoronar naquele instante por uma fresta do cosmos no abismo do nada. Anne se dirigia para a porta quando a voz de Elizabeth a deteve:

– Eu sempre gostei muito de você, Anne. Muito mesmo. Você sabe disso.

– Eu também, Elizabeth, gosto muito de você.

– Não me odeie, por favor.

– Eu não odeio ninguém, Elizabeth. O ódio não cabe em meu coração.

– Você é jovem, Anne, muito jovem, há de encontrar um homem que ainda vai fazê-la muito feliz.

– Quem sabe... Melhor não fazer planos, eles nunca saem como realmente queremos.

Capítulo 21

Laços que se rompem...

Era uma tarde cinzenta daquelas que parece que a tristeza tomou conta dos céus quando Anne e Cliff, acompanhados de Elizabeth, pegaram o trem para a cidade do porto onde pegariam o navio rumo aos Estados Unidos.

Completava-se nessa época quatro anos e meio desde que Anne havia se mudado para nossa casa.

Anne já havia escrito para a irmã avisando da sua mudança para lá.

– Onde estamos indo, mamãe? – perguntou Cliff querendo muito compreender o que se passava. – Para que essas malas? Por acaso vamos viajar?

– Sim, meu querido – respondeu Anne delicadamente. – E acredite-me, você gostará muito de fazer essa viagem. Pois ela será de navio. Vamos até os Estados Unidos da América visitar sua avó e sua tia.

– É mesmo? – empolgou-se o menino.

– Sim.

– Eu disse que você iria gostar – observou Anne abraçando o menino.

O menino levantou os olhos, e seu rosto logo se iluminou com um sorriso de ponta a ponta.

– E por que Beatrice e Ludovic não vêm conosco?

– Porque eles no momento não podem, meu querido.

A alegria que reluzia nos olhos do menino cedeu lugar à tristeza.

– Se eles não vêm conosco, que graça tem viajar?

A mãe dessa vez não respondeu, apenas acariciou a cabeça do filho, com um cafuné. Elizabeth olhava para o menino com grande tristeza. Quando seus olhos se encontraram com os dele, ela suspirou longamente e baixou os olhos. Havia uma inquietação corroendo-lhe por dentro. Um receio agudo de algo que ela não podia compreender o que era, mas que estava ali, apunhalando-lhe a alma.

O navio para os Estados Unidos já se preparava para partir quando eles chegaram ao cais.

— Nossa! Que baita navio! — exclamou Cliff, maravilhado com a imponência dos navios ancorados ali.

Com certo tremor ele perguntou:

— Nós não vamos demorar muito por lá, não é, mamãe? Não posso faltar na escola, tampouco deixar Beatrice e Ludovic sozinhos.

O comentário feriu Elizabeth. Feriu-a, profundamente.

Uma lágrima vazava de seu olho quando Anne voltou-se para ela e disse:

— Obrigada, Elizabeth, obrigada mais uma vez por tudo o que fez por nós. Eu jamais me esquecerei.

Elizabeth pousou a mão na sua face, acariciou e disse com ternura:

— Você verá, Anne, um dia você verá, que essa mudança será de grande importância para a vida de vocês dois.

Anne agradeceu com o olhar.

— Tome — acrescentou Anne, pondo uma folha de papel dobrada em quatro na mão de Elizabeth. — Anotei aqui o endereço da casa da minha irmã na América para qualquer eventualidade.

Elizabeth olhou para a palma da mão onde se encontrava o papel e disse:

— Sim. Para qualquer eventualidade.

— Não se preocupe, escreverei apenas uma carta contando que cheguei bem, sem pôr o meu endereço.

— Desculpe ter pedido que fizesse isso, mas é que se Christopher ver... receio que ele...

— Eu compreendo.

Pareceu que Elizabeth ia dizer alguma coisa, mas foi então que suas palavras foram reprimidas pelo nó que se fez em sua garganta. Percebendo sua dificuldade, Anne Campbell disse:
– Fique em paz, minha amiga. Você merece ser feliz.
– Você também.

Elas se despediram sem mais demora, Elizabeth aguardou até ver Anne e o filho subirem pela rampa que dava acesso ao navio. Então disse para si mesma:
– Vai ser melhor para os dois. Uma nova chance de vida. Até mesmo para o amor.

Então, de repente, Cliff soltou-se da mão da mãe e voltou correndo, estabanado, ziguezagueando por entre os outros passageiros que embarcavam até chegar em Elizabeth. Disse:
– Diga a Beatrice que eu volto. Que ela não se preocupe que eu volto.

Nunca Elizabeth ouvira alguém fazer uma afirmação com tanta convicção. O menino rodou nos calcanhares e tornou a subir a rampa até alcançar a mãe.

Elizabeth e Anne novamente acenaram uma para a outra. Seus olhos voltaram-se então para a folha de papel onde Anne havia escrito o endereço da irmã, ela abriu o papel e passeou os olhos pela letra miúda de Anne umas duas vezes, depois amassou o papel até fazer uma bolinha enquanto dizia para si mesma:
– É melhor não ter mais nenhum elo com os dois se eu quiser tirar Anne, determinantemente, do meio de mim e de Christopher.

Ela então arremessou a bolinha de papel no cesto de lixo mais próximo que encontrou e partiu de volta para a estação de trem.

Anne acomodou-se no navio com o filho sentadinho ao seu lado e fechou os olhos por instantes, o tempo suficiente para fazer algumas reflexões. Que a vida lhes desse forças necessárias para recomeçar e esquecer, se é que isso seria possível, de todo aquele passado cheio de feridas que deixaram tantas cicatrizes. Foi a voz do filho que a despertou dos seus pensamentos.
– Nós não vamos demorar muito, não é, mamãe? Digo, para voltar para a casa, não é?

Anne quis responder, por meio de uma mentira, mas não conseguiu. Apenas abraçou o menino com carinho e afeto maternos.

***

Foi um choque quando cheguei àquela tarde do trabalho e descobri que Anne e Cliff haviam partido para os Estados Unidos. O mesmo nível de choque que Beatrice e Ludovic sofreram.

Naquele dia, após aquela terrível colisão, o que eu mais queria era um lugar onde pudesse aterrissar suavemente minha cabeça, fechar os olhos para a realidade, esquecer-me do mundo.

Lá estava ele, disse para mim mesmo em silêncio, o destino me separando de Anne novamente a seu belo prazer. O maldito destino.

— Quando eles voltam, mamãe? — perguntou Beatrice naquele dia quando se preparava para dormir.

— Bem, filha, eu não sei dizer ao certo... Certamente que não voltarão enquanto a mãe de Anne não estiver melhor de saúde — respondeu Elizabeth numa voz oscilante.

A menina ficou parada olhando para o nada, sentindo-se estranha.

— O que foi filha?

— Uma sensação esquisita, um mal estar... tenho a impressão de que eles nunca mais voltarão para cá.

As palavras de Beatrice apertaram o nó na garganta de Elizabeth. Ela pensou em dizer algo, mas calou-se. Envolveu a menina em seus braços e a apertou carinhosamente. Depois, beijou-lhe a testa e pedi que dormisse.

Os dias seguiram confusos. Em meio a uma atmosfera pesada pairando pelo coração de minha família. Beatrice mantinha-se cada vez mais amuada, parada num canto da casa olhando com desinteresse para tudo. Ludovic também parecia triste, com uma sensação crescente de algo que ele não sabia ao certo definir e que se chamava saudade.

A verdade é que a partida de Anne e Cliff feriu a todos nós. Abriu um vazio tamanho em nossa vida. Era como se houvesse sido tirado de nós um órgão vital. Com Elizabeth a sensação não era muito diferente não.

Dias depois, eu me encontrava sentado na sala com o jornal aberto pousado no meu colo quando Beatrice veio até mim, de mansinho, como sempre, olhou fundo nos meus olhos e disse:

– Papai.

– Sim, Beatrice.

– Vá atrás dos dois, papai. Traga-os de volta.

– Eu gostaria muito, mas Anne não nos deixou o endereço da casa da mãe dela.

Ela pareceu não me ouvir. Insistiu:

– Vá atrás deles, papai, por favor. Nem que para isso seja preciso dar a volta ao mundo para encontrá-los.

Peguei com carinho o ombro dela e disse:

– Eu sei o quanto está sentindo falta deles, todos nós estamos, só lhe peço que tenha um pouquinho de paciência, logo eles voltam e tudo voltará ao normal.

Senti-me desconfortável diante das minhas últimas palavras, não sei por que elas soaram falsas aos meus ouvidos. Era como se eu soubesse de antemão que as coisas por ali, em nossa casa, na nossa vida, jamais voltariam a ser como antes.

Um mês depois chegou uma carta de Anne dizendo tudo o que Elizabeth havia lhe pedido, que estava muito feliz por se encontrar ao lado da família novamente. Que a mãe haveria de ter melhoras de saúde e que ela decidira ficar morando na América por ser uma terra de melhores oportunidades. O restante da carta foi ocupado por inúmeros agradecimentos a nós por tudo o que fizemos por eles e por Victor quando os acolhemos em nossa casa quando eles mais precisaram.

– Estranho – murmurei –, Anne não pôs o seu endereço na carta.

Elizabeth respondeu prontamente:

– Coitada, deve estar tão aturdida com a mudança que se esqueceu. Mas ela logo deve enviar uma nova carta, provavelmente um cartão no natal e dessa vez colocará o endereço para trocarmos correspondência.

Assim que Beatrice ficou sabendo da decisão de Anne de ficar morando na América, a menina rompeu-se em lágrimas e voou para o seu quarto.

A dor que desabou sobre Elizabeth ao encontrar a filha deitada de bruços na cama chorando compulsivamente provocou um corte no seu coração de mãe, um corte sem poder de cicatrização.

– Nem tudo na vida é como a gente quer, Beatrice – disse ela procurando confortar a filha. – A bem da verdade, a maioria das coisas não sai como queremos.

A menina pareceu não ouvi-la, disse com lamentação:

– Eu quero Cliff, mamãe, quero-o aqui do meu lado como antigamente.

– Você tem de ser forte, querida. Só os fortes vencem nesse mundo cruel e desumano.

– Por que, mamãe, por que eles realmente partiram daqui?

– Já disse, Beatrice, por causa da mãe de Anne que está muito doente, precisando muito da filha ao seu lado.

A voz de Elizabeth saiu arenosa e ferida. As palavras soavam arrastadas. Beatrice sempre tivera uma forte intuição para as coisas e sua intuição, por mais que tentasse repudiá-la, dizia-lhe que havia algo escuso por trás daquela razão.

– Escreva para Anne, mamãe, por favor, peça para ela voltar.

– Mas ela não nos enviou seu endereço, querida. Esqueceu-se? Quando ela tornar a nos escrever...

– Tem certeza, mamãe, que a senhora não tem o endereço deles em algum lugar?

– Não – respondeu Elizabeth sem titubear.

– Que pena – lamentou Beatrice entre lágrimas.

A mãe pegou o punho da filha o acariciou. Com ternura disse:

– Vamos aguardar a chegada do Natal, Anne certamente há de nos enviar pelo menos um cartão nessa data.

Quando os olhos da mãe e da filha se reencontraram Elizabeth assustou-se com a tristeza, o tamanho pesar a avermelhar os olhos da menina e temeu, sem saber ao certo o porquê, que aquela dor e pesar jamais fossem abandonar a garota se Cliff Dorigan não voltasse.

Os meses seguintes seguiram-se ainda mais confusos, com a sensação crescente de um vazio cada vez maior a ferir a todos nós.

O natal chegou, mas o cartão não veio. Não só ele como mais nenhuma carta de Anne. Sua atitude encheu-me de indignação.

***

A tristeza que nunca mais abandonou o rosto de Beatrice desde a partida de Anne e Cliff tornou-se ainda mais profunda. Isso me incomodou muito... como se fosse um reflexo meu num espelho.

Doía fundo em mim e creio que em Elizabeth também ver sua filha abrir a porta todos os dias esperando ver Cliff Dorigan sentando na cadeira de balanço, aguardando por ela, sorrindo para ela.

Como ele nunca estava lá, ela sentava-se na cadeira e ficava horas com os olhos pregados no portão da frente da casa agarrando-se à esperança de que, dia menos dia, o portão se abriria e Cliff entraria trazendo consigo seu sorriso encantador, os braços abertos, louco para abraçá-la, de volta para ficar.

Voltaria de vez para apaziguar a saudade que ocupava agora o seu coração e seus pensamentos.

Quando Beatrice se cansava de ter esperanças seus olhos voltavam-se para o passado, prendiam-se nele, procurando desesperadamente se envolver com as sensações prazerosas que tinha quando viveu por lá.

Muitas vezes, Ludovic ficava sentado ao lado da irmã, em silêncio, segurando a mão dela, carinhosamente. Entristecido por vê-la assim e também por sentir falta do amigo que tinha como a um irmão.

Quando não era Ludovic a lhe fazer companhia, era eu. Sentava-me ao lado dela e procurava alegrá-la contando trechos da minha vida. Beatrice aparentemente ouvia o que eu dizia, mas era apenas um disfarce, no íntimo estava distante, longe dali, ali mesmo, como se diz.

Eu ainda tinha esperanças de que Anne nos escreveria dentro em breve e assim poderíamos reatar nosso contato. A mesma esperança que devia existir no íntimo de Beatrice. Mas com a falta de notícias de Anne, com o passar dos meses, nem o envio de uma carta, muito menos um mero cartão postal, minha esperança começou a se ruir por inteira e creio que a de Beatrice também.

A saudade de Cliff desenvolveu uma anorexia aguda em Beatrice que a definhou, foi necessário um tratamento e acompanhamento médicos intensivos. Era como se ela houvesse se tornado a própria saudade em forma de gente. E saudade dói, saudade mata. Já ouvira alguém dizer, mas jamais pensei que fosse verdade.

Foi então que compreendi que o afeto nos afeta bem mais do que pensamos.

Com o estado de saúde agravante da filha, Elizabeth foi se corroendo de remorso por ter exigido que Anne se prestasse àquilo tudo para poupar seu casamento.

Uma exigência que não só separou Beatrice e Ludovic do amigo que tanto amavam, como separou a própria Elizabeth do menino que amava como a um filho.

O fato de me ver sofrendo agora por pensar que Anne havia sido ingrata para conosco também perturbou as grutas do seu coração. Elizabeth me amava, amava-me de paixão e ver-me sofrendo a feria tal e qual eu era ferido.

A dor e o remorso de Elizabeth atingiram o pico quando o médico achou por bem internar Beatrice num hospital. Só ali ela poderia ser melhor assessorada diante do seu estado de saúde cada vez mais grave.

A transferência de Beatrice para o hospital arranhou a alma de Elizabeth até lhe tirar sangue, levando-a quase ao desespero que beirava à loucura, de tanto remorso. O desespero foi tanto que na manhã do dia seguinte à internação ela se levantou da cama disposta a encontrar Anne e Cliff e trazê-los de volta para a casa. Mas por mais que tentasse localizá-los não conseguiu. Os Estados Unidos eram um país muito grande, vasto. Havia muitos nomes homônimos.

Foi então que desejou infinitamente jamais ter jogado fora o papel onde Anne havia anotado seu endereço na América. Restou somente lamentar em segredo o que fez...

Assim que eu saía do meu trabalho ia direto para o hospital ficar com minha menina. Era nesse momento que Elizabeth podia voltar para casa, tomar seu banho, preparar nossa refeição e chorar sua desventura em segredo. Ela então voltava para o hospital fingindo-se de forte, mas destruída cada vez mais por dentro.

Diante daquela situação tão delicada de nossa vida, eu, em vez de me voltar para Deus, pedindo sua intervenção em favor de Beatrice, voltei-me, na minha ignorância, contra Ele. O que só serviu para piorar as coisas, percebo hoje.

Voltei-me também contra Anne por ela nunca mais ter enviado uma carta para nós, por ter cortado de vez o contato conosco. O ódio que eu já sentia por Cliff triplicou-se, afinal, era por causa dele que minha Beatrice estava sofrendo daquele jeito.

Quarta semana de internação.

– Como ela está – perguntou-me Elizabeth assim que chegou ao hospital.

– Na mesma – respondi do local que sempre ocupava enquanto estava ali: em pé ao lado da cama, passando delicadamente a mão pelos cabelos louros ondulados de minha menina.

Minha resposta foi de encontro ao seu coração como uma flecha embebida em vinagre.

– Se algo acontecer com minha filha... – murmurei com certo ódio.

Ela me olhou gravemente e disse:

– Nada vai acontecer com Beatrice, nada, Christopher. Vire essa boca para lá.

Engoli seco, mas meus olhos brilhavam agora de ódio. Explodi:

– A culpa por tudo isso é de Anne, totalmente de Anne. Jamais pensei que pudesse ser tão ingrata para conosco, justo conosco que a ajudamos quando ela mais precisou. Não é à toa que ela se casou com aquele demônio... Agora entendo bem o porquê... Os dois se merecem.

Elizabeth lançou-me um olhar atônito. Jamais, por momento algum, passou pela minha cabeça que o desespero que eu via no fundo dos seus olhos tivesse motivo mais profundo. Se soubesse, teria certamente perdido a minha cabeça.

— Quanto tempo mais vai demorar para a tia Anne e o Cliff voltarem, papai? — perguntava Ludovic mais uma vez
— Eles não voltarão mais, Ludovic.
— Não?
— Não. Nunca mais.
— Por que, papai?
— Porque são uns ingratos. Uns mal-agradecidos.
— Mas eu queria tanto revê-los, papai. Assim como Beatrice...
— Esqueça-se deles, Ludovic. Para sempre. Será melhor para todos nós.

Aquelas palavras eram dirigidas especificamente para mim. Diretamente para mim. Para que eu não mais sofresse de tristeza e ódio pelo que Anne fez do nosso destino.

O baque maior que recebemos desde a internação de Beatrice se deu no dia em que o médico que a atendia chamou-nos de lado e explicou:

— Tudo o que estava a meu dispor, a dispor da medicina, eu já fiz para ajudar a filha de vocês. Agora só nos resta contar com Deus para que ela melhore. Eu sinto muito.

Elizabeth agarrou-se em mim e me apertou enquanto se derramava em lágrimas doridas de profundo desespero. Eu também chorei, profundamente e sentido enquanto procurava confortá-la em meus braços trêmulos pelo desespero.

***

Beatrice estava mais uma vez recolhida nos seus pensamentos, recostada em dois travesseiros com os olhos voltados para o passado, a época em que foi feliz ao lado de Cliff e de todos nós quando a *voz das sombras* lhe fez uma visita. Surgiu do nada, como sempre, e começou a dialogar com ela.

Sim, Beatrice também a ouvia e levou muito tempo para que eu descobrisse que todo ser humano podia ouvi-la, se permitisse, logicamente.

Certamente Beatrice não chamava a voz de *voz das sombras*, atribuía aquela voz ao amigo invisível que desde pequena aparecia para conversar e brincar com ela. A voz começou dizendo algumas palavras que fizeram com que sua mente voltasse a serenar. E quando serena ela estava, a voz disse:

Não é só você quem sofre de saudades, Beatrice. Que se vê submissa a uma saudade insana. Há muitas outras pessoas sofrendo de saudades tanto quanto você.

Não foram somente seus planos que não puderam ser realizados, o de milhares de pessoas também não pôde ser. Mas precisamos nos manter fortes quando a nossa vida sai fora dos trilhos porque se ela voltar a trilhar o caminho certo estaremos ainda inteiros para viver o que tanto sonhamos.

Pare de falar com Deus sobre os seus problemas e mostre Deus para os seus problemas.

Abra os olhos para ver que você não é a única que sofre. Você não é a única nem nunca será.

Abra os olhos. Não se deixe atolar na saudade, no ressentimento ou na mágoa.

Abra os olhos! Refaça-se urgentemente.

Pare de se concentrar somente no seu umbigo. Cresça e apareça para si mesmo. Peite a vida.

Abra os olhos. Os olhos do coração e da mente. Arregace as mangas, estenda a mão ao próximo. Veja quanta gente precisa de você. Ofereça-lhes uma palavra amiga, um gesto de carinho, um pouco de calor humano.

Seu físico é saudável para fazer o que o físico devastado pela guerra de um combatente não lhe permite fazer mais. E ainda assim muitos fazem. Continuam a fazer. Algo admirável e impressionante.

Enquanto você se encerra dentro do seu quarto por saudade de uma pessoa amada, saudade do futuro que você tanto sonhou viver ao lado dela e não pôde, milhares de pessoas precisam de você, do seu afeto, de suas palavras, de seu calor humano, de suas habilidades. Não se encerre dentro da amargura.

Não se encerre dentro do egoísmo.
Abra os olhos!
Quando nos permitimos dar a volta por cima de mãos dadas com a esperança podemos transpor barreiras intransponíveis.
Mas a esperança e a fé não estão contidas no simples ato de dizer: eu tenho fé e esperança. Não basta apenas querer acreditar que tem fé e esperança. Pois tudo isso é bem diferente de ter fé e esperança de verdade em seu coração. Só quando elas são expressas é que são notáveis e miraculosas.
Portanto, permita-se experimentar esse poder miraculoso que há dentro do ser humano e que afeta tudo dentro e fora, acima e abaixo, tudo enfim, ao redor do Ser.
Com essa permissão você pode desatar os nós que se fizeram por motivos diversos ao longo de sua existência. Desatar os nós que a impedem de ser feliz em qualquer área de sua vida.
Assim, você renascerá não só das cinzas que um acontecimento desagradável transformou-a. Mas renascerá para níveis e sentidos que compõem a vida que a ignorância e o comodismo não lhe deixa enxergar.
Abra os olhos para ver que você não é a única que sofre. Você não é a única nem nunca será.
Abra os olhos. Não se deixe atolar no ressentimento e na mágoa.
Abra os olhos! Refaça-se urgentemente.

Apos essa interessante palestra com a *voz das sombras* Beatrice foi restabelecendo gradativamente sua saúde, fazendo-a vencer de vez a anorexia aguda e nervosa que lhe afetara.

Decidiu ajudar creches e orfanatos, pessoas, enfim, necessitadas, em vez de ficar presa e soterrada pela saudade que sentia de Cliff Dorigan.

Cliff certamente sentiria orgulho dela no dia que voltasse, por ela ter compreendido que ninguém deve se encerrar na dor, seja por qual motivo for, num mundo onde tantas pessoas passam fome, vivem na miséria, perdem-se pelos corredores da vida.

Precisam, enfim, da ajuda do próximo. Principalmente daqueles que tem saúde e vigor para prestar ajuda.

Beatrice jamais pensou que estender a mão ao próximo pudesse fazer alguém sentir-se mais íntegro e útil à vida.

Em certos momentos chegou a sentir vergonha de si mesma por ter vivido aquele período enfurnada dentro de casa, doente de saudade enquanto havia milhares de crianças em orfanatos e creches, idosos em asilos precisando de uma ajuda, uma palavra amiga, um ombro para chorar, uma mão para apertar.

Foi com grande orgulho que Beatrice anunciou para nós que havia decidido tornar-se professora. Que nada lhe agradaria mais do que seguir a carreira de professora. Apoiamos sua decisão.

– Que bom, filha, que bom que você se recuperou – desabafou Elizabeth, entre lágrimas. Apertando a filha com grande força. Sentindo um sopro de alívio ecoar por todo o seu corpo.

Capítulo 22

Seguindo em frente...

Já havia se passado sete anos desde que Anne e Cliff haviam partido para a América. Nunca mais permiti que fosse tocado o nome dos dois naquela casa, não podia permitir, não depois de todo o transtorno causado pela partida de ambos e o modo como Anne se comportara.

Era uma tarde serena de outono quando Elizabeth dirigiu-se até a janela, que enquadrava o mundo que ela chamava de cruel e desumano, e ficou ali, mais uma vez, invadida pelo ódio que sentia da vida por não lhe ter permitido reparar o que depois de ter feito considerou um erro, seu maior engano: mandar Anne e Cliff embora de sua casa, de nossa vida por ciúme.

A sensação que Elizabeth tinha era a mesma que um soldado tem ao se ver nos campos de batalha, a única diferença era que os campos eram a sua mente e os ataques inimigos, provocados por si mesma, por meio do sentimento de culpa, remorso e ódio contra si mesma e a vida.

– Mamãe... – disse Beatrice, com dezoito anos nessa época, chegando silenciosamente junto dela. – O que há?

Elizabeth lançou um olhar amedrontado em direção à filha, mordiscando os lábios para não chorar.

– Há tempos venho percebendo que a senhora não está bem. Nada bem, na verdade. O que há?

– Impressão sua, filha.

Beatrice considerou por um momento antes de sugerir:

– Abra-se comigo...

Elizabeth enrubesceu contritamente. Disse:

— Não é nada, minha querida, ando apenas cansada...

A filha pousou a mão no ombro da mãe e quando conseguiu virá-la na sua direção espantou-se ao ver seu rosto todo riscado de lágrimas. Ela chorara calada e deveria chorar calada em muitos momentos. Ela acolheu a mãe num abraço caloroso e repleto de amor.

— Oh, mamãe querida, o que lhe aflige tanto?

Elizabeth tentou dizer, mas sua voz se perdeu entre as lágrimas.

— Chore, mamãe, pode chorar, o choro é como uma chuva que cai sobre nós quando deixamos transformar o nosso interior especialmente o nosso coração num deserto árido e solitário.

Elizabeth recuou o rosto, olhou fundo nos olhos da filha parecendo ansiosa para lhe falar.

— O que há?

— Abra-se comigo.

Elizabeth soltou um suspiro nervoso. Seus lábios tornaram-se a mover, mas nenhuma palavra conseguiu atravessá-los. Elizabeth deixou-se então sentar no sofá, mergulhou o rosto entre as mãos e rompeu-se num choro convulso.

— O que há, mamãe, o que a martiriza tanto?

O silêncio caiu sobre o recinto de forma inquietante. Elizabeth procurou se controlar, sentiu que era preciso, o desespero de nada adiantaria.

Ainda trêmula e com a voz trepidante, Elizabeth tomou coragem para dizer o que sentia ser necessário, há muito que ela almejava desabafar com alguém e a filha que tinha também como uma amiga, sua melhor amiga, seria a pessoa ideal.

— Você tem razão, Beatrice, há algo me perturbando drasticamente, roubando-me a paz e já faz longos anos, talvez, quem sabe, desabafando com você eu possa me sentir melhor do que me sinto agora. O que me martiriza tem a ver com a partida de Anne e Cliff desta casa.

A jovem olhou para a mãe ainda com mais atenção.

— O motivo que fez com que eles partissem desta casa não passa de uma tremenda mentira.

A jovem enviesou os olhos.

— A mãe de Anne nunca esteve doente. Apenas foi dito que estava para servir de motivo para a sua partida para a América assim tão de repente. Anne partiu desta casa porque eu pedi a ela que partisse e nunca mais nos escreveu, tampouco enviou seu endereço, porque eu também pedi que não o fizesse.

— A senhora?

— Sim, eu. Espero que você possa compreender os motivos que me levaram a fazer o que fiz e quem sabe me perdoe.

Elizabeth contou para a filha toda a verdade sobre Anne e eu. O porquê não pudemos nos casar e tudo o mais.

— Eu não podia, Beatrice — continuou ela em tom de suplica —, eu não podia lhe contar a verdade porque ela comprometia você, minha querida, mas eu juro, eu juro por tudo que há de mais sagrado que fiz de tudo para que Cliff ficasse morando conosco... Eu sempre gostei dele como se fosse um filho, você sabe disso, mas Anne não quis partir sem ele, como ela mesma disse: o que seria dela sem o menino? O que é uma mãe sem seu filho? E ela tinha razão, toda razão...

"Jamais pensei que você, minha querida, fosse sofrer tanto com a partida do menino. Não só você como todos nós. Juro por tudo que há de mais sagrado que fiz o possível e o impossível para localizar Anne na América, mas não obtive sucesso.

"Eu quis morrer de arrependimento, remorso, ódio de mim mesma por ter agido dessa forma... A sua dor não foi a única, meu anjo, a minha foi tanto quanto a que você sentiu, acredite-me, tanto quanto..."

— Oh, mamãe, que situação delicada a senhora passou... — observou Beatrice com muita pena de Elizabeth. — A senhora deve ter sofrido muito. Guardando tudo isso dentro da senhora, em seu coração... Por que não me contou antes?

— Eu quis, quis muito, mas senti vergonha. Medo também de que você se revoltasse contra mim, filha. Tornasse minha vida um caos ainda maior do que já estava.

Beatrice pegou na mão da mãe e a apertou com carinho.

— Revoltar-me contra a senhora, mamãe? Nunca. Que filho pode se revoltar contra seu pai, sua mãe? Nenhum. Devem sua vida a eles, seu sustento... ainda que esses tenham cometidos erros devem ser perdoados... Como diz Jesus ⬜Perdoai-vos como eu vos perdoei".

— Só me pergunto se a senhora não se precipitou.

— Precipitar?

— Sim. Digo isso porque papai gosta muito da senhora, ama-a de paixão, posso ver em seus olhos, em seus gestos, qualquer um vê. Creio que ele a ama bem mais do que a senhora pensa, bem mais até do que ele próprio pensa.

Elizabeth olhou para a filha com olhos de "será?".

— Sim, papai a ama e a senhora vai saber disso um dia, com certeza. Ele também.

— Perdoe-me, filha querida — suplicou Elizabeth —, perdoe-me pelo que fiz, por favor.

E antes que ela continuasse, Beatrice tornou a envolver a mãe num abraço caloroso. Procurando transmitir por meio dele o perdão que ela não conseguiu dizer em palavras. Mãe e filha ficaram assim por um longo e profundo tempo.

Então subitamente, o rosto de Beatrice enrijeceu-se e ela recuou o corpo olhando fundo nos olhos da mãe. Disse:

— Papai não pode saber nunca o que a senhora fez, mamãe, se souber vai odiá-la profundamente.

— Eu sei... Mas você tem de compreender que eu só fiz o que fiz para proteger meu casamento.

— Eu sei... agora acalme-se, por favor.

A filha sentou-se na ponta do sofá enquanto Elizabeth sentou-se no chão com o rosto deitado no colo de Beatrice, que alisava seus cabelos procurando transmitir o máximo conforto para aquela mulher que se tornara sua mãe naquela reencarnação e que precisava tanto de conforto.

Dizem que os pais são postos na vida de seus filhos para lhes ensinar preciosas lições, libertá-los de transgressões do passado e inspirar confiança. Mas o inverso também é verdade. Muitos filhos vêm para os pais para fazer o mesmo por eles.

Deus sempre põe alguém na família, um espírito mais evoluído para que sirva de guia para os demais. Daí o porquê de muitos pais aprenderem mais com os filhos do que os filhos com os pais.

— Um dia ele virá, mamãe. Entrará por aquele portão sorrindo encantadoramente como sempre.
— Ele? Ele quem, Beatrice?
— Cliff Dorigan.
— Como pode saber?
— Uma voz, na minha mente, me disse.
Elizabeth não entendeu... mas Beatrice continuou:
— E nesse dia, mamãe, poderemos finalmente viver em paz.
Elizabeth engoliu em seco; a palavra paz ecoou de forma estranha em seu cérebro.
Os anos se passaram e o segredo de Elizabeth, guardado agora, por ela e a filha, permaneceu a sete chaves, como ambas haviam combinado.
Nesse período, só restaram dentro de mim ressentimentos em relação à Anne. Tinha a certeza agora de que havia me enganado redondamente quanto a sua pessoa, seu caráter, sua sinceridade...
Estava mais do que certo de que Anne nunca me amara como dizia, que nossa história nunca passara de uma simples história, eu é que havia compreendido as coisas de forma errônea... Precipitei-me nas minhas conclusões.
A nossa história poderia ser descrita perfeitamente com o ditado: não era amor, era inverno... Sim, apenas um inverno denso e rigoroso.
O amor que eu acreditava sentir por Anne tornou-se ódio, um ódio que se assemelhava muito ao que ainda sentia por Victor Dorigan, mesmo depois de ele ter desencarnado. Um ódio que parecia não ter fim...

E a vida seguiu em frente

por entre lágrimas silenciosas...

Capítulo 23

Saudade um dia também parte

O ano era 1937. Ludovic, então com dezoito anos vivia o esplendor da adolescência. Tornara-se um moço forte e bonito. Ele havia desistido de praticar natação, algo que tanto amava, por minha causa, ou melhor, por minha ignorância, apesar disso, a natureza lhe concebeu um porte atlético.

Agora ele tinha um rosto mais maduro, olhos da mesma cor do cabelo castanho encaracolado, que chegavam a brilhar como dois faróis tamanho encanto pela vida toda vez que o seu velho sorriso cativante, simples e infantil despontava em sua face.

Já estava cursando o segundo ano da faculdade de Direito, local onde conheceu Vivienne Primorak, jovem da mesma idade que ele, de rosto lindo e angelical, profundos olhos cinzentos, por quem se apaixonara à primeira vista.

Ao fim do primeiro diálogo entre os dois, Ludovic pediu a jovem em namoro e ela, que também havia se apaixonado por ele, disse sim.

Eu via em Ludovic os mesmos olhos que vi em mim quando me apaixonei por Anne. Era como se visse o espelho de mim mesmo refletido em meu filho.

A semelhança era tanta que em certos momentos eu chegava a ficar apreensivo, receoso de que meu adorado filho sofresse o mesmo que eu sofri no amor por causa de um mau-caráter como Victor Dorigan.

Realizava-se na cidade onde morávamos um campeonato de natação. Ludovic sentiu vontade de assisti-lo. Ele poderia ter deixado de nadar, mas não perdera o interesse pelo esporte.

Os competidores já haviam sido anunciados quando ele conseguiu se sentar na arquibancada. De longe, os nadadores lembravam peixes nadando na velocidade de um raio. Admirável de se ver. Término. O narrador anunciou o vencedor: Cliff Dorigan.

Ludovic mal podia acreditar no que ouvira. Cliff Dorigan, seria ele mesmo? Ludovic saltou imediatamente da arquibancada e saiu apressado em direção aos vestiários do clube.

"Meu Deus, será ele mesmo, depois de tantos anos", perguntava-se enquanto apertava o passo. "Deixe Beatrice saber disso. Ela vai morrer de felicidade."

— Cliff! — chamou Ludovic assim que o avistou.

O jovem, um espécime belo e robusto, voltou o olhar para trás com cautela.

— Ludovic Angel?! — exclamou Cliff, lançando-lhe um olhar apreciativo.

Um sorriso cativante correu de orelha a orelha nos dois rapazes. Ambos correram na direção um do outro e se abraçaram fortemente. Cliff tinha agora ombros largos, típico dos que se dedicam à natação com garra e determinação, rosto ligeiramente bronzeado pelo sol norte-americano, e olhos azuis esverdeados, que pareciam ter se tornado ainda mais azuis e esverdeados com a maturidade.

— Não é que é ele mesmo? — murmurou Ludovic, encantado.
— Ludovic, meu bom e velho Ludovic Angel, quanto tempo...
— Anos...
— Que saudade...
— Como vai?
— Bem e você, seu pai, sua mãe...
— Bem...
— E Beatrice...
— Bem também.

A resposta saiu um tanto quanto vaga.

— Como pode vir aqui e não nos dar um alô? — perguntou Ludovic.

— É lógico que iria procurar por vocês — respondeu Cliff sem faltar à verdade. — É que ainda não tive tempo.

Cliff estava sendo sincero. Reencontrar os Angel, especialmente, Beatrice, era o motivo principal por trás de todo o seu esforço para se tornar um grande nadador. Somente tornando-se um dos melhores é que ele teria condições de participar dos torneios na Europa, podendo assim atravessar o oceano sem ter de desembolsar uma quantia de dinheiro que não tinha.

Jurara de pés juntos para a mãe que não se atreveria a procurar ninguém da família Angel, mas fora um juramento em falso, não era de seu feitio, mas no caso fizera somente para deixar Anne despreocupada. Por mais que procurasse, não conseguia compreender o porquê da mãe querer manter distância da família Angel se eles pareciam querer-lhes tão bem.

– Vamos tomar alguma coisa – sugeriu Ludovic.

– Vamos. Antes preciso tomar um banho e me vestir. Você espera?

– Lógico!

– Ótimo.

Meia hora depois, Cliff Dorigan e Ludovic Angel encontravam-se sentados num *pub* jogando conversa fora.

– Que bom que você não desistiu da natação – comentou Ludovic com admiração.

– Devo isso a vocês, lembra? Foi você e Beatrice que me estimularam a continuar nadando, a persistir no meu sonho. Estava tão arrasado com a morte do papai que se vocês não tivessem me estimulado a continuar, certamente teria abandonado a natação. Se sou o que sou hoje é graças a vocês dois e a sua mãe e seu pai, logicamente, que pagavam naquela época por minhas aulas de natação.

"Guardo eternamente no coração tudo o que sua família fez pela minha, Ludovic. Por ter nos recebido em sua casa quando mais precisamos. Naquele momento tão difícil de nossa vida."

Ludovic acolheu o reconhecimento do amigo com grande carinho.

– E os Estados Unidos, como é? – perguntou a seguir, demonstrando grande interesse.

– É um país encantador. Minha mãe não poderia ter escolhido lugar melhor para vivermos. Se bem que foi muito triste no início,

eu não queria ficar morando por lá de jeito nenhum, queria voltar para cá, para você e para Beatrice o quanto antes, cheguei até a ficar doente...
— Beatrice também ficou doente com a sua partida.
— E ela, como está?
— Levando a vida, creio que nunca mais foi a mesma depois que você partiu...
— Nem eu.

O tom de Cliff tornou-se sério a seguir:
— Foi por causa dela, Ludovic, por causa de todos vocês que eu me esforcei, dia e noite, para chegar aonde cheguei, tornar-me um grande nadador, pois só os melhores poderiam participar dos torneios de natação na Europa. E só dessa forma eu teria como voltar para cá, cruzar o oceano sem gastar para poder revê-los.
— Especialmente Beatrice — completou Ludovic.
— Sim. Doeu demais em mim a saudade que senti dela, além do fato de eu não ter tido condições financeiras para vir até aqui encontrá-la. Foi a dor, Ludovic, acredite-me, que me fez me esforçar com unhas e dentes dia após dia, noite após noite para chegar aonde cheguei.
— Vocês precisam se ver, Cliff...
— Eu sei, anseio por esse encontro há oito longos anos.
— Será uma grande surpresa para ela, se bem que Beatrice sempre soube que você voltaria um dia... Intuição feminina, creio eu.

Um sorriso bonito iluminou a face do nadador. A seguir, os dois jovens falaram alegremente sobre o campeonato e os estudos. Depois, sobre o amor.
— Você precisa conhecer Vivienne, Cliff. É minha pequena. Com quem quero me casar o quanto antes. Ando ligeiramente ansioso e apreensivo, pois amanhã vou pedir o consentimento do pai dela para noivarmos.
— Que maravilha, meu amigo. Não vejo razão para preocupação.
— O homem é páreo duro. Um daqueles ossos duro de roer.
— Dê as mãos para Deus, meu irmão, e tudo há de dar certo.

— Deus o ouça. — E, aprofundando o olhar sobre o amigo, Ludovic perguntou: — Você nunca foi tão apegado a Deus como me parece agora.

— Tem razão. Mas foi em Deus que eu encontrei amparo para encarar as mudanças que lamentavelmente vieram ao meu encontro.

Ludovic apreciou mais uma vez as palavras do amigo, pegou no punho direito dele pousado sobre a mesa, apertou-o com carinho e tornou a enfatizar:

— Que bom, Cliff, que bom que você voltou! Que bom que estamos juntos novamente e desta vez para sempre.

O amigo sorriu mais uma vez emocionado pelo reencontro.

***

Beatrice, com 19 anos, estava sentada no balanço de madeira quando os dois rapazes chegaram na casa.

Seu corpo frágil de menina agora era um corpo delicado de mulher, observou Cliff, encantado. O contorno dos ombros, a coloração rosada de seu pescoço circundado por uma distinta corrente de ouro e os lábios levemente rosados por uma fina camada de batom transformavam-na numa daquelas belas moças pintadas pelos grandes pintores renascentistas.

Quando seus olhos encontraram-se com os de Cliff Dorigan, ele estava passando pelo pequeno portão que dava acesso ao jardim que cercava a bela casa da família Angel. A sombra de Ludovic que olhava para a irmã com grande entusiasmo.

Beatrice levantou-se imediatamente do velho balanço de madeira e nesse instante seus lábios finos e delicados se abriram num misto de surpresa e alegria. Lábios que Cliff sentiu vontade enorme de poder acariciar com as pontas dos dedos. De beijá-lo e por meio desse beijo declarar todo o seu amor. Um amor que sempre existiu, desde criança, e que jamais se perdeu, mesmo após todos aqueles longos anos de separação. Pelo contrário, só cresceu, lindo e viçoso.

Ambos se olharam em silêncio, por alguns instantes, querendo guardar ternamente e eternamente na memória aquele reencontro tão aguardado, tão querido. Um reencontro que provocava uma aceleração do pulso, uma ativação do sangue, uma súbita vontade de explodir de alegria.

Cliff deu mais um passo na direção de Beatrice, mas parou de repente, diante da sensação de que o mundo, o seu pelo menos, rodopiava, ficava de cabeça para baixo, tomado de uma súbita e gloriosa felicidade. Por fim, correu até ela e a abraçou fortemente, desesperado e feliz.

— Ah, Beatrice, Beatrice, minha adorada Beatrice... — Houve uma pausa. Quando voltou a falar, sua voz saiu tímida, frágil: — Como eu aguardei por esse dia.

A jovem de cabelo claro e brilhante, pele rosada, olhos azuis, brilhantes, profundos, manteve-se calada, respirando fortemente, enquanto Cliff a apertava ainda mais com seus braços.

Ludovic assistia a tudo com lágrimas nos olhos e o coração batendo cada vez mais feliz.

Um minuto depois, Cliff afastou-se de Beatrice e admirou seus olhos, ambos se admiraram.

Por instantes o silêncio de ambos pareceu dizer mais do que todas as palavras que poderiam se juntar para expressar o que um sentiu com a ausência do outro. Quando Beatrice falou, sua voz soou tão transparente e frágil que parecia que suas palavras se partiriam, se ele a interrompesse no meio da frase.

— Eu nunca duvidei que esse dia chegaria, Cliff. Eu sempre soube que ele viria para nós dois no momento certo.

— No momento certo — repetiu ele com grande admiração na voz.

Ele então aventurou-se a buscar seus lábios, quase tremendo. E foi assim que eles trocaram o primeiro beijo, inocente e delicado.

Enquanto isso, Ludovic, entrou na casa à minha procura. Lançou-me um olhar amedrontado assim que me viu sentado na sala, na minha poltrona habitual. Pude perceber de imediato que a inquietação lhe comia por dentro.

— O que houve, Ludovic? — perguntei também me sentindo inquieto.

— É Cliff, papai, Cliff Dorigan. Ele voltou...

Arrepiei-me por inteiro.

— Cliff, o filho de Anne? — perguntei sem esconder o espanto.
— Sim, papai. O filho de Anne e Victor Dorigan. Ele está lá fora conversando com Beatrice. Os dois mal podem se conter de tanta felicidade por se verem juntos novamente após todos esses anos.

Eu estava surpreso.
— O que faz ele por aqui? Quando chegou?

Ludovic explicou-me detalhes de como eles dois haviam se reencontrado.
— E Anne, como está Anne, Ludovic. O que ele disse sobre ela? — perguntei sem esconder a ansiedade.

Meu filho olhava-me agora com certa surpresa:
— Cliff disse que ela está bem.

Ludovic pareceu querer dizer alguma coisa, mas mudou de ideia assim que seus lábios se moveram. O silêncio se fez presente entre nós. Enquanto meu pensamento oscilava entre Anne e Cliff, sombreamente. Por fim disse:
— Eu não quero esse rapaz aqui em casa.

Minhas palavras foram recebidas por Ludovic com grande impacto.
— Ele não ficará aqui, papai — respondeu ele. — Está hospedado no alojamento para esportistas.

Bufei.
— Como Beatrice é tola — resmunguei. — Receber esse rapaz de braços abertos depois de tudo que ele lhe causou.
— Eu pensei... — Acrescentou Ludovic denotando admiração: — Que o senhor fosse ficar feliz por Cliff ter voltado.
— Feliz?! Ora, Ludovic, poupe-me. Como posso ficar feliz com a volta de alguém que fez tão mal a minha filha?! Filho da mulher que nunca mais nos deu notícias... Não teve um pingo de consideração pelo que fizemos por ela, pelo filho e pelo marido.
— Mas, papai, Cliff voltou porque...
— Cliff? — surpreendeu-se Elizabeth entrando na sala. — Cliff voltou, como assim?

Profunda ruga barrava-lhe a testa agora.
— Sim, mamãe, Cliff está de volta, não é maravilhoso? Está lá fora, na varanda, conversando com Beatrice.

Elizabeth levou a mão ao peito.
— E Anne? Ela está com ele?
— Não, mamãe, Cliff veio para a Europa sozinho. Está participando de um campeonato de natação.
Elizabeth engoliu em seco.
— Não é uma surpresa e tanto? — indagou o filho.
Elizabeth não conseguiu responder, por alguma razão, a voz lhe faltou naquele instante.

***

Quando Beatrice entrou na sala puxando Cliff Dorigan pela mão somente eu me encontrava ali. Elizabeth havia voltado para a cozinha antes que a assadeira de pães que estava assando se queimasse. Ludovic havia ido arrumar alguma coisa em seu quarto.
— Veja, papai, quem está aqui — disse Beatrice assim que encontrou meus olhos. — Cliff, papai, não é maravilhoso?
A voz de Beatrice soou alta e contente. O meu olhar, impessoal e sem a menor curiosidade, cruzou com o de Cliff Dorigan. Meu mundo não caiu nesse instante, desmoronou e se perdeu na vastidão do nada. Beatrice pediu licença e partiu em busca da mãe. Restou apenas nós dois ali, incomodados.
— Senhor Angel? — disse Cliff, com certo medo transparente na voz. Veio na minha direção e me estendeu a mão.
— Como vai, sr. Angel?
Eu ignorei seu gesto.
— O que quer aqui, rapaz? — perguntei com asco.
— Vim vê-los, saber como estão, pensei que gostariam também de me ver.
Meu olhar de crescente descaso desarmou o sorriso trêmulo de sua face bronzeada.
— Você e sua mãe foram uns ingratos — desabafei. — Acolhemos vocês na nossa casa quando mais precisaram e, no entanto, partiram sem nunca mais sequer nos enviar um mísero cartão. Fiquei extremamente decepcionado com sua mãe. Não esperava que fosse assim tão mal-agradecida.
Cliff engoliu seco, baixou os olhos e disse:

— Peço desculpas por mim e por minha mãe. Não sei por que ela reagiu assim, o senhor está certo, seu gesto não foi nada polido.

— Minha filha ficou doente por anos por causa de vocês, por pouco não morreu.

— Eu também senti muito, mas...

Cortei-lhe a frase ao meio:

— Agora você volta e quer novamente entrar na nossa vida, principalmente na de Beatrice, como se nada houvesse acontecido, quem pensa que é? Você já a fez sofrer demais. Por pouco não a levou à morte.

— Não vim antes, sr. Angel, porque não tinha condições financeiras, só vim agora porque estou no campeonato de natação, mas acredite-me, se tivesse tido dinheiro teria vindo muito antes. Se não escrevi mais foi porque também não obtive resposta de vocês.

— Nunca chegou uma carta sua aqui sequer.

— Mas eu as escrevi, minha própria mãe é quem as remetia por mim pelo correio. Se elas não chegaram foi porque se extraviaram pelo caminho. Depois de muito esperar por uma resposta resolvi desistir de continuar escrevendo, mamãe acreditou que seria melhor, pois a falta de resposta às minhas cartas era sinal de que vocês não queriam mais contato conosco. Ainda assim quis muito voltar para revê-los, especialmente Beatrice... e por essa razão, esforcei-me para participar deste campeonato de natação, pois sabia que seria o único modo de eu conseguir atravessar o oceano.

— Quanta conversa fiada — atalhei impetuosamente.

Cliff, em vez de se defender, como pensou fazer, preferiu fazer a pergunta que estava na ponta da sua língua, pronta para ser dita há muitos anos, mas, que com firme disciplina, recolhia-a para dentro de si novamente.

— Por quê? — perguntou ele lançando-me um olhar inquisitivo e triste. — Por que o senhor sempre me olhou de esguelha, sr. Angel, por que nunca gostou de mim?

— Bem, é... — tossi ao me atrapalhar com as palavras.

— É como se eu trouxesse à sua lembrança algo muito desagradável — acrescentou ele pausadamente. — Só gostaria de saber o quê exatamente. O quê? Pois pelo que me lembro nunca lhe faltei com respeito, pelo contrário, sempre o respeitei como a um pai. Admirei seu caráter, sua compaixão para conosco e, no entanto, o senhor me trata como se eu tivesse feito alguma coisa de muito grave contra o senhor. O que, sr. Angel? O que fiz eu exatamente para ser tratado assim pelo senhor?

Havia lágrimas agora nos olhos do rapaz. A voz ainda me faltava. Nós nos olhamos em silêncio por um longo e delicado minuto.

Por trás da porta do gabinete, Elizabeth matinha-se incógnita e ouvia o pequeno diálogo que eu havia travado com o rapaz. Seu coração estava a essas alturas cada vez mais opresso, fatigado e causticado.

Somente me contando o que ela fez no passado para me separar definitivamente de Anne é que eu poderia compreender que Anne nunca me fora ingrata, tampouco seu filho.

Que as cartas que Cliff pediu à mãe para serem enviadas não foram nunca enviadas por ela para que não houvesse mais elo entre as duas famílias como ela havia pedido a Anne.

Mas dizer a verdade para mim seria o mesmo que colocar um ponto final ao nosso casamento, acreditava Elizabeth, pois eu certamente não a perdoaria por ter forjado toda uma história para pôr Anne Campbell o quanto antes distante de nossas vidas.

– É melhor eu partir – disse Cliff, rompendo aquele silêncio inquietante.

– Vá – respondi com azedume –, antes que me aborreça ainda mais com a sua presença.

Foi bem nesse momento que Elizabeth tomou coragem para entrar na sala. Encheu o peito de ar e entrou exibindo toda a calma que era capaz de fingir.

– Cliff? – disse ela emocionada.

– Dona Elizabeth – respondeu o rapaz com a voz embargada de emoção.

– Como vai, querido?

Lágrimas riscavam o rosto de ambos quando se viram frente a frente, olhos nos olhos.

— Estava com saudades da senhora, de todos vocês — falou o rapaz sem faltar com a verdade.
— Nós também, Cliff.
Ela passou a mão pelo rosto bem escanhoado do jovem e perguntou:
— E sua mãe, como está?
Balançando a cabeça ele respondeu:
— Bem, muito bem.
— Estimo.
Nisso Beatrice voltou para a sala, vestida agora para sair. Havia uma luminescência em sua face que havia muito não se via. Voltou-se para Cliff e perguntou:
— Vamos?
Ele concordou com a cabeça, com um sorriso singelo e acanhado.
Cliff despediu-se primeiro de Elizabeth, com grande comoção, depois de mim, em voz baixa, agradecendo-me pelo pouco tempo que havia gasto com ele. Eu apenas escutei, sem manifestação alguma. Para quebrar o gelo, Beatrice disse algumas palavras corriqueiras para a mãe e partiu com o rapaz.
Fez-se um breve silêncio até que Elizabeth voltasse para mim, que permanecia em pé, parado rente à janela, com mil adagas me apunhalando o pensamento. Fazendo uso de certa ponderação, ela disse:
— Ele voltou, Christopher — havia alívio na sua voz, agora. Um alívio imenso. — Como Beatrice sempre disse que um dia ele voltaria.
Voltei-me para ela com os olhos ardendo de ódio.
— Não quero esse rapaz aqui — afirmei com acidez. — Não gosto dele. Nunca gostei. Nem dele, nem do pai dele, nem da mãe dele... Seria melhor que ele nunca tivesse voltado. Nunca!
Elizabeth manteve-se calada. O alívio havia cedido lugar para o desespero.

Capítulo 24

Pelas cinzas das horas

O ar estava quase estático e Cliff e Beatrice caminhavam ao longo da praia, abraçados pela cintura.

As palavras de Cliff eram capazes de fazer todas as ansiedades de Beatrice desaparecerem. Tudo perder a importância. Era como se houvesse apenas os dois no mundo e entre as estrelas do infinito.

– Eu sonhei tanto com esse momento – desabafou ele com afeto.

A voz dele se perdeu em uma torrente de emoção. Beatrice apertou-se a ele e disse:

– As suas lágrimas não eram as únicas. Eram minhas e as minhas eram suas... Afinal, no fundo, no fundo, a lágrima nunca é só de quem chora...

Um brilho se fez presente por trás dos olhos embaçados daquele rapaz na flor da idade.

– Durante os momentos de desespero – continuou Cliff: –, eu pensava: se a vida nos uniu, não pode ter nos separado sem ter um pingo de consideração pelos nossos sentimentos. Portanto, ela há de nos unir novamente. E eu estava certo, aqui estou novamente diante de você, Beatrice. Como eu tanto almejei durante todos esses anos em que permanecemos longe um do outro.

"Agora estou diante de você para dizer, antes que seja tarde, que eu a amo, Beatrice. Amo-a desde a primeira vez em que a vi. No dia em que soube que eu jamais a tiraria do meu pensamento e do meu coração. É com você que eu quero ter os meus filhos, fortes e saudáveis, frutos do nosso amor... Isso obviamente se você aceitar se casar comigo."

Ela abriu os olhos surpresa.

— Casar com você? — perguntou num misto de alegria e espanto.

— Sim, por que, você não quer?

— É lógico que eu quero, Cliff. É o que mais quero na vida.

Ele a abraçou e a beijou com carinho e afeto.

— O que há? — perguntou ele diante da ruga que pairava na testa de sua amada mulher.

— É meu pai, precisamos revelar nossa intenção para ele com muito tato, receio que ele...

Ele completou a frase por ela:

— Não goste.

Ela olhou para ele com certa apreensão. Cliff prosseguiu:

— Seu pai, com certeza, não vai gostar dos nossos planos, porque ele não gosta de mim.

— Não diga isso.

— Digo sim, Beatrice. Ele não gosta de mim, nunca gostou. Só não entendo por quê.

— Não o compreenda mal, papai voltou transtornado da guerra. É por essa razão que as vezes ele é meio estúpido.

— Não sei, não. Creio que há um motivo mais profundo por trás disso tudo.

Beatrice apreensiva mordeu os lábios. Sentiu imensa vontade de revelar o que nunca poderia ser revelado ao seu amigo que se tornou um irmão e depois seu grande amor.

— Vamos preparar o terreno — prosseguiu ela — para que quando a notícia for dada, papai a absorva sem choque.

— Está bem, se você acha melhor assim, eu aceito. Faço tudo o que você quiser Beatrice, tudo.

O casal apaixonado ficou ali abraçado um ao outro enquanto as ondas mansas rolavam, uma por uma, provocando um ruído tão contínuo, que soava como o rugir de um vento distante.

A lua já ia alta no céu quando Beatrice voltou para a casa. Encontrou-me na sala, no meu lugar habitual. Ela percebeu de

227

imediato que eu a estava esperando para ter uma conversa muito séria.

— Você sabe o que eu penso a respeito desse rapaz, não sabe, Beatrice? Não só a respeito dele, como da mãe dele, não?

Ela não disse sim nem não. Apenas suspirou pesadamente.

— Não devemos rotular as pessoas, meu pai.

— Meu julgamento é certo, porque me baseio em fatos.

O rosto dela suavizou-se com um sorriso fatigado antes de observar:

— Ainda assim, meu pai, os fatos podem nos pregar peças. Como um truque mágico em que você pode jurar que vê o que de fato não está vendo.

Meu rosto contraiu-se. Beatrice veio até mim, beijou meu rosto, disse boa-noite e deixou a sala, levando consigo aquela leveza que só o amor no seu esplendor pode despertar na alma humana.

Naquela noite, adormeci pensando na reaparição de Cliff Dorigan em nossa vida. Elizabeth adormeceu pensando em Anne, sentindo-se cada vez mais desconfortável, apunhalada na alma, por me fazer pensar que Anne e o filho haviam sido ingratos para comigo, para com toda a nossa família. Temendo que as consequências negativas dessa mentira viessem a atrapalhar a união de Beatrice e Cliff, no que ela de fato estava certa.

No dia seguinte, Beatrice era outra pessoa, mais feliz, mais mulher. Qualquer um podia notar. Ela e Cliff encontraram-se novamente pouco antes de ele seguir viagem com sua equipe para participar de mais uma fase do campeonato de natação que se daria noutro país.

Ludovic estava também diferente, feliz e, ao mesmo tempo, preocupado. Pois o dia de pedir a mão de sua jovem amada Vivienne estava prestes a acontecer.

***

Como combinado por Vivienne, seu pai, Sir Leonard Primorak, recebeu Ludovic em sua belíssima mansão construída na área mais nobre da cidade.

O dono da casa encontrava-se aconchegado numa das confortáveis poltronas da sofisticada sala com lareira da sua mansão quando Ludovic foi levado até ele por Vivienne.

Ludovic teve de suportar mais uma vez o doloroso aperto de mão daquele que seria o seu futuro sogro.

Sir Leonard Primorak deveria ter não mais que quarenta e quatro, quarenta e cinco anos de idade. Sua aparência era de uma pessoa bem cuidada. A pele pálida, os dedos curtos e os olhos, que de vez em quando tinham um brilho de fanatismo, longe de atrair, repeliam. Seu modo de falar era brusco e severo.

Ludovic, esfregando o queixo bem barbeado com o dedo indicador, mostrava-se cauteloso diante dos olhos cinzentos e argutos do dono da casa que avaliavam o rapaz pensativamente.

– Venho até aqui para pedir permissão ao senhor para noivar sua filha – disse Ludovic, no seu doce de voz habitual.

Leonard Primorak examinou o rapaz de cima abaixo por instantes, surpreso com a sua determinação. E tornou a soltar mais uma baforada fedida de seu cachimbo antes de se expressar:

– Pois bem, meu rapaz. Se este é o seu desejo...

A ansiedade de Ludovic era tanta que ele sequer deu tempo para que o homem terminasse o que dizia. Sua frase atropelou-lhe as palavras, abruptamente:

– Meu maior desejo, meu senhor.

Ao perceber que fora deselegante ao cortar ao meio as palavras de Sir Leonard, Ludovic tratou logo de se desculpar:

– Desculpe por tê-lo interrompido.

O homem manteve-se em silêncio, um silêncio desconcertante, olhando gravemente para o rapaz. O comportamento de Ludovic Angel fora injustificável na opinião de Leonard Primorak. Para ele, o certo seria terminar a conversa ali com um ponto final bem dado. Algo, no entanto, o fez ser paciente suficiente para perdoar aquele lapso do rapaz e dar continuidade à conversa:

– Pois bem, como estava prestes a dizer, antes de ser indelicadamente interrompido pelo cavalheiro, se quer noivar minha estimada filha traga seus pais até minha casa para conhecê-los.

— Se isso o agrada, senhor — respondeu Ludovic, prontamente —, trarei-os aqui.

— Aprecio sua compreensão, meu rapaz.

Vivienne voltou-se para o pai com um sorriso cobrindo sua face, lindamente. Leonard também se sentiu feliz, ver a filha feliz era, aparentemente, o que mais o agradava.

O dia marcado por Leonard Primorak conhecer a família de seu futuro genro se deu no fim de semana seguinte. Chegamos à mansão da família com pontualidade britânica.

Vivienne estava adorável como sempre, usando um vestido de gola alta, que realçava seus cabelos avermelhados, longos e brilhantes. Recebeu-nos com toda a delicadeza.

Chegou então o momento de nos apresentar a seu pai. Quando me vi diante de Leonard Primorak por pouco não fui ao chão. Apesar da idade avançada, pude reconhecê-lo perfeitamente, tratava-se do filho de William Primorak, aquele homem arrogante e perverso que desafiou Victor Dorigan para aquele duelo estúpido no passado e que, por ter perdido, quis atirar nele pelas costas e teria conseguido matá-lo caso eu não estivesse ali observando-o e não tivesse sido rápido com o gatilho atirando contra ele para impedir seu gesto.

Trecho da minha vida que eu tanto me arrependi de ter vivido, pois se eu não tivesse salvado Victor Dorigan daquela desforra ele jamais teria me separado de Anne com sua farsa.

Era incrível que mesmo depois de todos aqueles anos eu ainda tinha vivo na memória o encontro com aquele personagem. Principalmente o modo como ele me olhou após eu ter atirado contra o seu pai para salvar Victor da morte.

Estremeci de medo, pavor, na verdade, de que Leonard Primorak se lembrasse de mim e se revoltasse contra a minha família por causa daquele episódio do passado, e acabasse proibindo sua filha de noivar o meu amado Ludovic, estragando assim a felicidade de ambos que nada tinham a ver com aquele desentendimento do passado.

Dito e feito. Parece até que Leonard leu os meus pensamentos. Voltou-se novamente na minha direção olhando fixamente em meus olhos e comentou:

– Curioso, tenho a impressão de já conhecê-lo.

Estremeci novamente por dentro das minhas vestes. E apelei para todas as forças superiores que dizem existir, as quais havia muito perdera a fé, que impedissem aquele homem de se lembrar quem eu era. Tinha de tomar cuidado, uma palavra em falso poderia reativar a sua memória, pondo tudo a perder.

Disposto a desviar seus pensamentos, virei o rosto e fiz um comentário banal:

– Bonita a propriedade, a brisa do mar deve chegar aqui de forma muito agradável.

– De fato – respondeu-me Leonard, estudando-me com o olhar. – É quase um privilégio morar neste local.

Assenti procurando não mais encarar o dono da casa nos olhos. Que alguém lá em cima houvesse ouvido minhas preces.

Leonard se pôs a contar algumas das passagens que vivera ali desde que seu pai comprara a casa. Enquanto isso, eu sentia mais uma vez o meu sangue esquentar, meus pensamentos se romperem de ódio, um ódio abissal por Victor Dorigan. Maldito. Ordinário. Mesmo estando morto ele ainda continuava a me atormentar sem dó nem piedade.

Não só a mim como aos meus filhos queridos. O arrependimento por tê-lo salvo daquele duelo foi capaz de apertar minha garganta fazendo-me faltar o ar. Idiota, imbecil, xingava-me. Você deveria tê-lo deixado morrer. Morrer naquele duelo, seu idiota, estúpido.

Victor havia destruído minha felicidade com Anne e, agora, estava prestes a destruir a felicidade do meu filho tão amado. Aquilo não era justo, não era...

– O almoço está servido, meu senhor – anunciou o mordomo dos Primorak.

Leonard voltou-se para nós e, com um gesto polido, indicou-nos o caminho com as mãos. Sentamos cada qual na cadeira que o mordomo nos indicou e o almoço teve início.

Durante o almoço, o inevitável voltava a acontecer, meus olhos se cruzavam com os do dono da casa e eu podia ver que ele ainda me estudava atentamente procurando nos arquivos de sua memória quem eu o lembrava, ou de onde me conhecia.

Elizabeth percebeu minha tensão e chegou a cochichar discretamente no meu ouvido:
— O que houve? Você está apreensivo.
Voltei-me para ela e, entre dentes, comentei:
— Depois falamos a respeito.
Ludovic ergueu o seu copo com vinho branco disposto a fazer um brinde ao seu noivado com Vivienne. Todos os presentes à mesa acompanharam o seu gesto. Foi nesse momento, quando eu impunha a taça cheia de vinho para alto que o dono da casa compreendeu por que meu rosto lhe era tão familiar.

Por um instante Ludovic pensou que Leonard Primorak estivesse com o rosto se contorcendo de emoção pela grande ocasião. Só então, subitamente, compreendeu que se tratava de uma emoção muito diferente. Era raiva.

Quando a cor voltou, violentamente, ao rosto de Leonard, ele se inclinou na minha direção e disse, com cólera e frieza:
— Agora sim, eu me lembro de onde conheço o senhor.
— Será que não está me confundindo com outra pessoa? — menti. Foi a única solução que encontrei em meio ao desespero.
— Não! — respondeu ele secamente — gravei bem sua fisionomia bem como seu nome: Christopher Angel.

E num gesto brusco, o homem empurrou a cadeira para trás e se pôs de pé.
— Fora! — vociferou, gesticulando para que eu, minha esposa e meu filho e minha filha saíssemos. — Fora, fora.

Era exatamente como se ele estivesse espantando galinhas.
— Papai! — exclamou Vivienne chocada com a reação repentina do pai.
— Cale-se, Vivienne. Sei muito bem o que estou fazendo.

Vivienne prendeu a respiração ao se ver diante das palavras ameaçadoras do pai. Sabia que os homens de sua família tinham o temperamento quente e que por causa disso já haviam se envolvido em situações perigosas, mas jamais havia presenciado algo de corpo presente.

Ludovic olhava para a cena petrificado. Tentei intervir:
— Podemos conversar, o que houve faz tanto tempo, por que...
O homem o interrompeu rispidamente:

– Certas coisas, sr. Angel, o tempo jamais apaga. E é bom mesmo que não apague para que nos precavamos contra pessoas da sua índole, do seu caráter. Agora, fora daqui, já! – E voltando-se para Ludovic ordenou: – E você, rapaz, nunca mais se aproxime da minha filha, por que se fizer eu o mato.

Caminhei até Ludovic e o puxei pelo braço.

– O que está acontecendo – perguntou ele atônito.

– Eu lhe explico no caminho de casa – respondi –, agora é melhor irmos.

Assim que deixamos o recinto, Vivienne voltou-se para o pai, com o rosto todo riscado de lágrimas e disse:

– Papai, pelo amor de Deus, não faça isso contra mim.

– Faço pelo seu próprio bem, Vivienne. Você é o que tenho de mais precioso na vida. Não vou permitir que se case com um canalha.

– Ludovic não é um canalha – protestou a jovem lamuriosa.

– É filho de um, e isso para mim basta.

– Eu o amo.

– O pai desse jovem por pouco não matou o seu avô, meu pai!

A seguir, Leonard contou para a filha tudo o que se passou no duelo. No fim, disse:

– Eu amava meu pai, Vivienne, amava-o profundamente. Era a pessoa que eu mais admirava na vida. Você não sabe, não faz ideia do que foi vê-lo recebendo aquele tiro que feriu-lhe a mão para o resto da vida. Foi como se a bala houvesse acertado a minha mão. Doeu-me na alma.

– Mas o sr. Angel fez o que fez para defender o amigo, o vovô ia atirar nele pelas costas...

– Por honra da nossa família.

– Isso não é certo.

– Você é muito jovem para saber o que é certo e o que não é.

Ele aproximou-se da filha, ergueu-lhe o queixo e quando os olhos dela encontraram-se com os dele, o pai fez um alerta:

– Não procure nunca mais ver esse rapaz, pois se eu souber que vocês estão se encontrando às escondidas eu sou capaz de vigiar seus passos. Mais que isso, sou bem capaz de prendê-la nesta casa.

"Você encontrará um jovem bem apessoado para casar dentro em breve. Ou melhor, eu mesmo vou providenciar isso."

As palavras secaram na garganta da filha.

***

Como havia prometido, assim que nos assentamos no carro expliquei para Ludovic por que Leonard havia reagido daquele modo. Quando terminei a explicação, Ludovic comentou, mas para consigo mesmo do que para qualquer um de nós que se encontrava no interior do veículo:

— Como? Como esse homem pode guardar ressentimento por algo cometido há tanto tempo?

A pergunta bateu forte em mim, sem saber ao certo por quê.

— Mas isso não pode ficar assim, não pode... — acrescentou Ludovic com pesar.

Beatrice entrelaçou sua mão na dele e apertou forte e delicadamente, ao mesmo tempo na esperança de lhe transmitir algum conforto.

A seguir, o silêncio caiu sobre nós como um punhal. Eu estava mais uma vez entregue aos meus pensamentos que chegaram a sangrar de ódio e indignação.

"Victor", novamente comentei em silêncio. "É sempre ele... mesmo depois de morto me causando problemas. Parece uma cruz, que eu tenho que carregar até o resto da minha vida. Como se não bastasse todos os problemas que já me causou, agora afeta meu filho. Demônio! Maldito o dia em que fiquei amigo daquele infeliz."

***

Aquela noite não pude dormir direito, procurava desesperadamente por uma solução para aquele triste caso, e a única que encontrei foi tentar conversar a sós com Leonard Primorak. E foi o que fiz assim que tive oportunidade.

Tornei a suplicar a ele que permitisse que o meu filho continuasse a namorar sua filha. Mas ele foi reticente mais uma vez:

— Somente por cima do meu cadáver.

Bufei de indignação. A seguir afirmei:

— Não pode ser que o senhor guarde tanto ressentimento dentro de si por algo que aconteceu há tanto tempo.

O homem lançou-me um olhar penetrante e questionou-me:

— Ponha-se no meu lugar, sr. Angel, seria capaz de esquecer um fato tão desagradável como o que ocorreu conosco no passado, ou com qualquer outro semelhante, através dos anos?

A pergunta me deixou sem chão. Se eu dissesse que sim estaria mentindo. Se eu dissesse que não, só serviria para fortalecer sua opinião. Engoli seco. O amargor tomou lugar na minha alma.

Mas não durou muito, apagou-se assim que resplandeceu em minha mente o rosto lindo e iluminado de Ludovic apaixonado por Vivienne, louco para viver a vida ao seu lado como eu sonhara viver ao lado de Anne. Isso me fez lutar mais uma vez pela felicidade do casal. Disse:

— Será que não percebe o quanto sua filha vai sofrer com tudo isso, ela ama Ludovic tanto quanto ele a ama. Por favor, reconsidere sua decisão, em nome do amor...

— Quero que o amor se exploda! Encontre uma cova qualquer num cemitério mais fuleiro que existir na face da Terra e se enterre por lá para que nunca mais nos faça escravos dele.

— Por favor, eu lhe imploro.

— Pois continue implorando se gosta de perder seu tempo com causas perdidas.

— São dois jovens que nada têm a ver com o que aconteceu conosco no passado. Por que eles têm que pagar por algo que não fizeram parte? Por que seu ódio tem de ser transferido para o meu filho? E indiretamente para a sua filha? Por quê?

Rompi-me em lágrimas. Aquelas perguntas, já as ouvira em algum trecho de minha existência. Quando? Onde? Em relação a quem? Pareciam que eram feitas mais para mim do que para Leonard Primorak.

— Fora da minha casa! — trovejou Leonard, no cume da tolerância. — E nunca mais me procure para se prestar a esse papel ridículo.

Li em seu olhar que ele queria me provocar com as palavras e atiçar ainda mais a minha indignação diante do fato. Tentava me fazer perder o controle e saltar sobre ele para que assim tivesse um motivo a mais para impedir a união de Vivienne e Ludovic. As palavras que ele usou caíram sobre mim como um punhal disposto a me tirar a vida:

— Não era somente Victor Dorigan quem deveria ter morrido naquele duelo, sr. Angel, o senhor também deveria ter morrido.

Nunca alguém desejara a minha morte, se sim, nunca havia dito em palavras tão reticentes como aquelas. Jamais, em toda a vida pensei que fosse tão amargo ouvir alguém desejar a morte de alguém. Do mesmo modo que eu vivi longos anos de minha vida desejando a morte de Victor Dorigan.

— Saia! — gritou ele, descontrolando-se.

Resisti, mantendo meus olhos entorpecidos de lágrimas sob os seus.

— Se não sair por bem — salientou ele —, sairá por mal. A pontapés.

— Eu não tive culpa — insisti mais uma vez. — O único culpado por tudo aquilo foi Victor Dorigan. Esbravejei.

— Saia! — bramiu Leonard furioso.

Nesse momento, o mordomo se pôs entre nós.

— Meu senhor, por favor, queira se retirar — pediu-me cortesmente. — Será melhor.

Acatei sua ordem imediatamente, o homem estava com a razão, era melhor sair agora antes que eu piorasse as coisas.

Assim que o mordomo se viu novamente na frente do seu senhorio, Leonard ordenou:

— Se por acaso aquele rapaz, ou o pai dele, ou qualquer um de sua família for visto na propriedade sem o nosso consentimento atire neles, atire para matar. Pois um tiro, ainda que fatal, pode ser dado para proteger nossa morada. Qualquer tribunal concordará com isso.

O empregado assentiu com o olhar porque aquele era o seu papel, mas intimamente desaprovou totalmente a ordem.

***

Voltei para a casa pensando no triste e humilhante episódio que vivera há pouco. Perguntando-me a cada cinco minutos como alguém podia ser tão rancoroso. Guardar tanta mágoa em relação a algo feito no passado?

Diante da pergunta que não queria calar dentro de mim. Eu procurava desesperadamente por uma resposta quando percebi que ela se voltava para mim por meio de um eco: Como pode alguém guardar tanta mágoa e rancor em relação a algo cometido no passado? Como?!

Ah, se eu tivesse tido maturidade suficiente na época para perceber que Leonard Primorak era um espelho de mim mesmo. Agindo comigo do mesmo modo que eu agira com Victor Dorigan e a vida em si. Carregando o passado dentro de mim como uma doença que nunca pode ser curada porque não permitimos que seja.

É incrível como exigimos do outro o que nós próprios não nos damos. E quando o outro não nos dá, entorpecemo-nos de indignação.

Tão cego estava diante do fato que eu só conseguia me prender ao ódio que sentia por Victor Dorigan que crescia em proporções inimagináveis dentro de mim provocando-me até espasmos e bruxismo durante o sono.

Um ódio que me fazia querer vingança daquele que agora carregava o seu sobrenome: Cliff Dorigan. Seria capaz de dar nele todos os socos que eu tanto quis dar em Victor. Ainda que isso machucasse Anne. Ainda que isso machucasse Beatrice.

Ludovic lançou-me um olhar de pânico assim que me viu entrando em nossa casa.

— E então papai? — perguntou ansioso.

Meus olhos disseram tudo.

— Esse homem é um louco! — explodiu Ludovic indignado. — Doente. Onde já se viu guardar ressentimento por algo que se passou há tanto tempo? Transferir para nós, que nada temos a ver com o fato, algo que não nos compete. Isso é insano. Imoral.

Elizabeth suspirou fundo. Beatrice também. Sem saber ao certo por que, o olhar de ambas em mim incomodou-me profundamente.

— Mas isso não vai ficar assim, papai. Não vai. Não pode — acrescentou Ludovic sentando-se na ponta do sofá e mergulhando o rosto entre as mãos.

Eu me vi novamente na expressão e nas palavras de Ludovic. Infelizmente, aquilo que eu menos queria que acontecesse com meu filho estava acontecendo. A vida repetia com ele a mesma desgraça que acontecera comigo e com Anne no passado, e o que era pior, mais uma vez por culpa de Victor Dorigan.

— Poderíamos fugir — comentou Ludovic ressurgindo do silêncio.

— Leonard Primorak é um homem poderoso — expliquei. — Iria ao inferno se fosse preciso para encontrá-los. Seria capaz de matá-lo a sangue frio e dizer que foi em legítima defesa para se ver livre de você de uma vez por todas.

— Ainda assim...

— Ainda assim — afirmei seriamente —, você vai ter de se controlar, não quero meu filho, que eu amo tanto, envolvido em algo que possa prejudicá-lo. Até mesmo matá-lo. Ainda que seja em nome do amor.

— Papai tem razão, Ludovic — acudiu Beatrice. — É melhor se controlar, deixar a poeira assentar... Quem sabe com o tempo o pai de Vivienne mude de ideia.

— É isso mesmo, filho — acudiu Elizabeth —, vamos dar tempo ao tempo.

— Como ele pode ser tão estúpido — tornou Ludovic tomado de indignação — para não perceber que o pai dele estava errado, que iria matar tio Victor injustamente. Que o senhor só fez o que era certo para proteger o seu amigo inocente.

O silêncio novamente caiu sobre nós de forma pesada. Havia agora mais tristeza no ar do que o próprio ar.

Eu, mais uma vez estava com ódio da realidade, por ela estar sempre erguendo mais barreiras do que o ser humano pode transpor.

Aquela reviravolta dos acontecimentos era demasiada insana.

Eu que havia tempos deixara de rezar, voltei a orar daquele dia em diante para que Ludovic encontrasse a serenidade no meio daquele caos emocional.

Incrível como nós só saímos do orgulho e do ceticismo quando nos vemos diante de uma situação delicada.

Havia se passado dois dias desde os últimos acontecimentos e Ludovic estava mais uma vez a sós com seus pensamentos, largado numa das cadeiras da varanda sombreada refletindo sobre o injustificável e inaceitável comportamento de Sir Leonard.

As palavras do homem continuavam vivas em sua mente perfurando sua pele como se fossem uma coroa de espinhos. Cansado de especulações inúteis, Ludovic adormeceu. Acordou, cochilou novamente e voltou a adormecer. Quando o encontrei, já estava desperto, olhando, como sempre, desde o triste episódio, sem interesse algum para a vida. Sentei-me ao lado dele e passei a mão por seu cabelo procurando com o meu carinho confortá-lo. Ele suspirou fundo, tenso, procurou sorrir para mim em agradecimento pelo gesto, por estar ali ao seu lado, mas logo voltou a se congelar naquela posição triste e melancólica.

Nos dias que se seguiram, ficou cada vez mais evidente que Ludovic estava ficando distante do perfeito domínio de suas faculdades mentais. Apenas um fio o impedia de perder a cabeça por completo: o amor que sentia por Vivienne. O mesmo tipo de amor, na mesma intensidade que foi capaz também de me fazer lutar na guerra para preservar a minha própria vida.

Encontrei-o mais uma vez sentado na varanda. Seus olhos castanhos, tão lindos de se ver, agora estavam cheios de sombras latejantes... Olhos que eu fazia o possível para não olhar para não sofrer ainda mais de pena por ver meu filho sofrendo.

Procurei confortá-lo como fazia quando ele era criança e acordava assustado no meio da noite por causa dos trovões ou de um sonho mau. Ele pareceu-me que ia dizer alguma coisa, mas começou a chorar.

Somente quando se viu mais calmo é que conseguiu expor seus sentimentos:

— Eu amo Vivienne, papai, amo com toda a minha alma. Do mesmo modo que tio Victor amava tia Anne e o senhor ama a mamãe.

Só a menção do nome de Anne modificou a cor do meu rosto e me fez mergulhar nas lembranças. Quando dei por mim Ludovic me encarava, seriamente, procurando repetir pela terceira vez a pergunta que havia sido inconscientemente rechaçada por meus ouvidos.

— Você a ama, não ama, papai?

Por alguns segundos eu não sabia a quem ele se referia. Diante do meu olhar assustado e da crescente angústia que eu me esforçava em esconder, Ludovic tornou a repetir:

— Você a ama, não a ama, papai? Foi por amor, não foi, que o senhor se casou com a mamãe, não é mesmo?

Olhei para ele sem saber o que dizer. Baixei os olhos para o chão para que ele não notasse o meu desespero. Estava ali uma pergunta que ninguém nunca havia me feito, nem a própria Elizabeth, nem eu mesmo. A resposta que dei para o meu filho, não foi, a meu ver, verdadeira, mas foi dita por eu ter percebido que nenhum filho gostaria de saber que seu pai não ama sua mãe como parece. Eu mesmo não gostaria de descobrir isso a respeito dos meus pais.

— Sim, Ludovic — disse eu cautelosamente —, eu amo sua mãe.

Ele pareceu apreciar minha resposta assim como se aprecia o sabor de uma fruta. Quando ele se abraçou junto a mim, o rosto de Elizabeth tomou conta da minha mente, então, de repente, foi sobreposto pelo rosto de Anne e em seguida mais uma vez pelo de Elizabeth. E a pergunta de Ludovic tornou a ecoar em minha mente:

"Você a ama, não a ama, papai? Foi por amor, não foi, que o senhor se casou com a mamãe, não é mesmo?"

***

A lua já ia alto no céu quando Beatrice foi até o quarto do irmão para ver como ele estava. Insistiu mais uma vez para que ele comesse alguma coisa, já que há dias recusava-se a jantar.

Ele estava deitado na cama com as costas apoiadas nos travesseiros contra a cabeceira. Ela sentou-se ao seu lado, sorriu com graciosidade e perguntou no seu mel de voz:

– Não acha melhor comer alguma coisa, mano?

Ele respondeu impondo outra pergunta:

– Eu não entendo a vida, um dia tudo está bem, no outro tudo fica de pernas para o ar. Por quê?

– Sabe, mano, a vida às vezes sai realmente fora do eixo, mas isso é apenas uma fase. Tome-me como exemplo, eu amava Cliff e quase morri quando a vida nos separou. Se uma luz não tivesse me feito perceber que quando a vida não segue conforme queremos, devemos e podemos seguir em frente da melhor forma possível, eu não teria tido a oportunidade de rever Cliff e viver tudo de bom que estou vivendo ao lado dele agora.

As palavras da irmã pareceram surtir algum efeito positivo no irmão.

– Ouça-me – acrescentou Beatrice seriamente, elevando a voz. – O que é para ser, será. Ninguém desvia o destino. Enquanto o destino que tanto quisemos e ainda queremos dar para a nossa vida não acontece, a vida nos oferece outras formas de sermos felizes. Pode reparar, só não vê essa verdade quem não quer. Quem é petulante e arrogante.

Ludovic baixou o olhar, agarrou-se fortemente à irmã e rompeu-se em lágrimas. Os dois ficaram ali congelados naquela posição, abraçados um ao outro como duas crianças que se reencontram após longas horas de separação.

Enquanto isso, Vivienne na sua casa cercava-se de saudade, dor e desespero.

Capítulo 25

Nem que o mundo caia sobre mim...

Dias depois, sem poder se conter de saudades de Vivienne, Ludovic decidiu ir atrás dela na sua casa. Procurou um lugar que desse para subir no muro (um alto e resistente muro de tijolos à vista) e saltá-lo sem ser visto. Assim que conseguiu, seguiu por um caminho estreito que tinha fim num gramado junto à casa. Era uma tarde alaranjada, daquelas que já se pode avistar a lua bastante nítida no céu.

Vivienne parece ter pressentido sua chegada, pois naquele exato momento deixou seu quarto para fazer um passeio nas imediações da edificação. Assim que ela o viu correu em sua direção e o abraçou fortemente. Os lábios dela estavam brancos quando ele a confortou em seus braços e ele percebeu que nunca vira tanto terror num rosto humano.

— O que foi, meu amor? — perguntou ele sentindo seu coração disparar tanto quanto o dela. Ela o fitou por um minuto com um olhar profundo e comovente, por fim disse:

— Você só pode estar louco entrando aqui assim de surdina. Se o meu pai o pega aqui, ele é capaz de matá-lo.

— Corro qualquer risco para poder te ver, ficar ao teu lado, nem que seja por um mero minuto.

Ludovic tomou alguns segundos para admirar a jovem. Ela ainda se conservava linda, apesar da palidez e das olheiras que o choro e as noites maldormidas haviam lhe deixado no rosto.

Estar com ela entre seus braços era para Ludovic como se os seus sonhos houvessem adquirido carne, a mesma que sentia sob a sua pele.

Quando ela fez menção de se soltar do seu corpo, ele a segurou mais firme. Não queria se desprender dela, soltá-la seria o mesmo que se soltar de uma boia que segura alguém sobre a superfície do oceano.

– Não aguentava mais de saudades de você, Vivienne – desabafou Ludovic quase chorando. – Temi desesperadamente que nunca mais pudesse vê-la.

Aquele desabafo fez com que ela se apertasse ainda com mais intensidade a ele.

– Com o tempo – acrescentou Ludovic –, seu pai há de mudar de ideia quanto a nossa união.

– Você não conhece papai, se o conhecesse, pelo menos um décimo da sua personalidade, saberia que ele nunca vai mudar de ideia e desistiria de mim, de nós.

– Eu ainda tenho esperança de que ele mude de ideia. Esperança é o elixir da vida. Sem ela nada se faz possível.

– Quisera eu alimentar a esperança dentro de mim, mas...

– Não se dê por vencida, meu amor. Se me ama não desista do nosso amor.

– Eu não desisto. Amo você mais que tudo, mais que a mim mesma, mas meu pai é um homem duro e irreversível. Suas decisões são irretratáveis.

– Ele há de mudar.

– Não mudará.

– Deus há de nos ajudar. Se nos uniu e despertou em nós esse amor sem limites que enobrece nossa alma, há de nos ajudar a ficar juntos.

Ela suspirou pesado, calou-se por instantes, depois disse:

– É coincidência demais...

– O que é coincidência demais?

– Você ser justamente filho do homem que atirou em meu avô.

– Meu pai só atirou em seu avô para defender o amigo, Vivienne. Seu avô ia matá-lo injustamente.

– Eu sei. Mas com tanta gente que há no mundo, por que eu fui me apaixonar justamente por você e você por mim? Dentre tantos rapazes que havia no pátio da faculdade aquela tarde, por que tinha de ser justamente você quem apanhou no ar o meu chapéu quando ele passava por você levado por aquela forte rajada de vento?

— Porque tinha de ser eu o homem da sua vida. O chapéu tirado da sua cabeça pelo vento foi apenas um pretexto que a vida usou para nos unir.

— Ainda assim é coincidência demais — ecoou Vivienne pensativa.

— Coincidência demais, não nego. É como se a vida quisesse de fato nos unir. Talvez para ajudar seu pai a se libertar desse rancor, dessa mágoa que sente em relação a esse acontecimento do passado e até mesmo meu pai.

— Seu pai?

— Sim. Você não sabe, mas meu pai é exatamente igual a seu pai e seu avô. Rancoroso ao extremo, impiedoso, preso aos desagrados da vida... Nunca superou o que viveu na guerra, coitado, não é para menos...

Fez uma breve pausa antes de Vivienne dizer com aparente presteza:

— Sempre me perguntei por que todas as histórias de amor tem de ser bonitas e ao mesmo tempo tristes.

— Tristes?

— Sim, a maioria são tristes, observe.

Ludovic rememorou fatos. Vivienne acrescentou:

— Pergunto-me se todas as histórias de amor tem de ser tristes para serem realmente histórias de amor.

— Tomara que não.

— E se forem?

— A nossa não será, disso estou certo.

Ele a envolveu em seus braços e, pousando delicadamente os lábios sobre o ouvido direito dela, sussurrou:

— Eu a amo, mais do que alguém já amou em todas as histórias de amor.

Ela beijou-lhe o punho carinhosa e demoradamente enquanto lágrimas e mais lágrimas atravessavam seus olhos febris apaixonados.

***

Assim que a filha pisou no *hall* de entrada da mansão, encontrou o pai aguardando por ela na soleira da porta da sala de estar. Seus olhos se chocaram um com outro, opressivamente.

– Você está se encontrando com aquele estafermo, não está Vivienne?

Ela não respondeu, manteve-se calada com os olhos tristes voltados para o chão.

– Sabe o que lhe falta, Vivienne? Uma boa dose de orgulho e uma bela surra. As surras que não lhe foram dadas ao longo da infância e da adolescência, as surras que endireitam um filho e uma filha diante dos pais.

– Se acredita mesmo que só apanhando é que eu posso mudar o que sinto por Ludovic, varrê-lo do meu coração, meu pai, por que não me bate, então?

– Porque é minha filha adorada e eu um pai de coração mole.

– Se sou sua filha adorada então me permita ser feliz...

– Não ao lado de um *infeliz!* Além do que, você não sabe nada a respeito de felicidade.

– E o senhor sabe?

A pergunta mexeu com algo muito sério dentro de Leonard Primorak. De repente, ele foi para cima da filha, tomou-a pelo braço e a arrastou escada acima até o quarto dela.

– Um dia você vai me agradecer pelo que estou fazendo em nome da nossa família, em nome do seu avô, Vivienne – vociferou ele. – O que estou fazendo por você!

Assim que ele empurrou a filha sobre a cama de seu quarto, Leonard Primorak tornou a falar com ênfase:

– Daqui você não sai mais! Não até que eu esteja certo de que você tirou definitivamente da sua cabeça o filho daquele pulha. A partir de agora você vai fazer suas refeições aqui, banhar-se, bordar, tudo o mais que faz diariamente.

– Vai me prender aqui como numa prisão?

– Vou! Filha minha não há de envergonhar meu pai, nem nossa família. Enchê-la de desonra e humilhação.

E sem mais nada a dizer, Leonard Primorak fechou a porta do quarto e passou a chave dando início a sua nova determinação.

A partir daquele dia, Vivienne Primorak nunca mais deixou seu quarto. Por mais que a atitude abalasse o coração de Leonard ele tinha de ser forte caso realmente quisesse endireitar a filha.

Dias depois...

Ludovic Angel estava andando pela rua, sentindo-se como um recém-nascido, desorientado e frustrado, absorto em seus pensamentos quando Cliff Dorigan, que acabava de regressar ao país onde o campeonato de natação teria uma nova fase, avistou-o e o chamou.

No entanto, Ludovic parecia surdo aos seus chamados, o jovem de corpo atlético então correu atrás dele e o deteve segurando-o pelo braço. Quando os olhos de Cliff encontraram-se com os do amigo, Cliff teve a certeza de que algo de muito grave havia acontecido com ele.

– O que houve? Por que está assim? – perguntou Cliff, preocupado.

Entre lágrimas, Ludovic lhe deu as devidas explicações.

– Duelo, meu pai, seu pai... – murmurou Cliff boquiaberto – eu nunca soube disso.

Ludovic confirmou com a cabeça.

– Quer dizer que seu pai salvou a vida do meu pai duas vezes.

– Duas?

– Sim. No duelo e depois quando ele nos acolheu em sua casa após perdermos nossa casa na explosão da fábrica de fogos de artifício e o dinheiro dela por causa das dívidas que papai contraiu com maus investimentos. Seu pai foi realmente um grande amigo, uma pessoa que vale ouro, eu só não entendo por que...

– Por quê?

– Deixa para lá.

A seguir, Cliff pegou firme no braço de Ludovic e fez um pedido muito sério:

– Não se revolte contra o meu pai por causa disso, Ludovic, por favor...

— Eu jamais me revoltaria contra ele, Cliff, eu amava seu pai. O problema não é ele e sim o rancoroso e tapado pai de Vivienne. Ele que é o problema.

Ludovic suspirou pesado, seus ombros se arriaram, o desânimo o dominou. Com revolta ele tornou a amaldiçoar Leonard Primorak e jurar-lhe de morte.

— Se ele não me deixar casar com Vivienne eu sou capaz de cometer uma loucura.

Cliff tornou a apertar o braço do amigo, mais forte dessa vez, e reiterou:

— Calma, muita calma. Esvazie sua cabeça desses pensamentos insanos. Por favor. Pensamentos assim só servem para piorar as coisas. E o que menos precisamos agora é de mais complicações, por essa razão, respire fundo, quantas vezes for preciso, e procure manter a cabeça no lugar. Só dê ouvidos às vozes mentais que lhe inspirarem pensamentos bons, de calmaria e de paz. Ignore as vozes que o instigam o ódio e a revolta. Que o incitam a cometer uma loucura.

Ludovic pendeu a cabeça desconsolado enquanto Cliff comentava consigo mesmo em voz alta:

— Que coincidência o fato do pai dela ser justamente...

Ludovic o interrompeu:

— Vivienne pensou o mesmo que você. É muita coincidência.

— Só gostaria de entender por que essas coincidências acontecem na vida — comentou Cliff pensativo.

— Não deve ter sentido algum — opinou Ludovic.

— Deve ter sim. Tudo na vida tem sempre um sentido mais profundo. Somos nós que não temos sensibilidade apurada para perceber. Não todos obviamente. Alguns sim... Às vezes, leva-se anos para compreendermos por que a vida fez o que fez. Às vezes, leva-se muitas vidas...

Cliff estava mais do que certo, compreendi muito tempo depois. De fato, por trás de aparentes coincidências existem motivos mais profundos. E esses motivos já estavam sendo revelados, mas como acontece com a maioria de nós não eram percebidos.

247

***

Cansado de procurar pelo sono, Ludovic levantou-se às cinco da manhã e tomou a rua sem rumo certo. Ao dar por si, estava na praia onde caminhou por quase uma hora sem parar.

Quando suas pernas não correspondiam mais às suas ordens, ele deu uma trégua para elas, sentou-se na areia e ficou a contemplar as ondas se formando e morrendo na praia, com sua espuma branca que debaixo do sol nascente tornava-se dourada.

Foi então que em meio aos estrondos das ondas, Ludovic começou a gritar, gritar e gritar, até sua garganta arder de dor. Seus olhos então se avermelharam e uma fúria assassina tomou conta deles.

Loucura... dizia uma voz repetidamente na cabeça do rapaz. Loucura... só uma loucura pode ensinar aquele homem amargo a mudar de comportamento, respeitar o amor. Só uma loucura cometida contra ele ou contra si próprio.

Essas vozes começaram a soar ainda mais fortes ao redor da sua cabeça, parecia estar cercado de pessoas invisíveis a lhe falarem todas ao mesmo tempo. Encorajar-lhe a cometer uma loucura. Tentar até mesmo contra a própria vida. Deixar-lhe surdo para o bom senso.

Nesse momento um ligeiro ruído fez com que Ludovic se voltasse para trás. Para sua surpresa, Ciff estava ali, olhava-o complacentemente.

— Como sabia que eu estaria aqui, ainda mais a esta hora? — perguntou Ludovic deveras espantado.

— Algo atravessou meus sonhos, uma voz, pedindo-me para me levantar e vir atrás de você aqui. Atendi, sem reticências... fiquei preocupado, temeroso de que você cometesse uma loucura qualquer, uma loucura contra si mesmo.

— Loucuras para se cometer é o que não faltam em minha cabeça. Não é justo. Não é justo que alguém que ama seja impedido de amar. Se o amor é tudo na nossa vida, o que dá real sentido a ela, que alimenta a alma, um sentimento sagrado, que ninguém deve violar.

— Você está certo em tudo que disse, no entanto...

A voz de Ludovic se sobrepôs a de Cliff:

— Prefiro morrer se não puder me casar com Vivienne.

Ele calou-o imediatamente pondo o dedo sobre seus lábios.

— Não diga isso, meu irmão. Nunca mais. Milhares de pessoas lutam pela vida, não é justo aqueles que são fisicamente saudáveis comungar com a morte. Não é justo nem com Deus, nem consigo mesmo. Mantenha a fé, meu irmão, Deus há de interceder a favor de vocês.

Ludovic respirou com desânimo, Cliff acrescentou:

— Faz ideia do tamanho da dor que se abateria sobre todos que o amam caso algo de ruim acontecesse com você? Caso você fizesse uma loucura contra si próprio?

"O desespero nos deixa surdos e cegos para a realidade a nossa volta. Faz que nos joguemos de cabeça nas coisas sem medir as consequências que podem não somente nos afetar como afetar aqueles que tanto amamos.

"Não se importar com o sentimento daqueles que nos amam é egoísmo. E egoísmo é o pior dos sentimentos.

"Pense nisso."

— De que me adianta pensar se quando fecho os olhos, até mesmo quando eles estão abertos tudo o que vejo sou eu e Vivienne sendo separados por um ódio, uma revolta, um passado mal cicatrizado que domina um homem, cujo poder é tão grande quanto a sua arrogância. É uma dor infinda.

— Eu sei, *meu irmão.* Eu sinto a mesma dor que sente, pois, todos aqueles que amamos estão interligados por cordões invisíveis. Quando um sente dor, o outro sente também. Quando um se entristece, o outro se entristece também. O nome disso é querer bem, é se importar, é sabedoria, é amor.

"Escute-me bem. Muito bem. Não faça nada contra o pai de Vivienne porque se fizer vai pô-la contra você. Por mais que ele não aprove o relacionamento de vocês dois, por mais que ele interfira na felicidade da filha, ainda assim ela o ama e lhe deve respeito, ele é seu pai. Prejudicá-lo, injuriá-lo, vai afetá-la também, pois como disse, quem ama está ligado por laços invisíveis. Se ela se voltar contra você, vocês continuarão separados e, o que é pior, ela sentirá raiva e revolta de você.

"Tem mais. Se você fizer algo contra o pai dela, as autoridades cairão sobre você e na cadeia você continuará distante de quem tanto ama, impossibilitado de viver esse grande amor. Destruirá sua vida, sua felicidade ainda mais.

"Devemos refletir, todos nós, antes de pormos em prática soluções para os nossos problemas, pois as soluções encontradas em meio ao desespero podem não só nos afetar negativamente como ferir o próximo. Quem tanto amamos, quem tanto nos ama.

"Sabe, Ludovic, nós temos que ser inteligentes. Custe o que custar, devemos fazer uso da nossa inteligência, que Deus não nos deu à toa. Explodir, estourar, cometer loucuras, prejudicar a vida do próximo, bem como a nossa, ainda que esse próximo insista em nos prejudicar, é burrice, pois a inteligência está em nós pronta a nos ajudar. Creio que essa inteligência vem de Deus. É o próprio Deus em nós. Recorrermos a ela é o mesmo que recorrermos a Deus. Permitir que Ele aja em nós, por nós.

"Por tudo isso é preciso ter calma, muita calma. Se todos perderem o juízo quando se encontrarem diante de um obstáculo na vida afetiva, o mundo estaria perdido.

"Não ouça as vozes da sua cabeça. Aquelas que ficam dialogando com você. Recuse-se a ouvir seus conselhos quando esses soarem desonestos e rancorosos. Receio que essas vozes são de pessoas que querem resolver o mal fazendo o mal, sem se importarem se os conselhos farão mal ou não a você. Compreendeu? Elas são como vampiros só que em vez de se alimentarem de sangue, alimentam-se de maldade."

— Você diz que essas vozes são de pessoas, que pessoas? Como podem essas pessoas estarem dentro de mim?

— Elas não estão dentro de você, estão ao redor de você. São vozes de pessoas desencarnadas.

— Desencarnadas?

— Sim.

— Por que haveriam de fazer isso?

— Exatamente pelo que disse há pouco: maldade. Elas se alimentam da maldade, satisfazem-se como vampiros ao chuparem o sangue de uma vítima. Não são todos os desencarnados que agem dessa forma, obviamente, só os que se revoltam com a vida e com a morte.

– Falando assim você me dá medo.

– É para ter medo mesmo. Pois esse medo pode fazer com que você desperte para essa realidade e a impeça de estragar sua vida.

– De onde você tirou essa ideia?

– De reflexões.

– Reflexões?

– Sim, muitas vezes me pego em meio a profundas reflexões sobre a vida. E durante essas reflexões posso encontrar algumas das respostas para o que me foge a compreensão.

Fez se um breve silêncio. Ludovic então se voltou para o amigo e disse com sinceridade:

– Obrigado, Cliff, obrigado por se preocupar comigo.

– Você é meu irmão por afinidade e convívio, e como irmão tenho de zelar por sua segurança psíquica e espiritual.

Cliff passou o braço pelas costas do rapaz e o apertou carinhosamente. Houve um minuto de silêncio até que ele sugerisse:

– Venha, vamos andar um pouco.

Nada como uma boa caminhada à beira-mar para acalmar os nervos, acreditava o rapaz, e ele estava certo, logo Ludovic parecia mais calmo e falando mais descontraidamente.

Depois de uma longa caminhada ao longo da praia estreita, banhada por uma luminosidade alaranjada, os dois chegaram num ponto da praia que dava para enxergar um bonito e pontiagudo penhasco.

Cliff olhou com grande interesse para o lugar, ficou parado ali como se houvesse sido congelado naquela posição.

– O que foi? – perguntou Ludovic achando estranho o comportamento do amigo.

– Estava pensando... Na verdade, relembrando... Quando criança sempre me imaginei pulando daquele penhasco.

– Nós dois, lembra-se? Mas certamente seria a morte.

– Não se você souber como pular.

Cliff olhou-a de forma pensativa, depois acrescentou com a voz calma:
— Velhos tempos...
— Velhos tempos — concordou Ludovic num tom saudoso.
— E quanto à natação, desistiu?
— Nunca mais ousei entrar na água depois que... deixa para lá.
— Depois que seu pai começou a enchê-lo de críticas, exigir de você o que você ainda não estava preparado para lhe dar.
— Sim. Meu pai foi cruel comigo naquela época. Muito cruel...
"O problema não era você, Ludovic, era eu", pensou Cliff, visitando o passado em memória. Mas preferiu guardar para si suas conclusões.

***

Quando Ludovic voltou para a casa naquele dia, já era quase tarde, encontrou-me recostado na poltrona mais introspectivo que o habitual.
— Papai? O senhor está bem? — perguntou ele abatido.
A expressão no meu rosto deve tê-lo assustado. Meus olhos estavam vermelhos, encharcados de água.
— Aconteceu alguma coisa? — tornou ele se rojando aos pés da poltrona e tomando a minha mão entre a suas.
Soltei um suspiro pesado. Triste e magoado. Perguntei:
— Onde estava, Ludovic, ficamos preocupados quando esta manhã encontramos sua cama vazia.
— Fui até a praia, precisava espairecer, não consegui dormir a noite inteira.
Houve uma pausa até que ele dissesse:
— Pai.
Seu tom me fez olhar para ele com certa apreensão.
— Acredita que Deus pode falar conosco por meio dos nossos sonhos, digo, avisar alguém que está dormindo para que esse alguém vá atrás de um amigo que está muito necessitado, prestes a cometer uma loucura para que o liberte dessa obsessão?
Franzi a testa, consideravelmente. Ludovic prosseguiu:

— Hoje eu tive a prova definitiva de que isso é verdade, papai. Mais que isso, de que Deus está atento a nós, às nossas ações e pensamentos e tenta a Seu modo nos ajudar.

— Teve? Por quê?

— Porque Cliff Dorigan apareceu na praia pela manhã me procurando.

— Cliff?! — exaltei-me.

— Sim, papai. Ele me encontrou ali àquela hora, naquele lugar tão descabido porque uma voz, uma voz do Além atravessou seus sonhos e pediu que fosse atrás de mim urgentemente naquele local.

Eu pouco dei atenção ao fato, meu cenho fechou-se. Meus olhos avermelharam-se, ardendo de fúria. Com o ódio crescente na voz, perguntei:

— Você contou, contou a ele quem é o culpado por toda a sua desgraça com Vivienne?

— Sim, papai, mas tio Victor não é culpado pelo que está nos acontecendo. O único culpado é a ignorância do sr. Primorak.

Eu novamente ignorei suas palavras. Disse com arrogância:

— É bom que ele saiba, fique bem ciente de que por culpa do pai dele você está sofrendo o que está sofrendo.

— Nossa, papai, nunca o vi falar assim com tanto desprezo, pensei que o senhor gostasse do tio Victor.

— Gostar de Victor, eu?! Eu o odiava. Odiava-o com todo o ódio que um homem pode nutrir por outro.

— Eu não entendo, papai. Se odiava tanto tio Victor por que o salvou da morte e o abrigou aqui em nossa casa quando ele mais precisou?

— Salvei-o do duelo porque éramos amigos, e o abriguei em minha casa por pena, dó, da esposa e... do... filho...

Suspirei pesado e acrescentei:

— Mas o garoto é tal e qual o pai. Não confie nele, Ludovic. Assim como Victor me traiu, ele há de trair você. Ainda que diga que o ama do fundo do seu coração.

A voz de Ludovic elevou-se a seguir:

— Só lhe digo uma coisa, papai, Cliff Dorigan acordou na madrugada porque uma voz lhe disse para me procurar e conversar comigo antes que eu cometesse uma loucura. Deus escolheu ele para me ajudar e ele, mesmo tendo de dormir para se manter em condições físicas e mentais para o campeonato de natação que está ocorrendo hoje não hesitou em ir atrás de mim, como a voz lhe pediu. Desculpe a franqueza, mas o senhor está agindo tão estupidamente para com ele como Leonard Primorak está agindo para comigo.

Com passos decididos, Ludovic deixou a sala, deixando-me ali, entregue a um turbilhão de pensamentos confusos rodopiando por minha cabeça.

Quando Elizabeth me encontrou ali quis logo saber o porquê da minha cara amarrada:

— É Cliff — respondi com desagrado. — É Cliff Dorigan mais uma vez.

— Cliff? — surpreendeu-se Elizabeth.

— Sim. O filho daquele infeliz.

— Será que nunca vai passar, Christopher, nunca vai passar esse ressentimento que você tem por Victor?

— Nunca, Elizabeth. Nem mesmo do outro lado da vida, se isso existir.

Elizabeth, apreensiva, mordiscou os lábios. Sentiu-se compelida mais uma vez a contar-me o que fizera para proteger nosso casamento. Esclarecer de uma vez por todas aquele mal-entendido. Libertar Cliff e Anne daquele julgamento tão errado. Mas diante do homem amado, querido e tão desejado, Elizabeth temeu mais uma vez perder-me para Anne. Senão por ela, pela revolta que eu sentiria ao saber de tudo.

Ao cair da noite, Beatrice vestiu-se com esmero, apanhou seu chapéu e saiu como quem sai alegre para um encontro.

— Aonde vai tão alegre, filha? — perguntei.

Ela me olhou fundo nos olhos, com certo receio, por fim disse:

— Vou me encontrar com Cliff Dorigan, papai. Ele está de volta à cidade.

Levei minha mão à testa e esfreguei-a contra meu rosto. Diante da minha expressão de desagrado, Beatrice falou:

— Não se alimente mais do passado, papai, alimente-se do presente. O passado é um alimento indigesto, o presente é um alimento saudável.

Comprimi os lábios apertando-os fortemente até latejar. Essas foram as últimas palavras de Beatrice antes de ela partir.

Já era noite quando ela reencontrou Cliff no alojamento do ginásio.

— O que foi? — perguntou ele. — Parece preocupada.

— Não é nada — mentiu Beatrice.

— Como não? Você sabe que pode contar comigo para o que der e vier, não sabe?

— É lógico que sei. E é isso que mais me comove em relação a você. Sinto isso desde que o vi pela primeira vez naquela noite em que chegou com sua mãe e seu pai.

Cliff sorriu.

— Ainda me lembro desse dia como se fosse hoje. E das palavras de meu pai, diante da nossa casa destruída pela explosão. Só há uma pessoa que pode nos ajudar nesse momento tão difícil: Christopher Angel. E lá fomos nós para a sua casa.

Havia lágrimas em seus olhos agora. Havia também nos de Beatrice. Os dois se abraçaram e se confortaram naquele abraço tão fraterno.

Explode a Segunda Guerra Mundial

Setembro de 1939. Explode a Segunda Guerra Mundial perturbando a paz de todos, revoltando os homens de paz. O pesadelo estava de volta. Não que ele alguma vez houvesse se apagado de dentro de qualquer homem que servira na Primeira Guerra Mundial. Estava lá, exceto naqueles que seguiram os conselhos dados pela *voz das sombras:* erguer a cabeça, olhar em frente, seguir adiante, procurando ver o que há de belo na vida humana.

Desde então me mantive aflito, ainda que Ludovic fosse um reservista, temia que o governo convocasse os reservistas para lutar na guerra. Em meio àquele caos que começava a assolar o mundo, Ludovic Angel, com a cara e a coragem, sem pedir licença, entrava pela porta da sala com lareira da casa de Leonard Primorak.

Ao vê-lo, o dono da casa levantou-se imediatamente de onde encontrava-se sentado e perguntou:

– Como ousa entrar aqui, seu fedelho?! Fora daqui!

– Não antes de trocar uma palavra com o senhor.

Leonard novamente balançou a cabeça em desaprovação e de forma enérgica atalhou:

– Nada que possa me dizer me interessa. Agora se retire! Sua presença me enoja.

– Eu só preciso de cinco minutos, nada mais que isso para dizer o que vim dizer.

Os olhos dele, atentos como sempre, encontraram os dele. Ludovic adiantou-se um ou dois passos. Os músculos do canto da boca dos dois homens tremeram visivelmente, cada um causado por uma emoção diferente. Os de Ludovic por medo, os de Leonard de raiva. Seus olhos pareciam agora cuspir fogo.

Capítulo 26

Uma chance a mais

Ainda que os olhos de Leonard Primorak parecessem cuspir fogo e sua pele queimasse feito brasa, Ludovic procurou manter a calma e dizer ao que vinha.

— O senhor ama Vivienne, ama muito, eu sei, o senhor sabe. Sabe que ela é a pessoa mais importante da sua vida, mas ela vai morrer, sr. Leonard. Sua filha vai morrer se o senhor continuar tratando-a assim. E o senhor sabe disso. Acha justo separar dois jovens que se amam por algo que pertence ao passado?

— Fora daqui, seu fedelho. Sei bem quem foi seu pai. Ele, tanto quanto seu tio, são filhos do mal.

— Acredite-me — retrucou Ludovic com lágrimas nos olhos —, eu entendo sua revolta, ainda assim, por favor, reconsidere... Ponha-se no meu lugar. Se amasse como eu a amo, o senhor certamente haveria de...

— Cale-se!

Leonard saiu detrás da escrivaninha e foi para cima de Ludovic, segurando-o pelo colarinho.

— A vontade que eu tenho — vociferou Leonard Primorak —, é de jogá-lo contra essa janela com toda força.

Ainda que tomado de desespero, Ludovic permaneceu firme encarando o homem, olhos nos olhos.

O homem exibia uma expressão canina nos lábios quando empunhou contra o rapaz o revólver que segurava na mão e que, devido à forte tensão, Ludovic nem havia reparado. Sem afastar os olhos dos de Ludovic, Leonard Primorak empunhou a arma na sua direção. Ludovic procurou se manter firme, não queria em hipótese alguma demonstrar medo, mas seu esforço não foi o suficiente, contra sua vontade, estremeceu.

– Está com medo, covarde... É bem capaz de borrar as calças de tanto medo. Você não passa de um covarde.

Ludovic procurou ficar indiferente àquelas palavras tão ácidas.

– Você é um ordinário como o seu pai, como aquele que chamava de tio. Eu tenho asco por vocês.

Ao ver sua própria imagem refletida nas pupilas negras de seu agressor, que se contraíam lentamente, Ludovic sentiu sua alma gelar.

Leonard continuou imóvel durante quase um minuto, por fim, baixou o revólver e disse:

– Não preciso sujar as minhas mãos para me ver livre da sua pessoa. Há uma forma muito mais eficaz de me livrar de você para sempre. Sou um homem influente nas forças armadas e, portanto, conseguirei que você seja convocado a lutar na guerra o mais rápido possível.

Ludovic engoliu em seco.

– Está com medo não está? – a pergunta saiu cheia de ironia e sarcasmo. Havia um sorriso de lobo nos lábios de Leonard. – Pobrezinho... Posso ver no fundo dos seus olhos o pavor o corroendo por dentro. Você vai lembrar de mim, a cada segundo quando estiver em meio aos campos de batalha. Dos quais poucos voltam, e quando voltam nunca mais são os mesmos, física e mentalmente. Lá, de nada servirá o conhecimento, se tem berço ou não, religião ou família. Será apenas mais um empunhando uma arma ou direcionando um canhão lutando pela sobrevivência.

O silêncio caiu sobre os dois como um ar asfixiante. Ludovic teve a impressão de que seus pés afundavam no chão ou de que seu esqueleto encolhia alguns centímetros. Sua boca enchia-se de saliva amarga e ácida. Quando sem querer mordeu a língua, arrepiou-se ao perceber que tinha gosto de sangue.

– Permita-me apenas falar com Vivienne, pelo menos uma vez mais antes de eu partir.

Ele o fitou longamente, parecendo sentir um prazer esmagador em ver a ansiedade contorcendo suas mãos e lábios. Por fim, fez que não com a cabeça e disse:

— Seria bondade demais da minha parte.

Não vendo solução, Ludovic assentiu quase em transe, e partiu daquela casa deixando um rastro de medo e terror.

Assim que ganhou a rua, abraçou o silêncio e se deixou chorar. Chorava como se derramasse um oceano de dentro dele.

Seguiu pelas ruas agora forradas de folhas derrubadas pelo outono tiritando de frio, sentindo como se carregasse em suas costas todo o peso do mundo. Perguntando-se para onde deveria ir, visto que se voltasse para a nossa casa eu haveria de saber de toda a verdade, e isso me deixaria mais revoltado com Leonard e ainda mais com Cliff.

Foi no hotel em que Cliff estava hospedado que Ludovic procurou apoio.

Cliff lançou-lhe um olhar inquisitivo assim que viu seu amigo querido entrando no quarto. Pelo semblante de Ludovic, tornava-se nítido que algo de muito grave havia lhe acontecido.

— O que houve? — perguntou, inquieto.

Ludovic não conseguiu dizer nada, tampouco continuar encarando o amigo nos olhos.

— Fale — insistiu Cliff.

Ludovic sentiu-se invadir por um vento gelado que o deixou mudo por alguns segundos. Por fim, um suspiro o tirou daquele transe e ele pôde finalmente responder a pergunta de Cliff:

— O governo — mentiu ele —, está convocando os reservistas. Serei certamente convocado para lutar na guerra.

A mentira convenceu Cliff.

— Eu sinto muito, Ludovic.

Ludovic disse por meio dos olhos: "O que se há de fazer?".

***

Quando me vi novamente na frente de Ludovic percebi de imediato que algo de muito grave havia acontecido. Ele procurava aparentar normalidade, mas foi em vão.

— O que há Ludovic? O que o perturba. Está escondendo alguma coisa de mim, não?

— É que — murmurou com grande dificuldade. — É que fui convocado para servir na guerra.

A informação doeu fundo em mim.
— Foi? — a minha simples pergunta saiu quase num berro. — C-como assim tão de imediato, tem certeza, será que não é um nome homônimo?
— Não, papai, fui eu mesmo — afirmou ele segurando firmemente no meu ombro e olhando fundo nos meus olhos.
No segundo seguinte rompi em lágrimas e me agarrei a Ludovic abraçando-me fortemente a ele. Quando meus olhos se encontraram com os de Elizabeth, chorei por ela também, seus olhos refletiam a mesma dor e desespero que me ia na alma.
— Estão convocando todos os reservistas, meu pai — explicou Ludovic.
— Você não pode ir para a guerra, filho. Não pode.
— Mas eu tenho de ir, papai. Todos os reservistas...
— Não é justo... não é justo que vidas e mais vidas continuem a ser interrompidas por causa de loucos pelo poder. Não é certo...
Meu filho olhou para mim com olhos de quem diz: "O que se há de fazer?".
Foi nesse momento que eu pude compreender, por mais que não quisesse, a força que brotou dentro de Victor Dorigan para atirar na própria perna e assim evitar a guerra para poder viver ao lado do seu grande amor.
Vi-me subitamente na sua pele, sentindo a mesma dor e revolta que devastou o seu coração ao se ver obrigado a servir na guerra, um lugar do qual poderia nunca mais voltar e, com isso, jamais poder viver ao lado da mulher que tanto amava.
Quem soubesse o que ele foi capaz de fazer, iria considerá-lo um frouxo, covarde, canalha, antipatriota, como eu mesmo o julguei depois. No entanto, os de paz e os românticos o julgariam, certamente, como audacioso, corajoso e nobre pelo que fizera em nome do amor.
Eu quis, naquele momento, para meu total espanto, que houvesse uma mentira tão convincente como a que Victor Dorigan arranjou para escapar da guerra que impedisse Ludovic de ir para os campos de batalha. Para aquele pesadelo do qual, por mais que um soldado sobrevivesse nunca mais poderia despertar.

Mais uma vez tudo o que enxerguei ao meu redor foi a revolta, uma revolta que descia pelas paredes, cobria o teto e o chão como uma praga de gafanhotos.

Tranquei-me em meu quarto e cai de joelhos implorando aos céus que mudassem o curso da história o quanto antes para poupar a vida do meu filho amado. Se minhas palavras chegaram aos céus, eu nunca soube, quis acreditar que sim...

Quando Elizabeth me encontrou, seus olhos estavam também vermelhos de desespero e sua face toda riscada de lágrimas. Lágrimas sentidas, lágrimas de sangue.

– O pesadelo está de volta, Elizabeth. Aquilo que eu mais temi na vida está de volta.

Ela chegou até mim, pousou a mão no meu ombro e o acariciou na esperança de me transmitir algum conforto.

– Não é justo que ele vá para a guerra – acrescentei –, não depois de tudo o que fizemos por nosso filho para que crescesse forte e saudável, educado. Além do mais Ludovic é frágil como um cristal, inexperiente, seu corpo atlético não condiz com sua verdadeira condição física, ele não é forte como parece e na guerra só sobrevivem os fortes e experientes.

– Faz ideia agora de como eu me senti, Christopher?

Voltei os olhos para ela, pus-me de pé e a abracei carinhosamente.

– Sim, Elizabeth, faço ideia.

Só quem não sentiu na pele os horrores da guerra pode querer decretar outra. Somente quem não vai expor um filho ou si próprio a ela pode querer guerrear. Se fizesse parte dela levantaria certamente a bandeira da paz. Brigaria pela paz a todo custo, pois isso sim vale a pena todo e qualquer esforço humano.

Aquele que concorda com todo o caos físico e psíquico que a guerra causa a todos os seres vivos do planeta, até mesmo para a própria natureza, só pode ser um louco, um insano, um déspota.

Capítulo 27

Em busca de uma solução...

Eu havia ido fazer as compras de alimentos para a casa quando encontrei por acaso Leonard Primorak na rua. Assim que nossos olhos colidiram um com o outro estremecemos. Nunca o havia visto tão sério. Ele veio até mim, olhou-me de cima abaixo com um olhar venenoso. Limitei-me a oferecer um sorriso vazio enquanto ele se matinha olhando fundo nos meus olhos em silêncio.

— Essa guerra veio bem a calhar — disse ele subitamente.

Havia farpas na sua voz. Farpas que faziam sangrar, percebi.

— Foi a forma mais fácil de eu me livrar daquele moleque — acrescentou lançando-me um olhar de serpente e um meio sorriso de nojo. Partiu, deixando-me ali sem compreender absolutamente nada do porquê dissera aquilo.

Voltava para a casa, carregando as compras quando compreendi aonde Leonard Primorak quisera chegar com aquelas palavras. A revelação caiu-me como uma martelada no estômago.

***

Cliff estava terminando o seu treino de natação quando cheguei ao ginásio de esportes. Aguardei ansioso que ele saísse da piscina e só então aproximei-me dele. Meus olhos ardiam tanto de fúria que o rapaz assustou-se quando me encarou.

— Seu pai — explodi, apontando o dedo contra sua face. — Seu pai é o culpado por meu filho ter sido convocado para servir na guerra.

— Meu pai?!

— Ora, não se faça de tolo, já deve saber muito bem que foi por causa de Leonard Primorak que Ludovic foi convocado pelo exército. Foi muito fácil para ele, um homem influente nas altas rodas mexer os pauzinhos. Fez isso porque sabe que um rapaz frágil e inexperiente como Ludovic tem poucas chances de sobreviver na guerra. Nem me atrevo a encarar Leonard para pedir-lhe misericórdia, pois receio que ele me cale com balas.

— Eu não sabia...

Minha voz descontrolada se sobrepôs a dele:

— Maldito o dia que eu me deixei ser convencido por seu pai a ser o padrinho dele naquele duelo estúpido.

Sacudi a cabeça decepcionado. Guardei silêncio. Cliff suspirou e disse:

— Eu sinto muito, sr. Angel.

— Você não sente nada, moleque! Você é como seu pai, idêntico. Só pensa no seu próprio umbigo.

— Não é verdade...

— É verdade!

Bufei irritado. Transpirando de ódio e aflição. Mirei fundo nos olhos assustados do rapaz e disse o que estava engasgado na minha garganta há tantos anos:

— Eu odeio você, odeio!

— Por que, sr. Angel?! Por que me odeia tanto?

— Porque você é filho daquele demônio do seu pai.

— Se o odiava tanto porque o abrigou em sua casa, sustentou-o financeiramente até o dia da sua morte? Não faz sentido ter agido como agiu se o odiava tanto.

O rapaz suspirou tenso antes de acrescentar:

— Meu pai era tão bom, nunca fez mal a uma mosca. Eu o admirava tanto... Não consigo vê-lo fazendo nada de grave para ser odiado tão profundamente por alguém, pelo senhor.

Interrompi o que ele dizia:

— Você nunca deveria ter voltado para cá, deveria ter continuado a nos ignorar como fez sua mãe. A ingrata da sua mãe. Sua presença me enerva, descontrola-me, desgasta-me.

— A resposta, sr. Angel, estou esperando a sua resposta. Por que ajudou meu pai, a mim, se nunca gostou de nós?

Bufei mais uma vez e tudo o que disse foi:

— Eu não quero você fazendo parte da minha família. Só de pensar nessa possibilidade eu sinto uma trepidação no meu peito. Vá embora de nossa vida, moleque, vá e nunca mais volte.

Cliff pegou firme no meu braço e num tom resoluto repetiu a pergunta que havia feito:

— Eu mereço saber, sr. Angel. Eu mereço saber por que odeia tanto o meu pai e consequentemente eu.

— Maldito o dia... — explodi rompendo-me em lágrimas.

Cliff apertou ainda mais forte o meu braço na esperança de me despertar daquele estado desesperador.

— Diga-me, sr. Angel, por quê... ou talvez o senhor mesmo não saiba a resposta.

Quando meus olhos encontraram-se novamente com os de Cliff, minha visão embaçou. Ele me encarava com firmeza e determinação. A resposta que ele tanto queria ouvir saltou então de minha boca como que por vontade própria:

— Pergunte para sua mãe o que seu pai foi capaz de fazer para...

Ele peitou-me ainda mais com o olhar e insistiu:

— Eu quero ouvir do senhor, sr. Angel.

Desconversei:

— Eu tenho pena de Beatrice por ela ter se apaixonado por você, que quase a levou à morte com a indiferença de sua mãe.

— E eu tenho pena do senhor que se deixou ficar prisioneiro do passado. Vivendo à sombra do rancor e do ódio.

Aquelas palavras tiraram-me definitivamente do sério. Se eu não podia lhe dizer a verdade, toda a verdade, a metade dela bastaria para feri-lo. Disse:

— Você admirava seu pai, não admirava? Sentia orgulho dele, não sentia? Ele era a imagem da perfeição para você, não era?

— É lógico que sim, sr. Angel — a resposta soou embargada de emoção. — Como disse há pouco, meu pai nunca fez mal a uma mosca. Era bondoso, amável, trabalhador, o pai que todo filho almeja ter.

— Pois eu vou dizer quem era realmente Victor Dorigan. O que ele foi capaz de fazer!

Havia um desprezo abissal na minha voz agora. Num gesto brusco livrei meu braço da mão de Cliff. Endireitei o corpo, tomei ar e disse:

— O tiro! O tiro que ele levou horas antes de partir para a guerra, impedindo-o de cumprir o seu dever cívico, lembra-se? Pois bem, não se deu devido a uma bala perdida... foi ele, ele próprio, quem atirou na própria perna para poder se livrar dos amargores da guerra.

O rosto de Cliff manteve-se lívido, não havia nenhum sinal de choque diante da revelação. Era como se ele até já esperasse por ela.

— Compreendeu agora que espécie de homem era seu pai? — berrei.

O jovem passou a mão no rosto, pensativo. Por fim disse:

— O senhor nunca me viu não é mesmo, nunca pôde me ver porque vê em mim o meu pai. É ele quem está o tempo todo sobre a minha pele. O senhor transferiu todo o ódio que sentia por ele para mim, mas eu lhe pergunto se isso é justo, se devemos transferir o ódio que sentimos por alguém para aqueles que são do seu sangue. Pergunto-me também se devemos ousar sequer sentir ódio por alguma coisa.

"Eu poderia ter mil motivos para sentir ódio da vida, sr. Angel, mil motivos. Perdemos nossa casa, nosso dinheiro, posses, fomos morar de favor na casa de vocês... Perdi meu pai muito cedo. Fui obrigado a me afastar daqueles que tinha como irmãos, até mesmo do senhor e de dona Elizabeth que amava tanto.

"Sabe o que é isso para uma criança, ser obrigada a atravessar o oceano ansiosa por voltar e descobrir mais tarde que sua ida à América era para sempre? Faz ideia?

"Eu tive sim, mil motivos para criar ódio em meu coração e mesmo assim eu não permiti que ele se instalasse. E sabe por que, sr. Angel? Porque quando se permite que o ódio entre no coração, ele faz do coração a sua morada, o seu arsenal de bombas, o seu próprio inimigo. Você passa a conviver com o inimigo dentro de si próprio.

"Sim, senhor, eu tive mil motivos para odiar e, no entanto, estou aqui sem ódio algum pela vida, sem ódio algum pelo senhor."

Suas cinco últimas palavras fizeram-me olhar para ele com certa aflição.

— Não importa o que diga, rapaz, nada fará com que eu meu filho deixe de ir para a guerra. É fácil para você falar, visto que uma vez tendo se tornado cidadão norte-americano, residente nos Estados Unidos, não há mais como as autoridades do nosso país fazê-lo lutar na guerra, senão por escolha própria.

"Se ao menos aquele malvado de Leonard pudesse perceber que eu só fiz o que fiz para salvar Victor porque achei que era o certo na época..."

— Ele não pode, sr. Angel, porque ele, assim como o senhor, só vê o que quer ver nas pessoas. Ainda quer continuar culpando Ludovic por algo que envolveu o senhor no passado. Do mesmo modo que o senhor quer me culpar por algo que meu pai fez no passado. Não é incrível a coincidência? Se o senhor se permitisse ater a ela veria que Leonard Primorak é um espelho seu. Comporta-se exatamente como o senhor, que é uma cópia fiel sua.

Ao perceber que não tinha mais nada para dizer, e mesmo que tivesse não conseguiria, peguei a capa e fugi pela rua. Fugi sim, era a palavra certa, porque era exatamente isso que eu estava fazendo. A situação que acabara de viver era chocante e embaraçosa.

Uma hora depois, Cliff se encontrava com Ludovic.

— Por que não me disse, Ludovic? — perguntou Cliff aflito.

Ludovic olhou aterrorizado para o amigo-irmão.

— Por que não me contou o verdadeiro motivo por trás da sua convocação? — tornou Cliff seriamente.

— Então você já sabe...

— Sim. Por intermédio do seu pai.

— Meu pai? — Ludovic estava deveras perplexo. — C-como ele soube? Fiz de tudo para que não soubesse.

Cliff deu de ombros. Quando a tristeza cobriu-lhe a face ele comentou:

— Se seu pai pudesse ao menos compreender que meu pai não teve culpa pelo pai de Leonard querer atirar nele causando toda aquela complicação... Tudo seria bem mais fácil...

— Se meu pai o ofendeu peço desculpas a você.

— Eu é que devo lhe pedir desculpas, Ludovic. Única e exclusivamente eu. Por meu pai. Tenho a certeza de que se ele ainda estivesse aqui faria o possível e o impossível para ajudá-lo. Ele sempre me dizia que nada importa mais na vida do que o amor, o amor que se pode viver ao lado de uma mulher, e que todos deveriam vivê-lo para lhe dar o devido valor.
— Não há o que se desculpar — murmurou Ludovic lacrimoso.
— Agora, acalme-se.
Mas Cliff Dorigan não se acalmou.

***

Enquanto isso, eu desabafava com Elizabeth.
— Eu não me conformo. Ludovic vai para a guerra por causa daquele demônio.
Elizabeth não soube o que dizer.
— Papai — disse Ludovic assim que me encontrou aquela tarde.
Quando nossos olhos se encontraram ambos estremeceram.
— Papai, eu não queria que soubesse...
— Toda verdade sempre vem à tona, um dia, Ludovic.
— Não se martirize. Os reservistas são chamados assim que o exército precisa de mais homens, portanto, cedo ou tarde eu haveria de ser convocado.
O silêncio caiu entre nós dois de forma lastimável. Minutos depois, Beatrice chegava da faculdade. Percebeu de imediato que o clima estava pesado, os humores alterados. Algo de muito grave havia acontecido. Foi Ludovic quem lhe deu as devidas explicações. Ao terminar, voltei-me para Beatrice e disse seriamente:
— Por tudo isso, Beatrice, eu não quero nunca mais ver Cliff na minha frente. Se você quer continuar a vê-lo, saiba que será contra a minha vontade.
— Não só quero vê-lo, como vou me casar com ele, papai — atalhou Beatrice decidida.
Meus olhos saltaram as órbitas. Explodi:
— Você não me daria esse desgosto.
Beatrice se posicionou bem na minha frente e disse:

— O senhor fala tanto que a guerra é injusta, que a vida é muitas vezes injusta, que o pai de Vivienne está sendo injusto, mas, na verdade, o senhor é tão injusto quanto tudo isso.

Aquelas palavras me ofenderam tanto que num repente dei um tapa no rosto de minha filha.

— Depois de tudo o que fiz por você — lamentei.

— Eu vou me casar com Cliff, papai — reforçou Beatrice sem esmorecer. — Queira o senhor ou não. Esse ódio que o senhor sente por Cliff por causa do pai dele tem de acabar. O senhor já se feriu demais, já nos feriu demais. Por tudo isso repito: esse ódio tem de acabar antes que ele faça mais estragos como o que fez contra tio Victor.

Fiquei alarmado. Suas palavras ditas naquela entonação pareciam ter um significado mais sinistro.

— Eu estava lá, papai, lembra-se? — acrescentou ela, olhando firme nos meus olhos. — No dia, na hora em que tio Victor caiu da escada e bateu as costas contra a quina da cerca da varanda, o que o deixou preso àquela cama. Eu vi o que aconteceu, papai. Era menina, mas eu vi bem o que aconteceu.

Elizabeth e Ludovic se entreolharam. Senti-me apunhalado na alma naquele instante, retirei-me da sala, imediatamente carregando comigo minha sombra carregada de ressentimento.

Ludovic e Elizabeth olharam para Beatrice de forma suspeita.

— O que você quis dizer com isso, Beatrice? — perguntou Elizabeth articulando com cuidado cada sílaba, porém ela não respondeu, deixou a sala estugando os passos.

Naquela noite o ar de derrota e dor que se estampava em minha face se agravou.

***

— Compreende por que meu pai ficou tão revoltado com o seu? — perguntou Beatrice assim que Cliff lhe relatou a conversa que havia tido comigo.

Ele balançou a cabeça em concordância.

— Só não entendo uma coisa, algo nisso tudo não faz sentido — comentou pensativo.

— O quê?

— Se meu pai fosse um covarde ele não teria aceitado o desafio que o pai de Leonard Primorak fez a ele. Teria fugido do duelo, procurado as autoridades, qualquer coisa. No entanto, ele aceitou o duelo sem titubear. Sem medo de arriscar a própria vida.

— Aonde está querendo chegar — perguntou Beatrice com precaução.

Ele aprofundou o olhar sobre ela antes de dizer:

— Penso que houve um motivo mais profundo por trás do que meu pai foi capaz de fazer contra si próprio para não ir para a guerra. Um motivo, o qual nada sabemos... a não ser... seu pai.

Beatrice desviou os olhos do dele receosa de que ele pudesse perceber por meio deles que ela sabia do verdadeiro motivo que fez Victor Dorigan atirar na própria perna.

Cliff puxou-a então contra seu peito e a beijou fortemente.

— De todas as coisas boas que me aconteceram na vida, você foi a melhor.

Ela apertou-se mais a ele.

— E o campeonato, falta muito para terminar?

— Sim.

— Você é o favorito, não?

— Sim — respondeu ele pensativo.

— Eu o admiro tanto!

Os dois novamente trocaram um beijo apaixonado.

— Você espera por mim, Beatrice? Digo, até que esse torneio termine — perguntou Cliff a seguir.

— É lógico que sim, Cliff, você praticamente deu a vida pelo esporte, não seria justo abandoná-lo agora... Além do mais, temos todo o resto da vida para ficarmos juntos.

Ele a apertou firme mais uma vez e disse:

— Que bom que você compreende, Beatrice. Que bom. Quando tudo tiver fim eu volto para nos casarmos e ficarmos juntos para sempre.

— Eu aguardo por você, Cliff como sempre aguardei...

Ele segurou o rosto dela com as duas mãos e beijou seus lábios com todo afeto que vinha do seu coração.

Oito dias depois...

Leonard Primorak estava sentado à mesa esperando a chegada da filha para começar a jantar quando a copeira entrou na sala e disse:

— Meu senhor...

O tom de voz da mulher chamou a atenção de Leonard e do mordomo.

— O que foi, Maura — adiantou-se o mordomo.

— A senhorita Vivienne — gaguejou a mulher. — Ela não está no quarto dela.

Leonard bateu com os punhos na mesa exaltado:

— Não está, como não está? Deve estar no banheiro então...

— Não, meu senhor, já verifiquei também, não só lá como nos demais cômodos da casa.

— Ora essa — explodiu Leonard levantando-se abruptamente e seguindo rumo ao quarto da filha.

De fato a filha não se encontrava lá, tampouco em qualquer outro cômodo da casa, confirmou o pai após exaustiva peregrinação pelos aposentos da mansão.

— Vivienne — chamou ele assim que saiu para o jardim da casa.

— Acalme-se, meu senhor — suplicou o mordomo trazendo consigo um calmante e um copo da água para ofertá-lo.

— É melhor o senhor tomar — disse o criado, mas o safanão que Leonard deu no copo arremessando-o longe calou-lhe a voz.

— Ela não pode ter feito isso, não pode.

Um suspiro profundo e irado dilatou suas narinas.

— Ela não pode ter fugido com ele...

— Se a senhorita Vivienne fugiu, fugiu só, meu senhor, afinal, o rapaz, como deve estar lembrado, está indo para a guerra. Vamos aguardar, talvez ela só tenha ido se despedir dele, antes de ele partir para a guerra.

Leonard bufou enfurecido.

— Quando ela voltar...

Mas Leonard não completou o que ia dizer, entrou na casa com passadas largas, enfurecidas deixando Marlon, o mordomo, orando em silêncio.

***

Ludovic trajava-se com esmero, tinha seu rosto longo e bonito bem barbeado e a simpatia na voz parecia ter se generalizado.

– O que estamos fazendo aqui no cais? – perguntou achando certa graça da situação.

Cliff teve novo estranho sorriso. Disse:

– Vai levar ainda algum tempo para o navio partir, gostaria que você ficasse um pouco mais comigo. Assim, poderia conhecer o navio por dentro, você sempre disse que queria conhecer um...

Ludovic riu e balançando a cabeça positivamente respondeu:

– É verdade, mas eles não vão me deixar subir.

– Vão sim. É só dar um troquinho. Venha.

O sorriso ambíguo de Cliff tornou-se mais intenso. E assim os dois rapazes foram a bordo. Na proa do navio, Cliff Dorigan tirou, para surpresa de Ludovic, uma garrafinha cheia de uísque de dentro do bolso do seu paletó.

– É para fazermos um brinde – explicou.

Os olhos de Ludovic brilharam diante da sugestão. Estranho som vibrava na voz de Cliff, mas Ludovic não percebeu.

Enquanto o amigo passava a garrafa para ele, Ludovic comentou:

– A vida é engraçada, não é mesmo? Cheia de surpresas, reviravoltas, mudanças repentinas!

Reapareceu o mesmo sorriso estranho na face de Cliff ao concordar com a cabeça. Seu rosto tornou-se grave quando opinou:

– Sim, meu bom Ludovic, a vida é cheia de surpresas e reviravoltas – suas mãos se enroscaram nervosamente – e só o amor pode nos salvar de situações como essa. O amor que sentimos pelo próximo, que é capaz de nos fazer correr risco de vida para salvar quem tanto amamos. Como fez seu pai quando salvou o meu daquele duelo desleal. Como fez Cristo pela raça humana. Entre outros tantos exemplos.

Ludovic passou a garrafinha para as mãos do amigo e Cliff mal pareceu sorver o líquido que se encontrava ali.

— Vou sentir sua falta, meu amigo — confessou Ludovic passando a língua nos lábios secos —, como sempre senti desde que partiu para a América.

Cliff tornou a pôr a garrafinha na mão do amigo e insistiu:

— Beba mais.

— Bem —, disse Ludovic cautelosamente.

— Vamos — insistiu Cliff — vai lhe fazer muito bem.

Ludovic obedeceu. Meio minuto depois estava bocejando sem parar.

— Não devia ter bebido, fiquei com sono.

Cliff virou-se para ele com um sorriso de triunfo em seu rosto embelezado pelo tempo e disse:

— Venha, quero que conheça o meu quarto.

— O navio já está para partir, Cliff.

— Que nada, ainda leva uns bons minutos. Venha.

Um minuto depois, os dois chegavam à cabine de Cliff. Quando a porta da cabine se abriu, Ludovic mal podia acreditar no que via. Dentro do pequeno cômodo do navio estava nada mais, nada menos que Vivienne Primorak.

— Vivienne — murmurou Ludovic com espanto.

Mas não foi além disso, suas pernas bambearam e se Cliff não tivesse escorado o amigo ele teria caído ao chão.

Capítulo 28

Quando o amor fala mais alto

Os olhos pensativos de Vivienne detinham-se em Cliff enquanto ele ajeitava Ludovic sobre a pequena cama do quarto. Após afrouxar a gola da camisa do rapaz e ajeitar seus cabelos, Cliff disse:

— Ele ficará bem, não se preocupe.

Vivienne então pôs para fora a pergunta que queimava na sua garganta:

— Tem certeza de que é isso mesmo que você quer fazer?

Os olhos dele voltaram-se para ela, graves e firmes. A resposta levou quase um minuto para ser dita:

— Sim. Será bem melhor assim.

Os lábios dela esboçaram um sorriso tímido, trêmulo enquanto seus olhos apalpavam a face de Cliff com delicadeza.

— Assim vocês poderão se casar tranquilamente e com a mesma tranquilidade ter seus filhos. Filhos que merecem gozar a vida ao lado de seu pai dedicando-lhe carinho e afeto. Por tudo isso vale todo e qualquer sacrifício.

Cliff despediu-se de Vivienne com um aceno nobre. Sem mais cerimonial, deixou a cabine.

Enquanto percorria o trajeto que o levava para fora do navio, o jovem não pôde evitar que a emoção batesse forte dentro dele a ponto de fazê-lo chorar.

Chorar, não de arrependimento pelo que estava fazendo, mas por poder salvar a vida daquelas pessoas que queria tanto bem. E nada, na sua opinião, significara tanto para ele do que ajudar o próximo, nada fazia sentir-se tão vivo, tão forte, tão em Deus.

Como dizia Jesus "...prova de amor maior não há do que dar a vida pelo irmão". E essa força que existia dentro dele e que era descoberta agora por ele seria capaz de fazê-lo lutar para dar fim àquela guerra insana que afetava gravemente todos os povos.

Três minutos depois o navio partia levando consigo Vivienne e Ludovic para a América no lugar de Cliff Dorigan.

***

Quando Ludovic voltou a si, o navio já se encontrava a três horas de distância do porto que estivera ancorado antes de partir. Ao deparar com os olhos enegrecidos de Vivienne, Ludovic perguntou:

– O que houve?

Ele pronunciou as palavras bem devagar enquanto se sentava na cama.

– Apaguei?

Ela assentiu com o olhar. O jovem então passou a mão pela cabeça afastando da testa seu revolto cabelo castanho enquanto tentava reconstruir os últimos acontecimentos. Houve uma pausa e então ele perguntou já com mais naturalidade.

– Onde está Cliff?

Ela dirigiu-lhe um olhar protetor, ansioso. Sua ausência de palavras preocupou Ludovic. As sobrancelhas dele levantaram-se de maneira inquisidora. Indagou:

– O que há, Vivienne?

Foi com essa pergunta que Ludovic teve um estalo. Levantou-se abruptamente e deixou o quarto do navio em busca do convés. Vivienne o seguiu, chamando por ele.

Ao ver que o navio já se encontrava em alto-mar, Ludovic estremeceu. Ele apertou as mãos no parapeito da grade que cercava o local enquanto palavras saltavam-lhe a boca:

– Estamos em alto-mar, Vivienne... Em alto-mar... Indo para a América. C-como? O que foi que aconteceu?!

Ludovic lançou novamente um rápido olhar ao redor, era um olhar de terror. Entre lágrimas, Vivienne fez um pedido muito sério:

– Acalme-se, por favor.

Ludovic pareceu ignorar as palavras de sua jovem amada. Então, subitamente ele levou a mão aos bolsos do paletó e lá encontrou um passaporte. Profunda ruga barrou-lhe a testa diante da descoberta. Ele engoliu o fôlego rapidamente ao abrir seu passaporte e ver que pertencia a Cliff Dorigan, no entanto a foto, não era dele, a foto era sua, de Ludovic.

Nesse momento, o jovem de grandes olhos calmos e cabelo revoltos estremeceu. Quando seus olhos se encontraram novamente com os de Vivienne ela fez um gesto de "o que se há de fazer".

Os olhos do moço se esbugalharam ainda mais diante da realidade que se descortinava a sua frente.

– Ele não pode ter feito isso. Não pode... – lamentou.

Um sorriso envergonhado salpicou o rosto da jovem. Foi com muito tato que ela se expressou:

– Foi o único jeito que Cliff encontrou para livrá-lo da guerra, Ludovic.

– Você sabia, Vivienne?

– Não por completo. Ele apenas me pediu que saísse escondida de casa, sem que meu pai percebesse e viesse para cá. Que trouxesse uma mala de roupas. Depois me explicaria tudo. Só percebi o que ele pretendia fazer quando chegou trazendo você sedado.

– A bebida, claro! – suspirou Ludovic quase em êxtase. – Deveria ter algum sonífero na bebida e aquele maluco fingiu beber, com o máximo de cuidado para não sorver do líquido.

Houve uma pausa, Ludovic suspirou, olhou para cima, para as estrelas e subitamente explodiu numa crise de choro. Envolveu-a em seus braços e apertou-se a ela com ardor.

– E agora para onde vamos? – perguntou entre lágrimas.

– Para a casa de Anne Campbell, a mãe dele. Antes de partir ele me deu o endereço e uma carta para entregar a ela, onde explica tudo. Disse que ela o compreenderia.

Ambos se apertaram ainda mais um ao outro.

– Seu pai ficará louco ao descobrir que você desapareceu – comentou Ludovic em seguida.

Vivienne se desvencilhou do abraço dele, procurou seus olhos e disse com grande reserva de força:

— Sabe, Ludovic, apesar de amar profundamente meu pai e de lhe ser grata por tudo o que ele fez por mim, foi melhor eu ter partido de casa, assim, sem deixar paradeiro. O amor que ele sente por mim me sufoca, o que me leva a crer que não é amor, e sim apego. Apego por medo de algo que nem ele próprio sabe definir. Talvez seja por medo da solidão. Eu jamais quis machucar meu pai, no entanto, ele não se importa em me machucar. Machucar quem eu amo.

Ela fez uma pausa dramática antes de acrescentar:

— E eu o amo, sinceramente temia que estando lá naquela casa sob a guarda dele, ele me forçasse a me casar com qualquer um que achasse que conviesse. Há tempos venho percebendo nele certa ausência de equilíbrio mental. Ao menos na América, nós estaremos salvos, poderemos nos casar e ter nossos filhos...

Vivienne tomou a respiração profundamente ao proferir as últimas palavras. Ludovic apertou-a ainda mais contra o seu peito beijando-lhe os cabelos ondulados e perfumados.

***

O dia havia amanhecido com as nuvens fugindo do céu quando me entregaram a carta que Cliff Dorigan escrevera para mim. Confesso que fiquei surpreso ao recebê-la. Tanto eu como Elizabeth. Nela ele dizia:

Senhor Angel

A dor que o senhor sentiu ao saber do destino que aquele homem cruel determinou para nosso querido Ludovic doeu fundo em mim também. Eu sempre tive Ludovic como meu irmão, o irmão que sempre aguardei chegar e nunca veio.

Não achei justo que um rapaz que amava tanto uma mulher fosse obrigado a se separar dela por causa de rancor sem tamanho dentro do coração de um homem.

Separado por uma guerra da qual poderia nunca mais voltar. Uma guerra que poderia impedi-lo de viver o amor que ele tanto sonhara viver ao lado da mulher amada. Uma guerra que poderia impedir sua mulher amada e os filhos que geraria com ela da sua companhia. Os filhos que todo pai quer beijar, apertar e ninar em seus braços.

Ludovic sempre foi frágil como um cristal, temi que não soubesse lutar na guerra como a maioria não sabe. Enviar esses jovens para os campos de batalha é o mesmo que lhes dar a sentença de morte, jogá-los no inferno.

Por tudo isso decidi mudar o destino de Ludovic e Vivienne. Por temer também que se Ludovic não morresse na guerra, como Leonard Primorak almejava, ele aprontasse alguma coisa ainda pior contra meu querido amigo. Temi também que fizesse algo contra a própria filha. Uma pessoa que não consegue ver nada além do ódio e do rancor é capaz de fazer coisas horríveis.

Por tudo isso quis dar a chance para que Ludovic e Vivienne vivessem aquilo que tanto queriam viver, aquilo que tanto merecem viver. O amor.

Eu sou um esportista, tenho um físico bem mais preparado para enfrentar os campos de batalha, por esse motivo, tomar o lugar de Ludovic na guerra não me trará tantos problemas.

Tirei os olhos da carta e os dirigi para Elizabeth, que me olhava ansiosa. A carta terminava dizendo:

Perdoe-me se errei na concepção do senhor, mas só fiz o que fiz para ajudar.

Elizabeth rompeu o silêncio.
– Meu Deus...
Nossos olhares se encontraram, temi ler dentro do dela a frase: a culpa é sua, Christopher. Toda sua. Aproximei-me da janela e me debrucei no parapeito até ver a luz incandescente que a lua derramava sobre nós. Como não sabia falar com Deus, falei com a lua. Pedi a ela que protegesse aquele rapaz como se fosse um filho meu. O que de fato era, percebia eu agora, o filho que eu teria tido se houvesse me casado com Anne Campbell.

***

Naquele mesmo instante, Beatrice abria a carta que Cliff havia deixado para ela. Na qual dava as mesmas explicações. Por incrível que pudesse parecer, Beatrice recebeu a revelação com calma, era como se já esperasse por ela. Certa de que sobreviveria àquela nova separação como sobreviveu à anterior. Com fé e esperança.

***

Naquele exato momento, Cliff Dorigan se apresentava ao exército do nosso país.

– Seus documentos, meu jovem – pediu o encarregado.

Cliff os entregou. O soldado leu o que devia ler, voltou o olhar para ele mais uma vez, de novo para a foto e por fim disse:

– Muito bem, sr. Ludovic Angel, assine aqui.

Cliff fez o que devia ser feito.

Capítulo 29
Tire o rancor e veja o que resta...

Havia se passado dias desde os últimos acontecimentos, Leonard Primorak havia se recolhido a um profundo silêncio. O fiel mordomo estava a poucos metros de distância dele. Quieto. Não se atrevia sequer a respirar. Instantes depois, o dono da casa levantou os olhos e disse:

— Há uma voz martelando a minha cabeça, Marlon. Uma voz que insiste em querer me fazer acreditar que a fuga da minha filha é culpa minha. Toda minha. Mas eu só fiz o que era certo, compreende, o que era certo.

— Se me permite perguntar, certo segundo quem, meu senhor? Por exemplo, o criador dessa guerra acha que é certo criá-la, mas ele está errado. Acha que judeus são uma raça inferior, mas isso também é errado. Um equívoco. Uma visão muito limitada da natureza. A mesma que muitos brancos tinham no passado a respeito dos negros e por esse motivo fizeram deles escravos, mas foi um equívoco e a natureza ou Deus não permite que os equívocos cometidos pela ignorância do homem durem por muito tempo. Vem sempre uma luz que ilumina os nossos pensamentos e nos permite ver se eles são bons, adequados ou inadequados.

— Sou um solitário infeliz... Deus não deve gostar nada de mim.

— Ora, não diga isso, meu senhor. Não o responsabilize pelos caminhos que sua vida segue no agora, pois eles foram trilhados pelo senhor, não por Deus. Foram seus pensamentos, valores, que o levaram a tomar atitudes que o fazem viver o que vive agora. Reveja seus pensamentos, suas atitudes, e mudará o curso de sua vida.

"Veja como as coisas da vida podem tornar-se mais fáceis se o senhor tirar o rancor dela. Visualize o senhor vivendo sem rancor."
– Uma vida sem rancor?
– Sim. O que acontece? O que o senhor vê? Uma vida mais fácil, não é mesmo? Uma vida mais tranquila, leve, feliz... certo? Pois bem, tire a revolta, os desejos de vingança de dentro do seu coração e veja o que sobra. Tire o complexo em relação a alguma parte de seu físico e veja como se sente, ótimo, não é mesmo?

"Tire os padrões de beleza que uma pessoa exige que ela tenha e veja o que sobra.

"Tire as exigências absurdas do ego e da vaidade e veja o que resta.

"Tire o ódio do coração e veja o que encontra.

"Tire você de um lugar cheio de ódio e rancor e veja quem é de fato.

"Pode parecer difícil, mas não é, é bem fácil, experimente.⃝
Leonard Primorak ficou pensativo por instantes, por fim disse:
– É tão difícil tirar de dentro de nós aquilo que está enraizado.
– Difícil, mas não impossível – acudiu o mordomo. – Pelo menos tente, o senhor vai se sentir melhor consigo mesmo e com a vida. Vai agradecer num futuro bem próximo por poder ter lhe dado essa chance.

***

Já havia se passado quase dois anos desde que a Segunda Guerra Mundial havia começado. Enquanto a guerra se estendia, Beatrice se dedicou a ajudar os feridos na guerra. Pensei, a princípio, que seria para amenizar a saudade que sentia de Cliff, mas não, ela fazia de coração. Seu modo de ser, sua solidariedade era admirável, só me fazia sentir ainda mais orgulhoso dela.

Assim como no passado Beatrice aguardava pela volta de Cliff com esperança indestrutível de que um dia ele voltaria são e salvo.

Era uma das primeiras tardes tristes de outono quando Elizabeth voltou para a casa abatida e entristecida.

– O que há com você, Elizabeth? Você não me parece nada bem.

Ela permaneceu evitando o meu olhar, algo atípico de sua personalidade.

– Fui ao médico esta tarde.

– Médico? Você não me disse nada.

– Não queria alarmá-lo.

Ajoelhei-me ao lado dela, peguei sua mão e a encarei seriamente:

– É algo grave?

Ela não respondeu, apenas fechou as pálpebras deixando cair uma lágrima.

– Seja o que for, você vai sair dessa, Elizabeth. Você pode contar comigo para o que der e vier. Não perca a fé.

Ela levantou-se, caminhou até a janela, silenciosa por instantes, então sem mais preâmbulos começou a me explicar o que estava consumindo sua alma:

– Anne não partiu para os Estados Unidos naquela triste tarde de outono porque havia recebido uma carta dizendo que sua mãe estava muito mal de saúde, Christopher.

– Não?! – perguntei enquanto uma fria onda de apreensão invadia-me a alma.

– Não – respondeu ela seriamente. – Foi uma notícia forjada. Criada apenas para explicar por que ela teve de partir daqui de casa com o filho, assim tão de repente.

Elizabeth engoliu em seco e somente quando conseguiu recuperar a coragem que lhe fugia pelos poros, prosseguiu:

– Fui eu que inventei essa desculpa, Christopher. Foi a única que eu encontrei na minha cabeça para explicar sua partida e que achei que o convenceria.

– Se ela não partiu por causa da mãe, por qual motivo, então, ela teve de partir tão repentinamente para os Estados Unidos?

– Por minha causa, Christopher. Fui eu quem quis que ela fosse embora daqui, para sempre de nossa vida.

Suas palavras fizeram desaparecer toda a minha tranquilidade. Lancei-lhe um olhar desesperado. Ela sacudiu a cabeça serenamente, vergonhosa de si mesma.

– Por que, Elizabeth – perguntei – por que fez isso?

Ela respondeu com cautela:

— Porque eu havia descoberto que Anne era a mulher que você tanto amou... a mulher que você tanto ama...

Meus olhos encheram-se de lágrimas. A revelação era um choque.

— Como? Como você foi capaz de...

O rosto de Elizabeth empalideceu e no seu olhar já não havia nenhuma expressão quando ela disse:

— Eu o amava mais que tudo, Christopher, ainda o amo... não podia perder novamente alguém que tanto amava, eu não suportaria a dor e, acreditei, que com Anne, viúva, o caminho estaria finalmente livre para você ficar com ela. Ainda que não ficasse não suportaria viver sob o mesmo teto com a mulher que eu sabia que mexia tanto com você, até mesmo em seus sonhos. Paguei com o dinheiro que obtive com a venda de um pequeno anel e um colar que me dera de presente a passagem dela e do filho para a América.

"Quis que ela deixasse o menino, por causa de Beatrice, eu sabia o quanto ela o amava e que esse amor faria deles dois, um dia, um casal. Mas..."

— Você deixou que sua filha vivesse todos aqueles anos naquela amargura, definhando por causa daquela anorexia impiedosa por causa da saudade do menino...

Ela me cortou:

— Por sua causa, Christopher. Para não perdê-lo. Para quem sabe, na minha doce ilusão, fazê-lo um dia gostar de mim da mesma forma que eu gosto de você.

Sua voz tornou-se a seguir um sussurro arrastado:

— Eu e só quem já amou de paixão alguém pode compreender o que me levou a fazer o que fiz.

O rosto de Elizabeth empalideceu ainda mais quando ela acrescentou:

— Eu sei o quanto deve estar me odiando...

— Você não podia... — murmurei, amargurado.

— Eu sinto muito — desculpou-se ela baixando os olhos para o chão.

— Por que está me dizendo isso agora? — perguntei atônito.

— Porque não é justo que você continue pensando que Anne foi injusta para conosco. Anne cortou totalmente o contato conosco porque eu pedi a ela que fizesse isso. As cartas que Cliff escreveu existiram de fato, mas Anne certamente nunca as enviou, apesar de dizer ao filho que sim, fez isso porque eu também pedi a ela que fizesse isso.

Eu estava mais uma vez assombrado com aquele retrato dantesco da realidade.

— Não diga mais nada — ralhei rispidamente.
— O que me resta dizer. De nada adiantou prendê-lo ao meu lado. Afastá-lo de Anne, você ainda a ama, sofre por isso, pela felicidade que nunca pôde viver ao lado dela. Pela saudade do brinde que nunca aconteceu. Do beijo no altar que nunca se realizou. Do amor que nunca pôde ser vivido.

Sacudi a cabeça, desmoronando. Ela ainda detinha a palavra:
— Tive vergonha de mim por ter roubado de vocês a outra chance que a vida lhes deu para ficarem juntos.
— Cale-se! — gritei.

Senti a náusea me devorar.
— Eu sinto muito — lamentou-se ela mais uma vez.

Quando meus olhos se encontraram novamente com os de Elizabeth eles estavam tão vermelhos de ódio ou de ressentimento que Elizabeth se assustou ao vê-los.

— Você deve estar me odiando — tornou ela, com voz trêmula —, eu sei, eu sinto, mas seu ódio tem fundamento. Total fundamento.

— Sim, Elizabeth, eu estou odiando você do mesmo modo que odiei Victor Dorigan. A quem salvei a vida e que me jurou profunda gratidão e, no entanto, traiu nossa amizade causando-me tamanha decepção. É horrível descobrir que estive dormindo esse tempo todo com o inimigo. Do mesmo modo que passei boa parte da minha vida convivendo com outro inimigo chamado Victor Dorigan.

Trêmulo da cabeça aos pés recuei um passo, depois dois, até deixar a sala apressadamente, deixando para Elizabeth um olhar de ressentimento profundo. A dor da decepção era tanta que por um momento pensei que explodiria dentro de mim como se eu tivesse engolido uma granada.

Ganhei a rua e logo estava a correr, desembestado, correndo do meu passado, do meu presente, fugindo de mim mesmo... De tudo... Da decepção e das armadilhas do coração.

Eu corria e corria... tendo cada vez mais a impressão de que deixava cair um pouco de mim em cada esquina.

A cada pisada no chão, os paralelepípedos pareciam explodir com o impacto dos meus pés contra eles e crescia a sensação de que eu acabaria odiando Elizabeth tanto quanto odiei Victor Dorigan. Eu estava sem me dar conta convidando-me a comungar com o ódio e o ressentimento mais uma vez e desta vez em dose dupla.

Um instante depois, perdi o fôlego e a capacidade de mexer um dedo sequer. Parei, vermelho, suando em profusão.

Tentei safar-me das lembranças, mas elas não se deixavam abater assim tão fácil. Arrastei-me, sim, essa seria a melhor palavra para descrever o modo como cheguei até um poste, apoiei minhas costas contra ele e me pus a chorar.

A vida fora ingrata comigo, fora mais uma vez ingrata comigo. Cruel, pensei. Desde pequeno ela sempre me fora cruel. Levou meus pais quando ainda era jovem, deixou-me sob a guarda de um tio que encarou minha guarda como um fardo, fazendo de tudo para que eu fosse estudar bem longe da casa dele e nunca mais voltasse para lá, senão para uma visita passageira.

Fizera-me tornar amigo de um pulha, que mesmo depois de ter-lhe salvado a vida, traiu-me sem dó nem piedade, indecentemente. Fez-me apaixonar por uma mulher que não pude viver ao seu lado.

O que pensar da vida senão coisas ruins? Senão que ela não gosta de mim, nunca gostou, detesta-me, repugna-me. Faz-me sofrer. Estraga meus planos, cerca-me de inimigos... Deve ter prazer em me ver assim humilhado, apedrejado, ferido no corpo e no espírito.

Eu queria berrar, gritar de ódio. Algumas pessoas passaram por onde eu me encontrava e me olharam chocadas, surpresas, penalizadas. Nenhuma, no entanto, atreveu-se a me dirigir a palavra, perguntar se eu precisava de ajuda ou qualquer outra coisa do gênero.

Pouco me importei com o que pensassem de mim. Estava abalado por demais para me preocupar com banalidades como essa. Fiquei ali entregue ao desespero perdendo-me entre lembranças cada vez mais ruins sobre a minha vida. Foi então que a *voz das sombras* se fez presente mais uma vez. Surgiu do nada, como sempre, chamando-me por meu nome:

— Christopher.

Estremeci ao seu chamado. Ela aguardou um pouquinho em silêncio esperando com certeza alguma reação da minha parte, como me mantive na mesma, tornou a me chamar:

— Christopher...

Bufei, irritado. As palavras então saltaram da minha boca como que por vontade própria:

— Estou mais uma vez magoado, sentido, ferido... Eu fiz de tudo por Elizabeth e, no entanto, ela me traiu.

— Ela também fez de tudo por você, Christopher. O que você chama de traição não foi propriamente uma traição e sim o modo que ela encontrou no seu grau de evolução para proteger seu casamento. Manter ao seu lado o homem que tanto ama.

— Mas sua atitude só causou transtornos, discórdias em nossos corações. Feriu Beatrice profundamente. Por causa disso odiei Anne injustamente, fiz mau juízo da sua pessoa. Dela e do filho.

— Eu sei... ainda assim...

Eu o cortei bruscamente:

— Eu a odeio! Odeio Elizabeth profundamente.

Passei a mão pelo rosto varrendo as lágrimas que escorriam por ele. Tornei a repetir:

— Eu odeio Elizabeth, odeio...

— Não — corrigiu-me a voz. — Você não a odeia, Christopher, você a ama. Não pode odiar a mulher que lhe deu Beatrice que você ama como uma filha... Foi por intermédio de Elizabeth que você pôde conhecer e conviver com a menina. A menina que com sua graça o fez reencontrar um propósito na vida. Foi também por meio de Elizabeth que você pôde experimentar a alegria de ser pai, pai de Ludovic. Foi por intermédio dela que a vida lhe deu uma nova chance para ser feliz. Uma chance que nunca pôde ser vivida na íntegra porque o sonho que você não realizou com Anne Campbell se interpôs o tempo todo entre você e essa felicidade.

"Muitas pessoas não podem ser felizes ao lado do seu cônjuge porque ele ou ela não é aquela pessoa que eles elegeram como a grande paixão da sua vida. Com isso, cegam o seu coração transformando-o num inverno denso e rigoroso sem perceber que se permitisse ver e se entregar para aquela pessoa com quem se casou, seu coração poderia florir novamente como na primavera ainda que com flores e cores que ela nunca sonhou existir. Poderia perceber também que amam seu cônjuge de verdade.

"Seu casamento com Elizabeth foi a melhor coisa que aconteceu para ambos. No momento mais preciso, o qual vocês dois mais precisavam. Qualquer um que tomar conhecimento da história de vocês chegará a essa conclusão. O que nos leva a perceber que a vida nunca deixa ninguém à mingua. Que é certo dizer que Deus nunca nos deixa sós.

"É um equívoco pensar que odeia Elizabeth, Christopher Angel. Um equívoco tamanho. Você na verdade a ama, ama-a profundamente, um amor que foi crescendo, crescendo e o absorvendo. Mas você não pode perceber isso, porque o sonho de se casar com Anne Campbell o sonho que nunca pode ser vivido está sempre a frente de tudo, embaçando sua visão, nublando seus sentimentos. Bloqueando a sua percepção. Elizabeth é o amor que se materializou, é o amor que foi além de um desejo, de um sonho, de um ideal. Foi o amor que fez sentido, que tocou-lhe fundo, que o resgatou do caos emocional e físico. Esse é o amor de verdade, aquele que toca, ensina, resgata-nos do fundo do poço, traz-nos de volta a vida, dá-nos asas para voar, sem que você tire os pés do chão.

"Você vai viver o resto da sua vida à sombra do ódio, do rancor, da decepção e de um escabroso desejo de vingança que brota em seu coração? Acha certo gastar a sua vida inteira se deixando embriagar, envenenar-se por esses sentimentos que só servirão para torturá-lo e afundá-lo ainda mais nesse caos emocional? Pior, bem pior, do que viveu na guerra?

"Todo ser humano, Christopher, quer acima de tudo, ser feliz. Mas, como ser feliz à sombra do rancor e do ódio? Alimentos que só servem para envenenar a alma do ser humano, dopar seus sentidos, comprometer negativamente sua existência.

"Você amou Anne Campbell, você ainda a ama, isso é claro para você, é certo para qualquer um que tomar conhecimento da sua história. Só que as circunstâncias não permitiram que você se cassasse com Anne como vocês dois tanto sonharam. Acontece, nem sempre a vida segue pelos caminhos que tanto queremos trilhar. No entanto, qual a atitude mais sensata a se tomar quando a vida não segue conforme queremos? Bem, certamente que não é a de se deprimir e se depreciar para o resto de nossa vida; chorar por alguns momentos é natural e até mesmo importante, pois as lágrimas levam de nós senão todo, um pouco pelo menos do que nos abateu. Depois, é hora de lavar e enxugar o rosto, respirar fundo e voltar a viver.

"Siga em frente, Christopher Angel. Em frente, sempre em frente... Leve consigo, na lembrança, apenas os bons momentos da vida. Largue no passado aquilo que quando vem à memória lhe causa profunda dor. Liberte-se desses momentos, perdoe..."

— Se eu seguir em frente deixando para trás tudo o que me fez tão mal, envenenou meu sangue, poluiu minha alma, eu não serei mais eu, serei apenas uma metade de mim.

— Não, Christopher, você ainda será você, um você mais nobre, mais sensato, mais evoluído... Seguir em frente carregando os desagrados com a vida, aquilo tudo que lhe deixa tão mal é o mesmo que seguir em frente sem tomar banho, dentro de uma casa que não recolhe o lixo, tampouco é limpa, dentro de roupas que nunca são lavadas...

Respirei fundo enquanto a cor retomava seu lugar sob a minha face.

— Quem é você? — perguntei a seguir.

— Sou aquele que o acompanha. Aquele que pode levá-lo a chegar a algumas conclusões que sem a minha ajuda ou de psicólogos não é possível para o ser humano.
— Por que posso ouvi-lo e outros não?
— Como sabe que os outros não ouvem? Está dentro deles por acaso? Pois bem... O problema é que por mais que alguém possa nos ouvir, ainda assim nos ouve com ouvidos surdos... Compreende o que eu digo?
— Acho que sim — respondi um tanto incerto.
Fez-se uma breve pausa até que eu perguntasse:
— O que faço, agora?
— Siga o instinto do seu coração...
Respirei fundo. E de repente um sorriso tomou a minha face de ponta a ponta e junto dele um calor que ecoou por todo o meu corpo enchendo-me de alegria, de uma alegria que eu jamais fiz ideia que pudesse existir.
— Vá, Christopher, vá atrás da mulher que você ama, da mulher que lhe ensinou a amar. É isso, não é, que o seu coração diz?
Anui com simpatia e segui meu caminho de volta para a minha casa.

* * *

Ao me ver entrando em casa, Elizabeth me encarou através de uma nuvem de lágrimas. Suas mãos crispavam-se tão fortemente que até eu podia sentir a dor de suas longas unhas pontudas penetrando a carne da palma de suas mãos.
— Você deve amaldiçoar minha existência — disse ela, num tom de voz entrevado de amargor. — Teria sido melhor que eu tivesse morrido há muito tempo, na mesma época de Victor Dorigan, para que você e Anne pudessem ficar finalmente juntos como tanto sonharam.
— Elizabeth eu... — mas minhas palavras não foram além disso.
— Não ouse negar, Christopher. Eu sei, eu sinto — acrescentou ela impetuosamente.
Eu me aproximei dela com passos de formiga, mas quando percebi que ela temia que eu fizesse alguma coisa contra ela naquele instante, tratei logo de acalmá-la:

— Não precisa ter medo, Elizabeth, não vou fazer nada contra você.

Segurei as mãos dela procurando transmitir-lhe com o meu aperto de mão um pouco de paz e conforto. Ela ficou tensa ao contato, mas não a soltei. Elizabeth tremia inteira quando eu disse:

— Eu amei Anne Campbell como um louco, amei e ainda a amo. Mas foi você Elizabeth quem me resgatou das marcas que a guerra me deixou, da decepção que Victor Dorigan me causou, da tristeza que senti por não por ter ficado com Anne. Foi você quem me deu Beatrice, que amo como a uma filha legítima, que meu deu Ludovic, que me deu amor, calor humano, companhia durante todos esses anos. E eu não posso dizer que o que sinto por você não é amor, porque é sim, um amor que foi nascendo e crescendo com o convívio, um amor que surgiu no momento em que eu mais precisava, como se um anjo houvesse nos unido para me abençoar depois de tudo que eu passei.

Elizabeth parecia incapaz de acreditar nas minhas palavras.

Eu vivi prisioneiro da ideia de como teria sido a minha vida ao lado de Anne sem perceber que a nossa vida conjugal era formidável, rara de se ver e se encontrar. Você foi uma mulher e tanto, você é uma mulher e tanto, uma mãe e tanto e se você fez o que fez para impedir que a gente se separasse eu compreendo, eu acredito que teria feito o mesmo se estivesse no seu lugar.

— Você — soluçou ela. — Depois de tudo o que eu fiz, você...

Novamente a minha voz se sobrepôs à dela:

— Sim, eu compreendo você e por isso a perdoo.

Suas palavras fizeram desaparecer todas as suas ansiedades.

No mesmo instante que meus olhos romperam-se em lágrimas eu a puxei contra o meu peito, abraçando-a fortemente, beijando-lhe a testa, os cabelos, a nuca. Querendo transmitir-lhe todo o amor que sempre existiu dentro de mim, mas que eu nunca permiti que viesse para fora de forma tão livre e tão sincera.

Quando nos desvencilhamos um do outro, Elizabeth sentou-se na pontinha do sofá, apoiou o queixo na mão e fez um novo desabafo:

— Eu me arrependi do que fiz, Christopher, juro que me arrependi. Pode parecer que não, mas me arrependi amargamente, cheguei a fazer tudo o que estava a meu alcance para trazê-los de volta para cá antes que Beatrice se destruísse pela saudade. Só Deus sabe o quanto eu sofri, só Deus sabe o quanto eu me arrependi.

Suas palavras deixaram-me surpreso mais uma vez por ver que a voz das sombras dizia sempre a verdade sobre meu julgamento precipitado.

— Eu acredito em você, como sempre acreditei, Elizabeth.

Sentei-me ao lado dela enquanto minha mente foi invadida pelos *flashbacks* vividos ao lado dela.

Em todos os momentos da minha vida, naqueles que consegui viver alguma alegria, amenizar a dor que me ia na alma estava Elizabeth, percebia eu agora. Sempre procurando me ajudar a voltar a ser quem eu sempre fui antes de a guerra estourar, antes de eu me chocar com a realidade que Victor Dorigan desabou sobre minha cabeça.

Elizabeth... Elizabeth... fora o meu porto seguro. Fora a luz que surgiu quando só me restava o escuro. Se cometeu uma falha, foi porque é humana, porque me amava muito e temia perder a paz que quando estávamos juntos vinha à tona como a luz do sol que raia todas as manhãs. Meu Deus, como eu amava Elizabeth, e nunca me dei conta do quão grande era esse amor. Sempre ouvi dizer que a felicidade está sempre perto de nós, mas não podemos percebê-la por estarmos sempre pensando que ela está longe ou muito ocupados para notá-la, e isso é a mais pura verdade. Elizabeth era a felicidade que me acompanhava e eu nunca me dera conta.

Uma das mais belas lições que tenho aprendido com o sofrimento: Não julgar, definitivamente não julgar a quem quer que seja...

Chico Xavier

Capítulo 30

A menina das bexigas coloridas

Era quase meia-noite quando decidi ir até o hospital em busca de Beatrice, certo de que se eu não fosse buscá-la para voltar para a casa, ela haveria mais uma vez de dormir sentada num canto qualquer daquele lugar tomado de vítimas da guerra. Assim que a vi, tratei logo de repreendê-la:

— Filha?!

Ela me olhou com olhos de quem não tirara um minuto sequer durante o dia para tomar uma xícara de café.

— O que está fazendo com você, Beatrice, não é certo — comentei assim que me vi a um palmo de distância dela. Você não sai mais deste hospital para nada, se for permitido você acaba ficando aqui dentro por vinte e quatro horas. Isto não está certo, você vai acabar com a sua saúde.

Ela me fitou longamente e depois disse, medindo bem as palavras.

— É uma afronta a Deus, papai, assumir cansaço diante de tanta gente que necessita de ajuda.

Ela girou o pescoço pelo recinto pousando os olhos em todas as vítimas da guerra que se encontravam estiradas nas camas, sedadas para não agonizar mais de dor. Era um quadro dantesco da realidade.

— O senhor já esteve na guerra — prosseguiu ela —, viu muita gente morrer, por pouco não morreu, deve com certeza saber o quanto uma mão amiga pode ajudar alguém cujo corpo foi ferido numa guerra insana.

Fiquei quieto, diante daquelas palavras, não tinha mais o que dizer.

— Papai, eu sei o quanto lhe fere ver tudo isso, pois tudo isso lhe faz lembrar da guerra, a qual o deixou traumatizado. Mas querer fechar os olhos para a realidade que nos cerca agora é tão cruel quanto a guerra em si.

Baixei os olhos e comecei a chorar envergonhado de mim mesmo. Beatrice pegou na minha mão, ergueu até seus lábios e a beijou carinhosamente.

— O que há de errado com a vida, filha, por que a paz que tanto almejamos nunca vem, e quando vem passa tão rápido. Por que a vida é tão amarga, Beatrice? Onde está Deus que não intervém nisso tudo, será que não tem dó de nós?

— Pai, Deus é pai como o senhor. Deve sofrer tanto quanto os pais estão sofrendo por seus filhos na guerra. Mas antes de querer compreender por que Deus permite que uma guerra insana como essa aconteça precisamos fazer algo por todos nós que estamos envolvidos nela, para abrandar seu efeito catastrófico sobre nós.

Ela enxugou minhas lágrimas com um lenço e me encaminhou para fora do hospital.

— Veja, papai, quantas e quantas pessoas que perderam suas casas por causa dos bombardeios sendo obrigadas agora a se alojar em moradas improvisadas dentro de ginásios e escolas. Vivendo agora sem nenhum conforto, sem qualquer privacidade. Os ataques inimigos pouparam a nossa casa, pouparam a de muitos, mas nosso egoísmo, nossa mania de olhar somente para o nosso umbigo, acreditar que o nosso problema é o maior que há, único, não nos permite ver que há pessoas em condições piores que a nossa, que problema realmente quem tem são elas e não nós, pessoas realmente necessitadas e carentes de ajuda e atenção.

"As pessoas ficam tão concentradas em si mesmas que se esquecem de notar as crianças que perderam seus pais, ficaram órfãs da noite para o dia e agora se encontram à mercê de um futuro incerto e cheio de saudade. Crianças com verdadeiros problemas...

"Essas pessoas esquecem das tantas e tantas pessoas que estão agonizando de dor dentro dos hospitais, e hospitais improvisados abertos em escolas. Muitas delas jamais poderão voltar a ser fisicamente como antes de partirem para a guerra.

"Precisamos abrir os olhos para essa realidade, papai. Uma realidade que ninguém quer ver, mas que existe, está aí bem diante dos nossos olhos. Precisamos vê-la antes de pôr num pedestal os nossos problemas, de nos acharmos vítimas do mundo e da vida. Antes de acharmos que só nós temos problemas e que eles é que carecem de atenção.

"Papai, a lágrima não é só de quem chora..."

Beatrice tinha razão, toda razão. Ainda assim...

– Por que, filha, por que Deus não interfere nisso tudo?

– Pelo mesmo motivo que um filho que recebe um conselho pertinente dos pais e dos sábios só compreende o quão sábio era esse conselho depois que os ignora ao sofrer as consequências negativas que o conselho lhe preveniu.

Ela beijou minha bochecha e com carinho disse:

– Eu preciso do senhor amanhã.

– De mim, para quê?

– Para darmos um pouco de alegria às crianças, adultos e idosos.

– Alegria, como? Em meio a esse caos em que vivemos.

– Sim, papai. Em meio a esse caos em que vivemos, temos de arregaçar as mangas para ajudar quem precisa, amenizar suas dores e necessidades, mas não podemos esquecer de que a alegria é muito importante no restabelecimento de todos. Tão importante quanto um curativo, um remédio, um repouso, uma boa canja de galinha.

– Canja de galinha?

– Sim, papai.

Voltamos para a casa de mãos dadas, como se fôssemos dois namorados.

– Eu penso muito nele, filha... Eu só queria que...

Beatrice soube de imediato que eu falava de Cliff. Sua voz se sobrepôs a minha:

– Eu também, papai... mas ele há de voltar, papai... Com a graça de Deus, ele há de voltar.

Na manhã do dia seguinte, logo pela manhã, saí em busca do que Beatrice havia me pedido para buscar: um *container* de gás Hélio.

— Muito bem, Beatrice, aqui está o que me pediu. Pode me explicar agora porque precisa de algo do gênero?

Ela concordou com a cabeça e um sorriso de ponta a ponta.

— Posso sim, papai, para encher as bexigas.

— Bexigas?

— Exato. Para que possam ser soltas em direção ao céu.

Nesse momento, voltou-me à lembrança o dia em que Benedict contou-nos para aliviar nosso coração a curiosa história infantil da menina que soltava balões com mensagens para chegar no céu, em outras palavras, chegar até Deus. Mas eu jamais havia contado aquilo para Beatrice, tampouco Benedict, afinal ele nunca chegou a conhecer a menina. Curioso, perguntei:

— De onde foi que você tirou essa ideia, Beatrice?

— Eu estava voltando para casa ontem quando parei para observar um bando de crianças maltrapilhas brincando em meio aos destroços. Foi nesse momento que eu me lembrei da historinha da menina que soltava balões para se comunicar com Deus.

A seguir, ela me contou a historinha com a paciência que uma mãe tem para contar uma historinha para um filho. Para a minha surpresa era a mesma que Benedict Simons havia nos contado. Diante dos meus olhos exaltados, Beatrice perguntou:

— O que foi, papai, parece até que viu um fantasma?

— Quem lhe contou essa história?

— Meu *amigo invisível*, papai.

— Amigo invisível?

— Sim, papai. Meu *amigo invisível*, que sempre aparecia quando eu era garotinha e ficava conversando e brincando comigo. Aquele que toda criança tem... Essa era a historinha que ele mais gostava de me contar. Só que o meu *amigo invisível* não era uma criança da minha idade, era um adulto. De olhos bonitos, sorriso cativante...

— Tem certeza de que não foi sua mãe quem lhe contou essa história?

— Absoluta certeza, papai. Foi mesmo o meu amigo invisível.

— É que essa história me foi contada por seu pai certo dia durante a guerra. Eu nunca contei para você quando pequena, na verdade havia até me esquecido dela, só me lembrei agora... Só pode ter sido sua mãe quem lhe contou.

– Não, papai, não foi a mamãe. Foi realmente o meu amigo invisível quem me contou a historinha.

Fiquei perplexo. Teria minha filha podido ver o pai depois de desencarnado e até mesmo conversado com ele? Sim, era possível. Lembrando que Anne viu Rosamund e Samuel após a morte de ambos, aquilo era bem possível.

Torci para que o amigo invisível de Beatrice fosse realmente Benedict, para que ele assim pudesse ter tido a chance de conhecer e conviver um pouco com a filha que tanto quis conhecer.

– Ao lembrar dessa historinha – acrescentou Beatrice elevando a voz e me despertando das minhas reflexões –, pensei no quão bacana seria se ela acontecesse na vida real, por esse motivo, resolvi transformar-me na garotinha da história para fazer desse pequeno conto uma realidade, na esperança de que ele desperte sorriso e admiração nos olhos de todos e espante um pouco do amargor que paira no semblante deles e de todos nós também por conta dessa guerra.

Assenti, pensativo.

– Agora chega de perguntas e me ajude – acrescentou ela decidida.

Enchemos as bexigas de todas as cores, cerca de duzentas, e enquanto fiquei segurando o chumaço de bexigas, Beatrice entrou em casa com a promessa de voltar logo. Dito e feito, em menos de dois minutos ela reaparecia com vários pedaços de papel, uma caneta e uma fita adesiva.

Ela pôs tudo em cima da mesinha que ficava ali mesmo na varanda e começou a escrever em cada tira de papel várias palavras: paz, solidariedade, paciência, respeito, igualdade, amor, fé, calma, carinho, compreensão, harmonia, aceitação, evolução...

Depois, colou cada papelzinho numa bexiga e disse:

– Agora apanhe as tiras de papel, a caneta e a fita e me acompanhe.

Fiz o que ela me pediu e segui atrás dela. Não levou muito tempo para que as pessoas por onde passássemos saíssem de suas casas e locais de trabalho para ver a menina que carregava as bexigas.

Beatrice então começou a soltar as que tinham frases e foi pedindo para as pessoas que vinham ao seu encontro:

– Escreva algo nesse pedaço de papel, meu senhor, minha senhora, algo que você queira muito que Deus encaminhe para o mundo.

Ainda que surpresos, as pessoas escreviam, ela então colava numa bexiga e dava para a pessoa soltá-la.

– Deixe agora a bexiga ir para o céu, meu senhor, minha senhora, levando com ela seu pedido a Deus.

As pessoas soltavam os balões e olhavam admiradas, emocionadas, comovidas por aquele simples feito.

A proposta começou a fazer com que as pessoas voltassem os olhos para o céu, algo que havia tempos não faziam mais, devido ao corre-corre diário. Começaram também a encarar o céu com novos olhos. Lembrando que há um infinito, um cosmos, cheio de estrelas, que a vida é muito maior do que se pensa e que só uma força, uma tamanha inteligência, poderia ter criado tudo isso, e essa força é chamada de Deus.

É incrível como um simples gesto, ainda que infantil, pode comover tanta gente, adultos e crianças. Derreter ainda que temporariamente a tristeza e despertar um sorriso, fazer renascer a esperança naqueles corações.

Paz, esperança, lucidez, compaixão, carinho, amor, humildade, igualdade, são desejos tão proclamados pelo ser humano e tão ignorados e esquecidos de serem cultivados por nós no decorrer dos dias, meses, anos, de uma vida... Quão desatentos somos para as coisas que realmente nos importam.

Bexigas não podiam dar fim à guerra, ao caos que a guerra desabou sobre nossas cabeças, mas podiam apagar do céu um pouco da tristeza que se espalhava por lá.

Foi nesse dia, enquanto meus olhos acompanhavam a subida das bexigas, que eu comecei a perceber que Deus de fato existia, ainda que nós estivéssemos em guerra, Deus existia, e se existia, o que estaria Ele pensando do homem, vivendo em meio àquela guerra hedionda, matando o seu semelhante por ganância e poder. Ego e vaidade desmedidos. Ódio e preconceito? Sim, o que estaria Ele pensando?

Pensando daquele homem que acreditava que existia uma raça superior às demais, uma vez que é mais do que visível que somos todos, sem exceção, iguais. O que estaria Ele pensando dos homens que acreditam na sua mais infame loucura, que têm o direito de determinar quem vive ou não sobre a Terra, se somos e temos direitos iguais diante das leis que regem o cosmos?

Deus só poderia estar sentindo muita pena por tamanha ignorância, pretensão, arrogância e egoísmo por parte desses homens, homens que no fim de toda a sua empreitada hão de encontrar a desilusão, a derrota e a decepção consigo mesmos, como se vê ao longo da história do planeta.

Capítulo 31

Reencontros...

Quando retornamos para a casa, encontramos Elizabeth passando muito mal. Mandei imediatamente chamar um médico para examiná-la. Ele pediu alguns exames para ela fazer, exames de urgência. Pelo seu semblante, ainda que discreto, podia se ver que ele suspeitava de algo muito sério. Assim que Elizabeth se viu a sós comigo e Beatrice, disse:

— Por favor, filha, escreva para o seu irmão. Preciso vê-lo, antes de...

Ela parou, sua voz tornou-se tão vazia quanto seus olhos pálidos.

— Não diga isso, mamãe, a senhora ainda vai viver por muitos anos...

— Por favor, Beatrice — tornou ela com voz fraca — peça a ele que venha rápido. Preciso muito revê-lo, bem como meu neto.

Beatrice segurou-se para não chorar. Elizabeth tomou ar e, procurando firmar a voz, fez um adendo:

— Peça também a Anne que venha com eles. Quero muito revê-la, é mais do que querer, é uma necessidade. Por favor...

Uma forte crise de tosse interrompeu sua fala.

Beatrice voltou-se para mim com olhos preocupados. Um reflexo dos meus.

— É melhor eu fazer o que ela pediu, papai — confidenciou-me Beatrice assim que ficamos a sós.

Assenti.

— Se for preciso pagarei as passagens de todos de navio.

Recolhemo-nos por instantes em profundo silêncio. De repente, algo atravessou meus pensamentos como um raio, estremecendo todo o meu corpo.

— Mas, Beatrice, Ludovic não pode voltar, filha, se as autoridades o pegam, descobrem a farsa, ele estará em maus lençóis, Cliff tanto quanto.

Beatrice encarou-me fundo nos olhos e afirmou:

— É um risco que teremos de correr. Mamãe quer muito vê-lo, realizar sua vontade vale qualquer risco, se ela se for sem rever Ludovic, conhecer o neto, rever Anne, eu não vou me perdoar...

Baixei os olhos e disse:

— Você tem razão. Toda razão.

Dormi aquela noite envolto em profunda tensão. Nunca, em toda a minha vida, doera tanto em mim a ideia de perder alguém, alguém que se ama, que sempre se amou sem saber, que se amava. Minha vida sempre fora ao lado de Elizabeth, era ela quem me consolava, quem me ouvia, quem me acariciava, quem me recebia de manhã com um bom dia, quem me recebia à tarde, aguardando minha companhia para o jantar... eu estava tão acostumado com a vida ao lado dela que por nenhum momento pensei em como seria a vida sem tê-la ao meu lado. A ideia começava a me apavorar profundamente.

Na manhã do dia seguinte, logo pela manhã, Beatrice escreveu para Ludovic explicando a situação e pedindo que ele viesse o mais rápido possível para a Europa, ainda que isso o pusesse em risco diante das autoridades. Dizia também que se eles precisassem de dinheiro para a passagem que a avisasse.

Nesse período, os exames de Elizabeth ficaram prontos, o diagnóstico não foi bom, como suspeitou o médico.

— E então, doutor — disse Elizabeth impondo força na voz — o resultado não é bom, não é mesmo?

O médico assustou-se diante da pergunta que fora feita de forma tão incisiva. Antes que ele pudesse responder, a paciente falou:

— Posso lhe fazer um pedido, um grande pedido.

Ele pareceu em dúvida quanto ao que responder:

— Não diga nada, por favor. Nada a respeito da minha real condição de saúde para a minha família. Geralmente é a família que não quer que o doente saiba da sua real condição de saúde, no meu caso, é o contrário, sou eu que não quero que eles saibam.

O profissional limpou a garganta. Nem moveu os lábios, a voz de Elizabeth se sobrepôs a dele mais uma vez:

— Não suportaria vê-los sofrer. Eles não merecem.

— Sei o que sente, mas...

— Por favor, doutor, é muito importante.

— Eu a compreendo. É que jamais em toda a minha vida pensei que alguém me faria tal pedido. Por essa razão, não sei o que devo fazer.

Houve uma pausa na qual o médico pareceu refletir por instantes, por fim disse:

— Farei o que estiver ao meu alcance.

O queixo de Elizabeth tremeu, então um sorriso de gratidão se fez em seus lábios pálidos.

Ela estava deixando o consultório quando o médico disse:

— Prometa-me que vai tomar todos os remédios e cuidados que prescrevi.

Ela voltou-se para ele, assentiu com o olhar, e em silêncio partiu, deixando o médico pensativo, entregue a reflexões sobre a vida, perguntando-se se estaria realmente fazendo a coisa certa atendendo ao pedido daquela mulher. Foi então que de repente, como sempre acontece em momentos de reflexão, ele ouviu a *voz das sombras,* com quem ficou a dialogar por cerca de cinco minutos.

Naquele fim de tarde, quando eu e Beatrice nos vimos diante de Elizabeth ela nos contou a respeito dos resultados dos exames e da opinião do médico. Contou o que achou conveniente. O brilho de alívio que tomou o meu rosto e o de minha filha foi marcante.

***

O sol no horizonte, com três quartos enterrados no mar, irradiava uma coloração difusa e alaranjada. Eu e Beatrice estávamos voltando para casa, depois de mais um passeio pela cidade distribuindo bexigas para alegrar a tristeza, quando Beatrice parou subitamente, soltou as bexigas que ainda restavam na sua mão e exclamou maravilhada:

— Ludovic! Ludovic!

Em seguida correu na direção da nossa casa sorrindo, explodindo de alegria. Foi só então que eu pude avistar meu filho e minha nora em frente ao portão de nossa casa. O carro de aluguel que haviam tomado para chegar ali ainda se encontrava parado no meio fio com o motorista ajudando a descarregar as malas.

Ao ver Beatrice, Ludovic correu ao seu encontro e a abraçou, girando-a nos braços. Senti meu peito se incendiar naquele instante, tamanha alegria. Quando ambos se soltaram, Ludovic veio na minha direção e nos abraçamos com toda emoção.

Segurei firme no queixo de Ludovic e exclamei:

— Ludovic, meu filho, que saudades...

Havia lágrimas agora em nossos olhos. Tornamos a nos abraçar enquanto chorávamos de saudade, de alegria por estarmos vivendo aquele reencontro tão marcante.

Cumprimentei minha nora sem conseguir tirar os olhos do bebê. Finalmente eu estava diante de meu neto e aquilo era maravilhoso. Um encontro que também tirou lágrimas dos meus olhos.

Vivienne pôs o menino nos meus braços, o qual afaguei com ternura, sentindo-me a pessoa mais privilegiada da Terra, o avô mais coruja dentre todos.

— Vamos entrar — disse Beatrice. Todos a acompanharam.

Foi só nesse momento que eu avistei Anne, parada junto às malas. Até então estivera encoberta pelo carro de aluguel que partia naquele momento.

Quando os olhos dela pousaram em mim um leve sorriso se fez nos seus lábios. Apesar do tempo, Anne ainda se mantinha bela e jovial. As rugas que o tempo trouxera não lhe roubaram o encanto que sempre estivera ali. Anne Campbell ainda estava encantadora.

Aproximei-me dela com lentidão. Admiramos um ao outro por um longo minuto até que eu dissesse:

301

— Anne...

Minha voz soou emocionada.

— Anne Campbell... Como é bom rever você...

Ela manteve-se calada. Busquei apoio em seu olhar. Um olhar denso e profundo. Tomei-lhe a mão e a beijei. Ela ficou tensa ao contato, mas não a soltei. Queria sentir seu calor, um pouco do seu carinho.

Quis muito dizer a Anne tudo o que a sua ausência me causara durante todos aqueles anos, desculpar-me por tudo o que pensei a seu respeito, mas não tive coragem. Apenas reforcei o que já havia dito:

— Como é bom rever você.

Ela me olhou como se soubesse o que se passava dentro de mim, a agonia que me martirizava. Algo apoderou-se de nós dois, deixando-nos petrificados por instantes, havia agora pânico em meu olhar. Quando voltei a falar, minha voz saiu tímida e frágil:

— Eu queria lhe dizer tanta coisa, mas as palavras me fogem... queria me desculpar por muitas coisas que fiz, mas nem sei se devo...

Anne aquiesceu enfaticamente com a cabeça, e disse:

— Eu compreendo, Christopher. Compreendo tudo muito bem. Bem mais do que você pensa.

— Será que pode mesmo me compreender? Desculpar as atitudes que tomei por meio do ódio e da decepção com a vida.

— Quem de nós já não se decepcionou com a vida, Christopher. A maioria... É humano. Somos frágeis como um cristal e a revolta e o ódio que sentimos ainda que estúpido e sem serventia, a não ser para nos causar mais dor e problemas, faz parte da alma humana que precisa evoluir.

— Eu queria que soubesse que eu jamais quis que Cliff fosse de fato para a guerra. Na verdade, eu jamais gostaria de ver qualquer pessoa numa guerra, ainda que fosse meu inimigo. Ainda que fosse...

— Victor...

Olhei-a de forma pensativa e acrescentei, com voz calma:

— Sim. Até mesmo, Victor. Eu senti ódio pelo que ele fez, mas quando vi meu filho sendo convocado, confesso que naquele momento revi meu julgamento a respeito do que Victor fora capaz de fazer e concluí que se eu tivesse a coragem que ele tinha, teria feito o mesmo para me livrar da guerra. Livrar todos da guerra.

— O tempo nos permite ver as coisas por outros ângulos, Christopher, adquirir outros pontos de vista. Melhorar nosso discernimento sobre os fatos que envolvem a nossa vida e a vida no planeta, evoluir... Eu aprendi muito desde que me mudei para a América.

Havia um entusiasmo juvenil em sua voz agora, o mesmo de quando nos conhecemos na casa da árvore.

***

Elizabeth estava sentada na ampla e confortável poltrona do nosso quarto. Beatrice entrou com passos leves chamando pela mãe:

— Mamãe?

Ela voltou os olhos para ela e assim que viu Ludovic vindo atrás da filha, Elizabeth quis gritar de alegria e felicidade. O rapaz ajoelhou-se aos seus pés, tomou as mãos da mãe e disse, entre lágrimas.

— Estou aqui, mamãe. Eu, Vivienne e o seu neto, Benson.

Vivienne aproximou-se da sogra, levando o bebê no colo e em seguida o pôs nos seus braços. A criança resmungou qualquer coisa e subitamente começou a sorrir como se algo muito engraçado houvesse sido contado.

Ludovic ergueu-se e beijou a testa da mãe tomado de emoção.

***

Eu e Anne estávamos entrando na casa quando ela subitamente parou ao avistar a casa de bonecas. Novas lágrimas inundaram seu rosto.

— Até parece que foi ontem que eu cheguei aqui naquela noite fria de inverno, com a neve cobrindo tudo e você nos recebeu...

O silêncio pairou sobre nós por quase dois minutos. Então eu disse:

— Venha, Anne, vamos entrar.

Ela voltou seus olhos azuis, vermelhos de emoção, e assentiu com um leve sorriso nos lábios.

Quando Elizabeth avistou Anne, algo se agitou dentro do seu peito. Era uma sensação crescente de alívio. Com tato, Anne ajoelhou-se rente à poltrona, pousou sua mão sobre o braço dela e beijou-lhe carinhosamente a testa.

Bastou apenas um olhar de Elizabeth para a filha para que Beatrice compreendesse que ela queria ficar a sós com Anne. Assim, sem fazer alarde, Beatrice convidou todos a se retirarem do recinto com uma desculpa qualquer.

Quando restou somente as duas no aposento, Elizabeth, com grande esforço, disse:

— Eu fui injusta com você, Anne. Muito injusta. Não sei nem se devo lhe pedir perdão.

— Elizabeth. Não se torture mais. Você foi formidável comigo, com meu filho, com Victor quando mais precisamos. Além do mais, foi de grande valia minha ida para os Estados Unidos. Pude matar a saudade que sentia de minha mãe e ela de mim. Com isso, ela pôde conhecer o neto que tanto queria conhecer pessoalmente. Pude ajudar minha irmã num momento muito difícil de sua vida, pois ela perdeu o marido muito cedo, ficando com os filhos para criar. Se eu não tivesse ido para lá, nem sei como ela teria sobrevivido. Na verdade, minha chegada à casa dela veio num momento muito oportuno. Parece até que foi a providência divina quem me levou até lá. Por tudo isso, não se torture mais. Está tudo certo.

Anne apertou firme a mão de Elizabeth e novamente beijou-lhe a testa.

— Será que um dia você será capaz de me perdoar pelo que fiz? — tornou Elizabeth entre lágrimas.

— Eu já a perdoei, Elizabeth. Na verdade sequer foi preciso, pois jamais senti mágoa ou qualquer outro tipo de ressentimento por você.

Um pálido sorriso se insinuou na sua face. Uma forte tosse perturbou a sequência do diálogo. Após limpar a garganta com um pouquinho de água, Elizabeth disse:

– Você é uma mulher que vale ouro.

Anne sorriu lisonjeada. Entre uma respiração cortante, Elizabeth acrescentou:

– Não vou viver por muito mais tempo, Anne.

– Não diga isso.

– Eu sei. Eu sinto. Cuide deles por mim, Anne. De Christopher e dos meus filhos. Por favor.

Anne tornou a apertar a mão da amiga com carinho. Havia agora um raio de paz e alívio entre as sombras que atormentavam Elizabeth e a prendiam àquela doença agonizante.

Anne cuidou de Elizabeth como uma mãe cuida do seu filho. Com amor e dedicação incalculáveis. Era de uma devoção invejável.

Oito meses depois de sua chegada, Elizabeth foi vencida pela doença impiedosa. Hoje sei que Elizabeth sobreviveu mais tempo do que o médico previra por causa do afeto e dos cuidados que recebera de Anne, além do carinho que lhe dávamos diariamente.

O dia de sua morte foi um dos dias mais tristes de toda a minha vida. Eu jamais, por momento algum, pensei que sofreria tanto com sua perda. Jamais fiz ideia do quanto ela significava em minha vida. Era bem mais profundo do que eu pensava. Eu amava Elizabeth... Amava-a de paixão...

Capítulo 32

O melhor depende de nós...

Foi numa tarde fria e ensolarada que Vivienne e Ludovic receberam uma visita inesperada. Seus olhos mal podiam acreditar quando viram Marlon, o fiel mordomo da família parado bem de frente ao portão da nossa casa.
O mordomo cumprimentou o casal com sua polidez de sempre e foi direto ao assunto:
— Eu sei que talvez a senhora ainda guarde ressentimento pelo que seu pai lhe fez no passado...
Vivienne o interrompeu delicadamente:
— Eu não guardo ressentimento, Marlon.
— Que bom. É sempre melhor para o corpo e para o espírito ocuparmos nosso interior somente com pensamentos e sentimentos nobres...
Ela assentiu com o olhar. O mordomo prosseguiu:
— Bem, venho até aqui para lhe dizer que seu pai ficaria muito feliz em revê-la.
Dessa vez foi Ludovic quem interrompeu o visitante. Fez que não com a cabeça imediatamente. Seus olhos estavam assustados. Em pânico, na verdade. Revelavam mais que qualquer palavra.
— Não, ela não vai — disse ele pela esposa. — Não pode ir.
— Eu compreendo seus temores sr. Angel, mas acredite-me, não viria até aqui fazer tal pedido caso isso pusesse a vida de vocês em risco. Não eu, que tanto lhes ajudou, lembram-se? Graças a mim a senhorita Vivienne conseguiu sair de sua casa em surdina e chegar àquele navio para poder partir para a América... Foi graças a mim também que ela pôde levar algum dinheiro consigo...

Ludovic pareceu refletir com toda cautela que lhe ia na alma.

— Sir Leonard já não é mais o mesmo homem... — acrescentou o mordomo. — Acreditem-me... Ele agora é o que realmente é por dentro, na alma, e não mais o que os outros, especialmente seu pai, queria que ele fosse... A partida de vocês ensinou muito a ele, levou-o a profundas reflexões e transformações interiores. Todo homem que se permite mudar é digno de admiração e perdão, não acham?

Ouviu-se então a voz de Vivienne, doce e aparentemente tranquila dizer:

— Está bem, eu irei.

— Tem certeza? — perguntou Ludovic mirando fundo nos olhos da esposa.

— Sim — afirmou ela. — Apesar dos pesares ele é meu pai. Se eu não der a chance, tanto para ele quanto para mim de nos redimir diante dos amargores do passado, nunca poderemos nos livrar deles.

Por fim, Ludovic assentiu.

***

Vivienne entrou na casa na qual viveu a vida toda pisando com cuidado, como se um passo em falso pudesse detonar uma mina escondida por ali.

— Olá, papai — disse ela assim que entrou na sala em que ele se encontrava sentado numa poltrona.

O pai imediatamente endireitou o corpo na poltrona diante da chegada da filha. Suas pernas pareceram readquirir carne e osso novamente. Até a cor voltou a sua face pálida e triste.

— Como vai, papai? — tornou ela.

Vivienne tirou as luvas enquanto mantinha sobre o pai um olhar arguto. O que mais impressionou e assustou a filha quando ela se viu diante do pai foram seus olhos. Ambos estavam injetados de lágrimas.

O pai aprofundou seu olhar entristecido sobre ela. Não havia palavras dentro dele para expressar o que ele estava sentindo por rever sua filha adorada.

Vivienne mantinha-se parada na soleira da porta incerta quanto ao que fazer. Marlon fez sinal para que ela se aproximasse do pai. Que se depreendesse do medo que prendia sua pessoa ali aquela posição, aquele local.

Vivienne tomou coragem e se aproximou. Curvou-se sobre o pai e beijou-lhe a testa. O beijo fez aquele homem que sempre quisera ser visto pelos outros como se fosse de pedra ou aço, romper-se em lágrimas. Vivienne também chorou.

Ela ajoelhou-se ao lado dele, tomando-lhe a mão, e disse com profunda sinceridade:

— Senti sua falta, papai, muita falta.

Leonard não conseguia responder tamanha a emoção. Foi preciso muito esforço interno para que ele pudesse dizer:

— Eu também senti muito sua falta, Vivienne...

Ela sorriu entre lágrimas.

— Tudo pode ser diferente, papai... Pode ser melhor, basta nos esforçarmos, desapegarmo-nos do passado mal cicatrizado... perdoarmos, tentarmos ver tudo que se foi e que nos cerca sob novos olhos... eu sei que muitas vezes é difícil, mas é a forma mais saudável de vivermos.

Nisso ouviu-se Benson na sala adjacente àquela resmungar alguma coisa despertando a atenção de Leonard. Vivienne sorriu para ele e disse:

— É meu filho, papai, trouxe ele para o senhor conhecê-lo.

Marlon foi até o outro aposento onde Vivienne havia deixado o menino sob os cuidados da camareira e o trouxe para que o avô pudesse vê-lo.

O encontro do avô e do neto despertou algo diferente neles. Uma identificação imediata, segura, uma afinidade tamanha. Como se fossem velhos conhecidos.

Um encontro que fez com que Leonard Primorak comprovasse mais uma vez que quando se tira o rancor, a revolta, os desejos de vingança de dentro do coração, as exigências absurdas do ego e da vaidade, viver torna-se mais fácil, mais leve e mais feliz...

Que quando se preserva dentro de nós somente sentimentos nobres, podemos ver quem de fato somos, no íntimo, na alma... E ser quem somos na alma é nos conhecer de verdade, viver na sobriedade, de mãos dadas com Deus...

***

A guerra já havia terminado há alguns meses e noventa e nove por cento dos soldados sobreviventes já havia voltado para casa. Provavelmente, os que não retornaram haviam morrido na guerra e as forças armadas ainda não haviam tido tempo de apurar as mortes.

Cliff deveria ser certamente um desses soldados cuja morte ainda não fora constada, pois ele ainda não havia voltado para a nossa casa. Ludovic tentou localizá-lo de todos os modos possíveis e impossíveis, mas nem sinal do rapaz. Algo que o angustiava profundamente. Não só a ele como a todos nós.

Todo dia pela manhã, Anne e Beatrice acordavam com a esperança renovada de que aquele dia seria finalmente o dia que Cliff haveria de retornar. Preparavam um bolo, alguns doces, assavam pães.

Eu jamais conheci alguém com tanta esperança. A tarde, ambas se recolhiam para ler o Evangelho e fazer suas preces.

Eu não via por que continuar a orar. Para mim a realidade era mais do que óbvia, Cliff Dorigan havia morrido na guerra. Caso contrário, já teria aparecido. Diante dos meus olhos incrédulos, Anne, certo dia, disse-me:

— Você não quer se juntar a nós na oração, Christopher?

Eu tentei esconder o meu descaso com tudo aquilo, mas foi em vão. Desabafei:

— Para que continuar a orar? Será que não vê, Anne, que Cliff...

Ela me interrompeu com um gesto delicado da mão. Olhou-me fixamente com um daqueles seus olhares e disse:

— Ainda que ele esteja morto, Christopher, as orações vão lhe fazer bem, sempre fazem para quem passa para o lado de lá, como fazem bem para os que ficam do lado de cá, confortam o nosso coração e abrem o elo que vai nos proporcionar o reencontro numa vida futura.

Eu ia protestar, mas Anne falou antes que eu pudesse fazê-lo.

— Não é porque você não vê algo que esse algo não existe, Christopher.

Resolvi guardar minhas observações.

***

Foi numa tarde bonita do início de primavera enquanto Beatrice se encontrava cuidando do jardim da frente da nossa casa, que ela avistou vindo pela rua uma pessoa carregando inúmeras bexigas cheias de gás Hélio. Aquilo chamou imediatamente sua atenção.

Ela saiu da casa e ficou observando o estranho que devia ser provavelmente um vendedor de bexigas. Não podia ver quem as carregava, pois seu rosto estava oculto pelo chumaço de bexigas.

O vendedor parou diante dela e entregou-lhe um balão, nele estava escrito "paz". Um sorriso lindo iluminou o rosto da jovem, seus olhos brilhavam quando ela deixou que o balão fosse para o céu. O estranho deu-lhe mais um onde se lia: amor. Ela repetiu o gesto.

— Eu sabia — disse Betrice entre lágrimas. — Sempre soube que você voltaria para a vida, para mim, para nós.

O estranho soltou as beixgas, revelando finalmente sua face. O que, àquela altura, já não era mais nenhum mistério para Beatrice.

O rosto de Cliff Dorigan se iluminou com um sorriso de ponta a ponta.

— Abençoados sejam meus olhos! — exclamou a jovem.

Clifff sorriu para Beatrice, levou-lhe as mãos aos lábios e as beijou. Ela lhe devolveu o sorriso, deslizando o olhar por sua face, linda, jovem, cheia de vida, tomada de lágrimas. Então, Cliff finalmente lhe fez a pergunta que não queria calar dentro dele.

— Será que pode compreender o por que...

Beatrice calou-lhe a voz pondo delicadamente o dedo indicador sobre os lábios do homem amado. Apertou-se contra ele, ficando fortemente enlaçados, enquanto ele afagava os seus cabelos louros com os dedos. Cliff Dorigan chorava de alegria por poder rever a mulher amada, tê-la novamente em seus braços, e desta vez para todo o sempre. Eu assistia tudo de longe, pela janela, sentindo cada vez mais o meu peito se incendiar por um sentimento que eu próprio não sabia definir.

Beatrice recuou a cabeça e o beijou com seus lábios macios movendo-os com suavidade sobre os dele.

Não havia dor no mundo que tivesse o poder de angustiá-los. Beatrice tinha o seu amor novamente. Cliff também. O amor deles vencera no final. Um amor que sobreviveu a tempestades e furacões, guerras e desilusões.

Quando Cliff voltou os olhos para a varanda da nossa casa, avistou Anne parada ali aguardando por ele. Mãe e filho se admiraram por alguns minutos até irem ao encontro um do outro e se abraçarem fortemente.

– Meu filho – murmurou Anne se agarrando a ele com ardor.
– Que saudade... que saudade... Que bom, que bom que você está de volta.

Ele beijou a testa da mãe e sorriu, cansado, mas cheio de amor.

– Acabou, mamãe. O inferno acabou. Mas me sinto orgulhoso de ter estado na guerra procurando libertar aquele povo das mãos daqueles que se julgam deuses para determinar quem ou o que deve reinar sob a face da Terra. O mal perdeu mais uma vez para o bem. E que perca sempre sob qualquer circunstância.

– Amém.

Cliff voltou-se para Beatrice e perguntou:

– E seu irmão?

– Ludovic está bem, teve um filho lindo. Chama-se Benson.

Cliff sorriu embevecido.

– E sua mãe, seu pai?

Beatrice procurou se manter firme:

– Mamãe faleceu nesse período, Cliff.

A notícia teve grande impacto sobre o rapaz. Por instantes ele não sabia o que dizer. Seus lábios moveram-se gradativamente, mas palavra alguma conseguia atravessá-lo.

– Eu gostava muito dela, Beatrice, gostava imensamente, como uma mãe... Ela fez tanto por mim, por nós...

— A vida é assim, Cliff, alegria e tristeza, chegadas e partidas.
Fez-se um minuto de silêncio. Então Beatrice disse com empolgação:
— Mas papai está aí e ele gostará muito de saber que você está vivo... Venha, vou levá-lo até ele.

***

Quando Cliff reencontrou-me, senti dificuldades de olhar para ele, olhos nos olhos.

Fiquei temporariamente procurando por palavras que não existiam para quantificar o que sentia em relação a tudo que havia acontecido entre nós. Quando localizei as palavras tornei a ficar um bom tempo sem me atrever a dizê-las, talvez pela vergonha que sentia de mim mesmo por ter julgado tão mal o rapaz, precipitado em meu julgamento, tirado conclusões apressadas, deixado que o ódio que eu tanto senti por Victor fosse transferido para ele.

Cliff permaneceu quieto, olhando para mim de forma submissa, aguardando pelas palavras que poderiam libertar nós dois daquele triste choque que sofremos ao longo da vida.

— Eu... eu... — as palavras ainda me fugiam. Estava sendo muito difícil para mim aquele momento. Admitir um erro nunca é fácil para ninguém, ainda mais na frente daquele que você julgou tão errado.

Procurei manter a calma respirando duas, três vezes, profundamente. Por fim disse:

— Eu julguei você muito mal, meu rapaz. Você e sua mãe. A distância que Anne se manteve durante todos esses anos de nós não foi porque ela quis, mas sim porque Elizabeth pediu a ela que se distanciasse de nós e você logo compreenderá por quê.

"Inclusive, as cartas que você escreveu e deu a ela para que nos enviassse, ela certamente não o fez pelas mesmas razões.

"Elizabeth pediu a Anne que partisse com você de nossa casa e nunca mais entrasse em contato conosco porque ela descobriu o que se passou entre sua mãe e eu no passado. Estou certo de que se você conhecer a história, poderá compreender por que ela agiu assim e por que eu agi sempre tão ignorantemente com você.

"Tudo começou no dia em que seu pai quis me apresentar a sua família, para que todos conhecessem o homem que salvara sua vida..."

Quando terminei de narrar toda a nossa história meus olhos estavam encharcados de água e muitas lágrimas escorriam pela minha face.

– Por tudo isso eu odiei tanto seu pai... E também sempre tive implicância com você. Por essa razão, Elizabeth pediu a sua mãe que fosse embora daqui, por medo de que eu rompesse com o nosso casamento.

"Sinto vergonha de mim pelo que pensei e disse de vocês. Fui muito infeliz em tê-los julgado precipitadamente. Precipitações nos fazem cometer loucuras. Só me resta pedir-lhe desculpas por tudo que fiz contra você desde que aqui chegou. Desculpar-me por querer descontar em você a raiva que sentia pelo seu pai.

"Você fez tudo o que fez por Ludovic na melhor das intenções, eu é que na minha ignorância não quis ver isso. Mesmo que você tivesse dado a vida por Ludovic, minha ignorância teria julgado você mal, interpretado erroneamente sua ação. Tudo isso porque eu me recusava ver suas qualidades e, quando as via, procurava transformá-las no oposto delas."

Foi a vez de Cliff dizer alguma coisa. Ele voltou o olhar lacrimejante para mim e disse:

– Eu compreendo, sr. Angel, compreendo tudo muito bem. Não deve ter sido fácil, nada fácil, passar pelo o que o senhor passou. Não deve ter sido fácil para tia Elizabeth também.

– Hoje percebo que não deve ter sido fácil para o seu pai também descobrir que a mulher que tanto amava havia se apaixonado por seu melhor amigo. A paixão quando vem, vem como um furacão, forte como um trovão. Faz-nos querer apostar tudo em nome do amor e da paixão, pôr em risco até mesmo o ar que se respira e o alimento que lhe alimenta. Ela é voraz.

Houve uma pequena pausa até que Cliff dissesse:

– Aproveito o momento para lhe pedir desculpas em nome do meu pai caso ele nunca tenha feito.

— Ele me pediu sim, eu que não aceitei.

— O senhor pode não ter lhe dito que o perdoou, mas suas ações disseram muito mais que palavras. O senhor o ajudou quando ele mais precisou e isso mostra nitidamente que em seu coração a bondade e o perdão falaram sempre mais alto. Que o ódio existente foi vencido por sua infinita bondade. E isso, a meu ver, é admirável. O gesto mais expressivo de um homem de caráter e bondade.

Ainda sentindo imensa vergonha de mim mesmo por ter feito o que fiz contra Cliff, procurei estender-lhe a mão encarando-o nos olhos sem desviar. Ele envolveu a minha mão com grande cuidado e apertou-a como determinação e caráter.

— Eu sempre o admirei, sr. Angel. E agora o admiro ainda mais.

Ele suspirou e acrescentou num tom tocante:

— A vida torna-se tão mais fácil quando nos libertamos do ódio, quando não permitimos que ele, embebido de mágoa e ressentimento, faça de nós seu escravo, quando olhamos para a vida que se abre para nós e a abraçamos ainda que não seja exatamente como queríamos que fosse.

Assenti quase em transe. Um longo silêncio envolveu-nos. Abracei-me então a ele como se abraçasse o meu próprio filho. Um abraço forte, quente, o nosso primeiro abraço em todos aqueles anos de convívio.

Dias depois, Beatrice e Cliff se casaram. Não havia mais por que adiar a cerimônia. A guerra já a havia adiado por tempo demais. Beatrice estava muito feliz, verdadeiramente feliz. Espelho de Cliff Dorigan. Foi uma cerimônia simples, mas altamente festiva.

O amor havia vencido a tudo mais uma vez, aos mal-entendidos, à guerra, ao desespero...

Olhando para Beatrice percebi o quanto ela estava parecida com sua mãe quando ela tinha a mesma idade, quando nos conhecemos. Pensei no quanto Elizabeth deveria ter ficado linda também dentro do vestido de noiva quando se casou com Benedict Simons. Quis imensamente que ambos estivessem vendo aquele grande acontecimento. Sentindo na alma a emoção de ver um casal que sempre se amou juntos finalmente. Como havia de ser...

— Eu o amo, Cliff Dorigan — desabafou Beatrice no ouvido do rapaz.

— Amo-o desde a primeira vez em que o vi.

Ele sorriu timidamente e confessou:

— Eu também, Beatrice. Amo você desde a primeira vez em que a vi. Agora você é minha, eu sou seu para sempre. Até que a morte nos separe...

— Quando um amor como o nosso se declara, nem a morte separa, Cliff. Nem a morte...

— Eu sabia que você iria dizer isso... é incrível como eu sempre sei no íntimo o que você vai dizer. É como se eu às vezes fizesse parte de você...

— Ou você de mim

Ele a envolveu em seus braços e a beijou mais uma vez, procurando transmitir naquele beijo todo o amor que sentia na alma pela mulher amada, agora sua esposa.

E os anos se passaram, Beatrice e Cliff tiveram filhos, Ludovic e Vivienne tiveram mais um e todos ficaram morando comigo e Anne Campbell na casa que eu construí para abrigar a minha família.

Quanto a mim e Anne, vivemos nos anos subsequentes uma relação de amor completamente diferente da que um homem sonha viver com uma mulher, sem qualquer relação carnal, apenas sob o afeto que o companheirismo pode dar a duas pessoas unidas pelo destino.

Nós nunca fomos para a cama, nunca mais trocamos um beijo como aqueles que trocávamos após darmos início ao nosso namoro no passado. Trocávamos apenas o calor humano que surge quando duas pessoas que se amam convivem lado a lado.

Capítulo 33

Vida, minha vida....

Eu me encontrava sentado na cadeira de balanço que ficava na varanda de minha casa admirando o sol penteando o pico das colinas que ficavam ao leste da nossa cidade. Fui despertado dos meus pensamentos ao sentir o cheiro gostoso de café coado há pouco sendo trazido numa xícara por Anne. Nossos olhares se encontraram e um sorriso bonito bailou por nossa face. Ela me deu a xícara e sentou-se ao meu lado. Saboreamos o café em silêncio, sentindo o gostoso prazer do seu paladar. Depois Anne perguntou-me:

— O que se passa por essa cabecinha, Christopher?

Sorri sem graça. Surpreso mais uma vez com a habilidade daqueles que nos conhecem tão bem a ponto de saber o que vai no nosso íntimo.

— Estava pensando...
— Pensando?
— Pensando na vida. No quão injusto é o nosso mundo. Pensando nos milhares de homens que morreram na guerra. Na flor da idade. Sem poder viver as alegrias de um casamento, do nascimento dos seus filhos, do convívio com eles, até mesmo com seus netos... Pensando nos milhares de judeus que foram massacrados e assassinados brutalmente, que tiveram sua vida, sua família, ideais, propósitos de vida destruídos da noite para o dia...

"Estava pensando nos homens que morreram de alguma doença, quando ainda estavam despertando para a vida. E nos que morreram no esplendor da vida.

"Pensando nos amores que não puderam ser vividos devido à morte prematura de um dos parceiros ou diante da explosão da guerra.

"E essas reflexões me levaram a crer que nada é mais injusto do que a vida, que ela privilegia uns mais do que os outros."

— Não, Christopher a vida privilegia a todos por igual.

— Como? Enquanto uns apodrecem na miséria, outros só conhecem a fartura, o conforto e a prosperidade.

"Que mundo é esse onde pobres são maltratados e humilhados por ricos arrogantes que usam e abusam do poder que o dinheiro lhes permite ter na sociedade?"

— Eu também já me fiz essas perguntas, Christopher. Creio que todos no íntimo as fazem.

— Se eu olhar para trás verei guerras sanguinárias destruindo vidas, famílias, amores... Verei poderosos massacrando os humildes. Verei doenças abortarem vidas... Destruírem paixões... sonhos... Verei também pessoas que se deram muito bem na vida. Amores que puderam ser vividos, famílias que puderam crescer e viver em harmonia e paz. O que para mim só reforça o fato de que a vida privilegia uns mais do que os outros. Que tudo na vida é uma questão de sorte.

— Não é uma questão de sorte, tampouco de privilégio. É uma questão de mérito. Deus é justo, Christopher, tinha de ser, caso contrário Ele próprio se decepcionaria consigo mesmo por ver tanta injustiça no planeta. Por tudo isso, concede ao espírito uma nova chance de ser feliz e de se redimir dos seus pecados, de mostrar que pode ser mais íntegro, solidário, inteligente, ter caráter. Mostrar, inclusive a si próprio, que se arrependeu dos seus erros.

— Onde e quando o espírito pode fazer tudo isso? A sete palmos da terra?

— Não, Christopher, num outro plano, pois sabemos que o espírito sobrevive à morte, eu sou a prova viva disso, lembra-se? Eu vi e me comuniquei com Rosamund e Samuel, assim como Beatrice viu e se comunicou com Benedict quando era criança.

— Ainda que a justiça seja feita após a morte do corpo físico, ainda assim esse indivíduo saiu perdendo em relação aos que tiveram uma vida mais feliz, saudável e próspera aqui na Terra. Pois certas alegrias, e acredito piamente nisso, só podem ser vividas aqui neste plano terrestre.

— Se você considerar o plano espiritual como a morada final do espírito, a justiça não se faz completa, concordo, mas se você considerar a vida do espírito nesse plano espiritual como apenas temporária, não definitiva, você encontrará a justiça que tanto busca.

"Daí o por que Deus ter criado o processo da reencarnação. Somente quando vemos a vida por meio do processo de reencarnação é que podemos encontrar o senso de justiça de Deus sobre todos nós.

"Deus sabia que haveria de ter imprevistos, separações, tragédias, rompimentos, amores perdidos, amores mal vividos, e no seu infinito senso de justiça percebeu que só permitindo a seus filhos uma nova existência, uma nova vida, uma nova reencarnação, é que eles, seus filhos, poderiam realizar o que não puderam por uma questão de espaço, tempo ou imprevistos ocorridos na sua última vinda à Terra.

"O homem pode até chegar a roubar do seu semelhante a oportunidade de ele viver ao lado daquele que considera como o grande amor da sua vida, mas Deus, que tudo vê, tudo ouve, na sua infinita bondade e misericórdia, concede a seu filho uma nova chance sempre, para que ele possa finalmente viver o seu sonho de amor. Por que Ele ama tanto quanto nós amamos as pessoas queridas e quer nos ver tão felizes quanto almejamos a felicidade dos nossos. Por tudo isso, concede a todos o direito de renascer, o direito de reencarnar.

"O homem pode também roubar a oportunidade dos pais de viverem ao lado dos seus filhos queridos e amados, de viverem ao lado dos amigos por meio de uma guerra criada pela ignorância, mesquinhez e ganância, mas Deus não rouba de ninguém a oportunidade de viver tudo isso, que no fundo é importante para cada um de nós, portanto, nos concede a dádiva da reencarnação,

para que possamos realizar o que tanto sonhamos, o que nos foi direta ou indiretamente interrompido por uma guerra."
— Reencarnações?
— Sim. Somente nas reencarnações pode haver justiça, reparo e redenção, verdadeiro perdão, observou Deus ao criar o mundo. Por tudo isso, ninguém precisa se contorcer de ódio diante de algo que lhe parece injusto ou mesmo diante de pessoas que cometem injustiças e conseguem escapar ilesas das autoridades, pois tudo o que fazemos de bem ou mal fica arquivado em nós como sementes plantadas num solo fértil, para que em vidas futuras possamos colher o que plantamos e por meio dessa colheita saber quem fomos em vidas passadas e o que em nós precisa ser evoluído. As reencarnações nos devolvem cada ação, cada emoção, cada gesto na medida certa.

"Você pode pedir perdão a Deus por um ato indevido, mas esse perdão só se ganha quando a vida nos põe numa situação em que você pode mostrar realmente que se resignou de seus atos.

"É necessário que seja assim, pois muita gente pede perdão e na hora que se vê diante de uma situação semelhante toma a mesma atitude indevida. Se não houver uma ação para que o indivíduo mostre resignação, evolução, ele acaba pensando como muitos pensam, que basta apenas pedir um novo perdão a Deus que tudo está perdoado, mas uma vez absolvido do pecado e da culpa, fica apto a reagir novamente de forma precária e estúpida assim que se encontrar diante de situação semelhante. Seria muito injusto por parte de Deus aceitar pedido de perdões dessa forma, afinal, assim se extingue o senso de justiça.

"Muitas pessoas, ao ouvirem sobre o senso de justiça infinito da vida, alegram-se, como um diabinho se alegra ao ver alguém escorregar na neve por perceber que aquele que tem como inimigo receberá, cedo ou tarde, as consequências negativas pelo que fez a sua pessoa. Em outras palavras, pagará pelo mal que lhe fez. Mas a questão é, será que esse mal que a pessoa lhe fez é verdadeiramente mal, será que o seu julgamento é certo? Por tudo isso não há nada melhor que deixar para a justiça divina julgar, pois ela não comete erros.

"Quem diz que não sente mais ódio de alguém, mas fica aguardando ansiosamente para que a justiça divina devolva para a pessoa o que ela lhe fez, prova que ainda está apegada ao ódio, ao rancor e ao desejo de vingança. Tudo o que diz é só da boca para fora.

"Para muitos, é bem difícil se desapegar desses sentimentos negativos. No entanto, só quem ousa se desapegar desses sentimentos pode ver a vida com maior clareza, bem como se ver dentro dela de forma mais verdadeira.

"Na vida nunca é tudo, Christopher, alguém já disse isso uma vez. E nunca é tudo por uma questão de espaço e tempo. Não dá para vivermos tudo o que queremos por questão de espaço e tempo. O nosso corpo físico tem um tempo de duração. Deus percebeu isso também e foi esse mais um dos motivos que o levou a criar o processo das reencarnações para que pudéssemos viver tudo o que queremos intimamente viver, conhecer, visitar na Terra."

— Quer dizer então que eu já vivi aqui na Terra anteriormente?

— Sim. E voltará a viver. Para que se cumpra o que se prometeu e não pôde ser cumprido. Para que sejam desfeitos os mal-entendidos. Para que se aprenda o que ainda precisa ser aprendido. Para que se alcance a evolução que deve ser atingida.

— Ainda que suas palavras pareçam tão certas, tão coerentes, você, nem ninguém têm provas, de que exista mesmo o processo das reencarnações.

— Mas é lógico que temos. Reflita: por que em meio a tantas pessoas nós nos interessamos por uma em especial. São todas bonitas, atraentes, interessantes e, no entanto, uma em especial nos prende a atenção, atrai-nos mais, apaixona-nos. Essa inclusive, muitas vezes não é tão bonita fisicamente quanto as que estão ao nosso lado, mas é por ela, por ela que o nosso coração fala mais alto, vibra, chega até a urgir.

"Podemos nos perder em meio a multidão que nossos olhos vão se prender a uma pessoa em especial. Podemos estar dentro de uma igreja lotada de fiéis e o mesmo vai acontecer conosco, uma dentre tantas pessoas dali prenderá nossa atenção e fará com que nos descubramos, mais tarde, apaixonados por ela.

"Que mistério é esse que nos liga a uns mais que aos outros? Que faz com que a gente se sinta íntimo de uma pessoa em apenas questões de horas. Que no decorrer dessas horas temos cada vez mais a sensação de conhecermos essa pessoa de longa data. Chegamos até a arriscar palpites sobre suas predileções e acertamos. Mas se nunca nos vimos antes, como viver isso tudo a não ser que tenhamos nos conhecido em vidas passadas?

"Casais se unem e dessa união nascem filhos que também parecem ser velhos conhecidos nossos.

"Filhos que nascem sob nossa guarda de pai e mãe tão necessitados do que podemos transmitir a eles, que nascem sob a nossa guarda para nos ensinar preciosas lições, nos ajudar a sermos melhores, menos piores...

"Ao pararmos para refletir a respeito desse misterioso processo da natureza somos todos levados a crer que há, sem dúvida alguma, uma força por trás de nossa vida, uma força invisível aos nossos olhos, ligando-nos às pessoas, lugares, profissões e situações para que juntos possamos evoluir, enriquecer pessoal e espiritualmente com essa vivência, com o que ela tem a nos ensinar.

"Somos unidos a muitas pessoas por afinidade espiritual, construída em vidas passadas. Somos reunidas a elas para cumprir uma missão, desenvolver uma habilidade, aprender uma ou mais lições.

"A nossa vida não se faz numa história só, é o resultado de um acúmulo de histórias.

"Só não reconhece esses fatos aqueles que adoram ser do contra, para ser diferente ou distorcer a realidade que se faz transparente.

"Se você nunca tomou alguns minutos durante sua estada atual na Terra para refletir sobre esses mistérios, que podemos chamar também de fenômenos, experimente fazer, a tomada de consciência abrirá janelas e portas na sua alma pelas quais você poderá ver que a vida é bem mais do que os seus olhos podem avistar e seu lado racional insiste em querer fazer você acreditar.

"Deus responde a todas as perguntas de seus filhos, não tão rápido quanto todos almejam, tampouco da forma que esperam. Mas da forma adequada, quando e onde Ele achar oportuno.

"Ainda que nada disso possa ser provado cientificamente, faz-me bem acreditar em Deus. Acreditar que por trás de tudo existe uma força grandiosa, solidária, cheia de bondade."

As palavras de Anne não mais conseguiram sair da minha cabeça. Volta e meia me pegava falando sobre elas com a misteriosa voz das sombras que ainda me acompanhava mesmo depois de ter entrado na terceira idade.

Alguns anos depois...

Anne e eu estávamos sentados cada qual numa cadeira de balanço na varanda da casa que construí com muito amor para abrigar minha família. Estávamos com os olhos pousados na casa da árvore que havíamos construído no topo da árvore que havia em nosso jardim, pensando na casa do bosque onde nos conhecemos, onde toda a nossa história começou.

Então, subitamente, Anne voltou-se para mim e perguntou:

— Quem você espera encontrar no céu quando lá chegar, Christopher?

— As pessoas que mais amo — respondi sem titubear.

— E quem você espera encontrar na Terra numa próxima reencarnação caso ela exista? — tornou ela.

A minha resposta foi mais uma vez direta:

— As pessoas que mais amo.

Anne pareceu apreciar imensamente aquelas palavras, um minuto depois, levantou-se, estendeu a mão para mim e disse:

— Está esfriando, Christopher, é melhor entrarmos.

Voltei os olhos para ela, procurei sorrir e disse:

— Deixa-me aqui, Anne, só mais um pouquinho, quero ficar sozinho com meus pensamentos.

— Está bem, mas não demore.

Anne deixou a varanda da casa com os olhos concentrados em mim. Eu tornei a sorrir para ela e ela retribuiu o sorriso com aquele carinho imenso de sempre. Foi a última vez que a vi em vida naquela reencarnação. Voltei meus olhos mais uma vez para o azul do céu e deixei minha mente se envolver pelas lembranças do que vivi. Eu estava chegando ao fim daquela minha existência, e exatamente onde eu sempre quis estar quando esse momento chegasse, a casa que construí com tanto carinho para abrigar minha família.

Eu ainda podia sentir o perfume doce e natural de Elizabeth emanando por onde ela passava. Sorrindo para mim sempre que encontrava o meu olhar, procurando me fazer me sentir a pessoa mais amada do mundo.

De repente, uma névoa começou a acumular-se à minha volta, reduzindo o meu campo visual. Ouvi então o barulho que o portão da frente de minha casa fazia nos últimos tempos toda vez que era aberto.

Fora o vento que o abrira, sim, só podia ser o vento, no entanto, quando voltei meus olhos para lá pude ver claramente Elizabeth atravessando o portão e vindo na minha direção.

– Eu vim buscá-lo, Christopher – disse ela com carinho.

Meus olhos se encheram de lágrimas diante da sua presença.

– Que bom que você veio, Elizabeth.

Ela sorriu, singela.

– Meu desejo está se realizando – acrescentei, emocionado. – Eu disse que gostaria de encontrar no céu as pessoas que tanto amei, pois bem, você é a primeira delas.

Os olhos dela encheram-se d'água.

Ela procurou sorrir novamente, com seus lábios trêmulos, pegou em minha mão e me ajudou a me levantar.

– O que há do outro lado da vida, Elizabeth?

– Além das pessoas que você tanto ama?

– Sim, o quê?

– Tudo o que você não pode ter aqui na Terra, preso à matéria...

Eu nem bem havia dado um passo, parei. Apertei a mão de Elizabeth e com certa aflição na voz disse:

— Espere, e quanto aos meus filhos, eu não posso abandoná-los...

— Eles não ficaram abandonados, Christopher. Eles têm uns aos outros. Eles tem Anne... Eles ficarão bem... Além do mais nós estaremos orando por eles, pedindo-lhes proteção, só que agora daqui deste plano.

Voltei o olhar mais uma vez para a casa, depois para Elizabeth. Foi nesse momento que Anne Campbell chegou na varanda e nos viu. Assim como ela pôde ver Rosamund e Samuel, ela pôde ver Elizabeth e eu em espírito. Seus olhos tornaram-se imediatamente mareados. Eu soltei da mão de Elizabeth e fui até ela, beijei-lhe o rosto e disse:

— Cuide deles, Anne. Dos nossos filhos e netos.

E ela disse:

— Eu cuidarei, Christopher. Enquanto eu estiver por aqui eu cuidarei.

Enxuguei minhas lágrimas. Voltei para Elizabeth, entrelacei meus dedos nos dela; mais uma vez suspirei com certo alívio e partimos. Para o plano que já havia estado antes, um plano que me devolvia a cada segundo a lembrança de quem fui, do que vivi, dos erros que cometi, das lições que aprendi em vidas passadas. Devolvia-me, enfim, minha memória espiritual.

Anne Campbell ficou ali na varanda olhando para nós, em espíritos, seguindo a nossa luz. Havia lágrimas em seu rosto e mais uma vez as lágrimas não eram só dela, eram minhas, nossas, e de muitos mais.

Mas não eram lágrimas de tristeza, tampouco de saudade. Eram as lágrimas que a emoção desperta em nós toda vez que nos vemos dentro desse infinito processo chamado vida.

Capítulo 34

Plano espiritual

Quando você chega ao plano espiritual, começa a readquirir sua memória espiritual. Lembra-se de que já esteve ali muitas vezes e logo compreende por que quando reencarnamos não nos lembramos do que fomos em vidas passadas.

Imagine como ficaria a sua cabeça se pudesse se lembrar de tudo o que viveu em vidas passadas? Um caos, um caco. Viveria confundindo tempo, espaço e pessoas. Não haveria concentração suficiente para viver sua nova reencarnação, tampouco absorvê-la, aprender as lições que o levam à evolução. Seria como um ator que interpreta um papel num filme, mas que tem na cabeça todos os textos e personalidades de personagens que já interpretou até aquele momento.

Por tudo isso só podemos nos lembrar de alguns trechos do que fomos e vivemos em vidas passadas quando reencarnamos na Terra. É assim por providência divina.

– Onde estão eles, Elizabeth, as pessoas que eu tanto amo? – perguntei enquanto volitávamos.

Ela apertou delicadamente minha mão como quem diz: calma, logo estaremos com eles.

E ela estava certa. Logo me vi diante daqueles que eu tanto amei, ou melhor, que tanto amo. Meu pai querido, minha mãe querida, meu primo que havia desencarnado quando ainda era moço, alguns amigos de outrora, pessoas enfim que eram especiais para mim.

O abraço querido que minha mãe me deu e o esplendor que transpareceu em sua face ao me rever deve ter sido o mesmo que iluminou a face das milhares de mães que perderam seus filhos na guerra ou por qualquer outro motivo. Ao se verem diante deles novamente ali no plano espiritual.

O mesmo aconteceu em relação a meu pai, que me abraçou forte e chorou no meu ombro de saudade. A mesma alegria que deve ter sido o reencontro entre pais e seus filhos que morreram na guerra.

Reencontrar essas pessoas queridas era o mesmo que reencontrar suas raízes.

Eu havia deixado na Terra meus filhos, Anne, Cliff que eu tanto amo e que certamente sentiria saudade dentro em breve, em compensação agora podia matar a saudade daqueles que eu não via havia anos.

Nem todas pessoas que eu amei estavam ali e a razão era muito simples: os que não se encontravam no plano envolvidos com alguma tarefa espiritual já haviam reencarnado.

Mas a regra da vida é bem clara: quem você ama ou simplesmente quer muito bem, um dia vai reencontrá-lo nesse processo chamado vida. É semelhante ao que acontece conosco quando encarnamos na Terra. Você pensa em uma pessoa querida, lembra-se dela por algum motivo e ela logo entra em contato com você ou cruza seu caminho. Não é mistério algum, é conexão. Conexão espiritual.

Quanto mais o tempo vai avançando no plano espiritual, mais e mais você vai compreendendo que a maioria das pessoas que você teve contato, criou um vínculo afetivo, um laço familiar na sua última reencarnação, são velhos conhecidos seus de outras vidas.

Você compreende também por que cada um teve seu momento exato para desencarnar.

E que todo aquele que lhe fez mal, de certa forma, em vida, também acabou fazendo mal a si próprio. Que em tudo de bom e ruim que se faz, aprende-se uma grande lição. Que cada lição é um passo para a evolução. E cada passo alcançado, uma dádiva abençoada por Deus.

Você descobre ou se conscientiza de vez que a vida realmente não tem parada. Tal como nosso sono em que se pensa que se está dormindo, mas o espírito está acordado, vivo e muitas vezes volitando por outros mundos.

Compreende novamente o que esquecemos por causa do processo de reencarnação, que somos essências em espíritos... Espíritos que nascem e renascem sem nunca deixarem de existir... Em constante transformação... A caminho da evolução... Uma evolução necessária para o libertar da alma, o apogeu do seu esplendor.

Que a vida é como um carrossel onde vidas se encontram e se reencontram. Amores nascem e renascem e, em cada reencontro, cada renascimento surge a oportunidade de aprender a amar, sem não mais machucar a si mesmo e ao próximo, elevar o espírito, tornar-se especial... comungar com Deus.

Emergindo do meu encantamento com tudo o que vivia agora, voltei-me para Elizabeth e perguntei:

— E ele? O que houve com ele?

Ela soube imediatamente a quem eu me referia:

— Victor?

— Sim. Victor.

Ela me observou em silêncio. Desabafei:

— Vivi praticamente a minha última reencarnação inteira preso ao ódio que senti por ele ter feito o que fez contra mim e Anne, ainda que tenha descoberto que a amava, Elizabeth, que nossa vida juntos foi formidável, ainda assim, o ódio por ele permaneceu dentro de mim.

— Dizem que não se deve abrir espaço no coração para o ódio, pois ali, ele fará sua morada.

Assenti com a cabeça.

— Não posso dizer que ainda sinto o mesmo ódio que sentia por ele, aquele ódio abissal do início.

— Isso é um bom sinal, Christopher. Um ótimo sinal.

— Não quer dizer que esse ódio tenha acabado, apenas diminuiu de intensidade, abrandou-se.

— Eu compreendo.

Fez-se uma breve pausa até que ela me perguntasse:

— Você não quer vê-lo?

A pergunta tomou-me de assalto. Alarmado disse:

— Eu disse que queria ver somente as pessoas que tanto amei, Elizabeth, somente as pessoas que amei.

— E você amou Victor.

— A princípio sim, depois o odiei. Como poderia continuar amando quem me fez tanto mal?

— Muitas vezes o amor vira ódio, não é à toa que dizem que o amor e o ódio andam de mãos dadas.

— Pode ser, ainda que o que eu sinta por Victor Dorigan seja um misto de amor e ódio prefiro vê-lo bem longe de mim.

— Um dia vocês ainda vão se reencontrar para acertar as contas, desfazer o passado que tanto custa a passar. Cicatrizar essa ferida que tanto dói no seu peito e no peito de Victor. Faz parte da vida.

— Duvido que ele sinta alguma coisa pelo que fez. A meu ver ele me repugna tanto quanto eu o repugno.

— Cuidado com o julgamento, Christopher. Não devemos julgar ninguém, nem algo precipitadamente.

— É verdade, havia me esquecido.

— Daí a razão pela qual muitos de nós passam e repassam por diversas vezes as mesmas lições em novas reencarnações, pois por mais que já tenham passado por elas, esquecem o que lhes foi ensinado.

"Sabe, Christopher, desejamos muitas coisas no íntimo que nos passa despercebido. Ninguém gosta de viver à sombra do ódio. O ódio obscurece a alma e alma gosta de luz. Por essa razão, a alma de todos nós almeja apagar todo e qualquer ódio que existe dentro de nós para que não seja ofuscada, porque quando ela é ofuscada a nossa vida também se torna ofuscada."

Fiquei calado por instantes, absorvendo intimamente aquelas palavras, por fim disse:

— Resta-me agora descobrir se poderei reencontrar quem tanto amo em minha próxima reencarnação.

— Que sentido teria a vida se isso não fosse possível, Christopher? O amor é o que move o mundo. O que o faz renascer das cinzas, do caos, da ignorância. O amor é tudo, Christopher...

— Sim. O amor é tudo — murmurei, voltando a lembrar nas pessoas que eu tanto amara na minha última reencarnação. Amara e ainda amava: meu pai, minha mãe, amigos queridos de infância, Anne, Benedict, Elizabeth, Beatrice, Ludovic... e até mesmo Cliff Dorigan, que me proporcionou a descoberta de que nunca é tarde para encontrar o perdão dentro de nós e expressá-lo por meio de palavras, gestos e pensamentos. — Sim, o amor é tudo... — reafirmei.

Capítulo 35

A voz das sombras toma a palavra

A história de Christopher Angel não termina aqui, como não termina a história de nenhum de nós. Sou aquele que Christopher chamava de *voz das sombras*. Sou aquele que acompanha cada ser humano. Sou aquele que uns chamam de anjo da guarda, outros de guia espiritual. Sou aquele, enfim, que Deus pôs ao lado de cada um na esperança de incutir-lhes bons pensamentos por meio de profundas e necessárias reflexões.

Christopher Angel reencarnou anos depois em meio ao esplendor de uma belíssima primavera. Recebeu, logicamente, outro nome, mas continuarei chamando-o de Christopher. Assim como os demais que reencarnaram no mesmo período.

Nessa nova encarnação os pais que Christopher recebeu, por mais que tentassem, não podiam compreender por que ele tinha tanta aversão a sangue desde pequenino, chegava a desmaiar caso se visse diante de um pequeno ferimento esvaindo sangue.

Não podiam compreender também por que o garoto tinha aversão a qualquer espécie de barulho. De um simples provocado pela queda de uma tampa de panela aos estouros dos traques, bombinhas e rojões. O menino chegava a tremer, seus olhos arregalavam de medo e pavor. A cor desaparecia da sua face.

Muitos acreditavam que isso se dava porque sua mãe tinha se assustado durante sua gravidez. Mas quando analisamos essas reações por meio da meticulosa lente espírita, podemos compreender que esses problemas eram ecos de sua vida passada. Do que ele vivera nos campos de batalha durante a Primeira Guerra Mundial e dos tormentos que passara ao longo da Segunda. Pode se notar o mesmo em todos os que passaram por ela e reencarnaram.

Christopher nasceu também muito desconfiado de tudo e de todos. Desde menino qualquer um podia notar esse seu perfil marcante da sua personalidade.

Seus pais não eram assim, tampouco ele havia sofrido algo, tal como uma traição por parte de um amiguinho ou de um adulto para se comportar daquela maneira.

Ele olhava para as pessoas como quem suspeita de que elas iriam lhe fazer mal. Desconfiado de que elas não eram o que pareciam.

O porquê de ele ter nascido assim foge à compreensão de todos os que não se permitem ver a si próprios, nem a seus semelhantes, pela lente do processo das reencarnações.

Quando se toma conhecimento do que um indivíduo viveu em sua última reencarnação, compreende-se melhor por que ele nasceu com certa personalidade e por que se comporta de determinada maneira.

Outro fato curioso a respeito de Christopher é que ele desde garoto sonhava com uma casa na árvore e volta e meia se pegava desenhando uma. Logo quis saber o porquê daqueles sonhos e desenhos, pois uma casa na árvore era algo raro de se ver.

"Mais um mistério", respondiam os que afirmam que a vida é mesmo assim: cheia de mistérios. Mistérios que são revelados quando vistos pela lente da reencarnação.

Na escola de Christopher havia um menino um pouco mais velho de quem ele não gostava. Fora antipatia imediata assim que pousara seus olhos no garoto.

Uma de suas professoras comentou com outra que achava aquilo curioso. Ela questionava o por quê de não simpatizarmos com uma pessoa só de pousarmos os olhos nela? Por que será que chegamos até mesmo a passar mal junto dela?

Isso era mais um mistério para muitos, mas uma revelação para os que veem a vida pelos olhos da alma.

Esse menino com o qual Christopher não simpatizava tinha nas imediações do joelho direito uma mancha bastante grande de nascença. Algo que também foge à explicação de muitos que querem compreender o porquê de alguns nascerem com manchas de diferentes tamanhos em diferentes locais do corpo.

Outro mistério? Não, se você levar em conta que esse garoto fora Victor Dorigan na sua última reencarnação e que a mancha indica o local onde ele havia atirado na própria perna. Com isso compreende-se também por que Christopher não simpatizara com o garoto desde a primeira vez em que o vira.

Quando nos permitimos ver a vida pelo processo reencarnatório não há mistério que não seja desvendado.

***

Christopher havia acabado de deixar a escola quando Victor tentou mais uma vez se aproximar dele. Com um sorriso nos lábios, puxando papo.

— E aí, meu, eu...

Christopher o interrompeu bruscamente:

— Olha, cara, se não for lhe pedir muito, por favor, não me dirija a palavra. Evite-me. Não sei por que, mas não vou com a sua cara.

Victor travou os passos, arregalou os olhos, surpresos, não com a declaração em si, mas pelo fato de ela confirmar o que ele sempre suspeitara a respeito de Christopher, que ele tinha uma antipatia gratuita, sem explicação, por ele.

— Foi mal — desculpou-se Victor, retesando os passos.

Christopher nada respondeu, continuou andando, pisando duro, deixando Victor olhando com curiosidade para ele.

***

Dias depois, terminava mais uma partida de futebol do time em que Christopher e Victor faziam parte. Christopher estava deixando o ginásio da escola quando avistou Bárbara, uma das colegas de classe por quem ele tinha grande apreço. Ela disse de onde estava:

— Não se esqueça do trabalho de ciências, é para amanhã...

Christopher estava tão concentrado nela que não percebeu que atravessava a rua sem olhar para os lados.

Não houve tempo de Bárbara gritar para avisá-lo que ele ia ser atropelado por um carro que vinha em disparada pela rua. Christopher sentiu um solavanco, algo havia se chocado contra ele com grande fúria, feito ele perder os sentidos por hora. Quando ele voltou a si, seus olhos estavam rentes ao asfalto. Ele procurou com grande esforço reconstituir os últimos acontecimentos, mas não conseguiu compreender ao certo o que se passara.

Muitos colegas chegavam até onde ele ficara caído. Alguém então o ajudou a se levantar e somente quando ele se viu mais equilibrado é que se voltou para a pessoa em questão e lhe agradeceu:

— Obrigado.

Era um dos amigos do time de futebol.

— O que houve? — perguntou.

— Você por pouco não foi atropelado por um carro que corria como louco pela rua.

— Por que então fui parar no asfalto?

Os olhos do garoto mostraram-se surpresos. Com grande emoção ele respondeu:

— Ora, porque você foi tirado do caminho antes que fosse atropelado. E o empurrão o levou ao chão.

— É mesmo, não me lembro de nada. Quem foi que me ajudou?

O menino fez um sinal com os olhos e a cabeça. Christopher então se voltou na direção do aglomerado de colegas da escola que cercavam o corpo de um jovem estirado ao chão. Seu cabelo estava ensanguentado por uma ferida que se abrira ao colidir com a cabeça no asfalto.

Christopher aproximou-se do rapaz olhando-o com curiosidade e fascínio, ao mesmo tempo. Ao ver que se tratava de Victor, forte onda de calor ecoou por todo o seu corpo. Ele permaneceu duro olhando para o rapaz. Então um dos amigos lhe disse:

— Ele salvou sua vida, Christopher. Salvou sua vida.

E a frase ficou ecoando repetidas vezes na cabeça de Christopher: "ele salvou sua vida, Christopher... salvou..."

No minuto seguinte, chegou a ambulância e levou Victor para o hospital que, a pedido médico, ficou em observação, assim que recobrou os sentidos.

Foi ao cair da tarde do dia seguinte, logo depois de sair da escola, que Christopher foi até o hospital visitar o rapaz.

Quando os olhos dos dois jovens se encontraram, algo se acendeu dentro deles.

– Olá, Christopher – murmurou Victor.

Christopher sorriu encabulado. Aproximou-se da cama com cautela.

– Eu... eu trouxe para você. É um manjar... – disse ele, mostrando uma vasilha. – Foi minha mãe quem fez. Soube que gosta muito...

Victor sorriu agradecido.

– Como está se sentindo?

– Bem. Levei alguns pontos na cabeça, mas já estou bem.

– O-obrigado... Obrigado pelo que fez por mim.

– Que é isso... Tenho a certeza de que faria o mesmo por mim numa situação semelhante.

Christopher duvidou que aquilo fosse possível, primeiro porque nunca gostara de Victor, segundo porque jamais poria em risco a sua vida por alguém com quem não simpatizava. Mas até que ponto o ódio se sustenta diante de uma situação como essa? Ainda que seu semelhante seja um inimigo, nessa hora a alma fala mais alto porque sabe que no íntimo somos todos irmãos, que qualquer pessoa gostaria de ser ajudada por outra caso estivesse em semelhante condição, fosse essa pessoa um amigo ou até mesmo um inimigo.

Victor melhorou, voltou para a sua casa e, em seguida, para a escola. Já não se via mais a rejeição nos olhos de Christopher. Os dois eram sempre vistos trocando algumas ideias, comentando sobre as manchetes de jornal, fazendo planos para o futuro.

A identificação de um com o outro era cada dia mais crescente, aumentando cada vez mais a sensação de que ambos pareciam se conhecer de longa data.

– Você já nasceu com essa mancha na sua perna? – perguntou Christopher certo dia para o seu mais novo amigo.

— Sim — respondeu Victor prontamente. — Minha mãe, que entende um bocado sobre reencarnação, diz que minha mancha no joelho provém de algum ferimento que eu sofri noutra vida. O mesmo ocorre em relação a qualquer mancha que há no corpo de qualquer um.

Christopher balançou a cabeça, pensativo.

— Você acredita mesmo que isso seja possível? Digo, que nós já tenhamos vivido anteriormente?

— Sim, foi a melhor explicação que encontrei para entender certos porquês. O espiritismo me responde a muitas perguntas que não consigo entender, e me esclarece muitos dos mistérios que cercam a natureza. Como por exemplo, às vezes algumas pessoas se encontram e logo sentem empatia profunda, conhecem pormenores de sua vida sem nunca terem estado juntas... pessoas visitam cidades e logo identificam-se com o lugar sabendo se locomover com a maior facilidade... pessoas sonham com algo que de repente se materializa...

— Sim faz sentido. — Christopher coçou a nuca, reflexivo. — Por falar em sonhos, gostaria de saber por que eu sempre sonho com uma casa na árvore.

Victor ergueu as sobrancelhas ao impulso de um assovio.

— Eu não sei, mas algum motivo tem.

***

Àquela noite, a convite de seu mais novo amigo, Christopher foi ao cinema na companhia de mais alguns amigos. Nenhum deles sabia que boa parte do filme se passava em meio à guerra, com cenas muito vivas dos personagens nos campos de batalha. Christopher começou a suar frio diante das cenas, para ele, pareciam muito reais. Ainda que procurasse não transparecer o impacto desagradável que aquilo tudo lhe provocava, seu tremor foi sentido por Victor, que estava sentando ao seu lado.

— O que foi? — perguntou o rapaz. — Você não está passando bem?

Não houve tempo para uma resposta. Christopher levantou-se e saiu correndo da sala de projeção rumo aos banheiros. Quando chegou lá, vomitou. Victor chegou logo em seguida.

— Algo que você comeu não deve ter-lhe feito muito bem — comentou.

Christopher mirou fundo nos olhos dele e disse:
— Foi o filme. Não gosto de filmes de guerra. Eles sempre me fazem me sentir muito mal. Se eu soubesse que esse era um deles, não teria vindo. Eu vou embora.
— Eu vou com você.
— Não. Você estava gostando do filme, volte para lá...
— Não estava gostando tanto assim, para falar a verdade, não gosto de filmes de guerra também, nem mesmo dos que mostram batalhas medievais. É como se eu já estivesse estado ali em meio àquele caos... àquela brutalidade...

Victor estava certo, ele já vivera aquilo, já sentira na pele o horror das batalhas em outras vidas e por tudo isso era capaz de fazer o possível e o impossível para se afastar delas.

Victor suspirou, com certa tensão. Procurou espantar o mal estar que a lembrança lhe causara com um sorriso. Disse:
— Vamos, eu o acompanho até sua casa.

Assim, os dois rapazes partiram do cinema.
— Minha mãe diz que tudo o que nos dá aversão é porque já vivemos algo muito semelhante no passado, digo, noutra vida.

Christopher olhou com curiosidade mais uma vez.

O contato entre Victor e Christopher cresceu nos meses que se seguiram para espanto de ambos e de qualquer um que conhecesse o que eles viveram numa vida passada.

Mas a vida é assim mesmo, reúne sempre aqueles que precisam cicatrizar feridas abertas em vidas passadas... cicatrização que permite que essas pessoas evoluam...

***

Nas férias de julho, o pai de Christopher deu para ele de presente um curso de inglês de um mês na Inglaterra. Ele preferiu que o filho viajasse nesse período, por lá ser verão.

Christopher havia saído para fazer uma caminhada pelos arredores do campus escolar onde estava estudando. Gostava de caminhar sozinho para ficar a sós com seus pensamentos, dialogar com a voz interior a qual chamava de *voz das sombras*, sem saber ao certo por quê.

Enquanto trocava ideias em silêncio com a tal voz, seus olhos se prenderam numa borboleta cuja beleza das asas jamais vira igual. Banhada pelos raios do sol, as cores de suas asas tornavam-se luminescentes, lindas... O rapaz não conseguiu mais tirar os olhos dela, seguiu-a com o olhar e um sorriso de menino.

Então, ela subitamente sobrevoou o murinho baixo que cercava uma bela casa, a qual chamou a atenção de Christopher e lhe provocou um súbito frio na barriga.

Lá foi a borboleta voando graciosamente em direção a uma árvore que havia no jardim da casa, uma árvore bonita e frondosa.

Christopher arrepiou-se ao avistar o que havia no topo da árvore. Para sua surpresa, havia uma casa de madeira construída ali. A descoberta mexeu tanto com ele que ele ficou parado olhando para a casa como se tivesse sido congelado naquela posição.

Era ela, sim era ela, a casa da árvore que ele sempre via em seus sonhos.

Inacreditável. A casa que ele sempre vira em seus sonhos desde menino realmente existia no mundo real. O sonho na verdade não fora sonho e sim uma visão de algo que havia no mundo onde ele ainda não havia tido a oportunidade de visitar. Seria aquilo possível? Sim, certamente que sim, ele estava ali para provar.

Assim que voltou para a escola, o rapaz comprou um cartão e escreveu para Victor:

"Eu achei... encontrei a tal casa da árvore que aparece em meus sonhos desde garoto. Não é surpreendente? No mais está tudo bem, logo lhe escrevo contando outras novidades..."

Naquela noite, Christopher dormiu pensando na casa que havia descoberto aquela tarde. A casa era com certeza a mesma que sempre via em seu sonho, apenas o local não era o mesmo, no sonho ela estava dentro de um bosque, porém aquele que ele encontrara fora construída numa árvore que ficava no jardim de uma casa.

Christopher, então, sonhou mais uma vez com a casa da árvore que ficava no meio de um bosque e com a jovem que encontrou na casa assim que subiu até lá para explorá-la. Algo também que lhe fugia à compreensão.

No dia seguinte, assim que terminou suas aulas de inglês, o rapaz dirigiu-se para as imediações da casa da árvore. Ao perceber que não havia ninguém por perto, abriu discretamente o portão da casa e entrou.

Caminhou a passos lentos e bem concentrados até os pés do tronco da frondosa árvore. Olhava ao redor com cuidado, receoso de que houvesse alguém ali, pronto para repreender seu gesto ou até mesmo um cão de guarda para atacá-lo.

Se alguém o visse fazendo aquilo poderia não gostar, afinal era invasão de propriedade, ainda assim ele precisava subir até lá, para conhecer a casa de perto.

Quando finalmente alcançou a escada que levava à casa da árvore, Christopher hesitou, seu coração batia forte, em disparada, dentro do seu peito. O motivo ele não sabia ao certo dizer, talvez por emoção, uma forte emoção que ele tampouco sabia explicar.

O jovem foi subindo cuidadosamente a escada até alcançar o topo. Arrepiou-se ao se ver ali, um arrepio quente de emoção. Era surpreendente e ao mesmo tempo emocionante se ver numa casa que sempre visitara em sonhos.

Por alguns segundos, ele se deixou desligar do mundo, ficando entregue somente à alegria de se ver ali, envolto naquelas sensações tão tocantes.

Suspirou enquanto nova onda de emoção ecoou por seu peito.

Foi então que subitamente percebeu que não era o único presente, seus olhos avistaram uma jovem, da mesma idade que a dele, sentada na outra extremidade da pequena casa.

Seu coração por pouco não parou. A jovem não tinha a mesma fisionomia que a da jovem que ele via em seus sonhos, apenas o louro do cabelo era igual, um louro bonito, dourado, parecendo ter sido banhado a ouro, mas no íntimo ele sabia que era ela, ela mesma, apenas dentro de um corpo diferente. Se é que isso poderia fazer algum sentido.

— Desculpe — disse ele.

Ela permaneceu em silêncio, como se não tivesse ouvido o que ele disse, tampouco notado sua chegada. Então, para sua total surpresa, ela moveu seu delicado corpo, voltou-se para ele e sorriu como quem diz: não há do que se desculpar.

Quando os olhos de ambos se encontraram o tempo pareceu parar. O rio, deixar de correr. Os pássaros, deixarem de voar e cantar. O vento, deixar de soprar. O silêncio se derramou sobre os dois de forma encantadora. Como se precisassem dele, mais do que tudo até então, para que pudessem reacender a luz interior de ambos.

Christopher quis dizer mais alguma coisa, mas nada lhe ocorreu. Tamanha surpresa. Uma encantadora surpresa. Pensou: "Como ela é linda... indescritivelmente linda".

Ele sentiu que o mundo rodopiava, ficava de cabeça para baixo, tomada de uma súbita, impossível e gloriosa alegria. Havia agora uma certeza dentro dele, uma certeza arrebatadora de que quando ele olhasse fundo nos olhos daquela jovem de cabelos dourados, ele encontraria os olhos da dona do seu destino.

— Eu... eu... — tentou falar, mas as palavras se perdiam na sua garganta.

Um suspiro tenso atravessou suas narinas ao aprofundar seu olhar no seu lindo e delicado rosto onde havia um quê de alegria. Uma alegria que jamais vira transparecer no rosto de alguém.

— Pelo seu sotaque percebo que você não é daqui, não é mesmo? — perguntou ela com doçura na voz, quebrando o silêncio que se fazia presente entre os dois de forma calma e serena.

— Sim — respondeu Christopher, ligeiro. — Estou hospedado no campus escolar fazendo um curso de inglês. Meu nome é Christopher.

— O meu é Anne — apresentou-se ela sorrindo encantadoramente para ele.

— E você é daqui mesmo, Anne? — perguntou o rapaz sem tirar os olhos dela.

Ela concordou com um elegante balançar de cabeça.

Christopher percorreu o olhar pela casa da árvore e sorrindo acrescentou:

— Parece tolice, mas eu sempre vi essa casa, ou uma muito semelhante a ela em meus sonhos desde que era garoto. Você estava lá também, no mesmo lugar em que se encontra agora, olhando para mim... — ele riu, sem graça. — Que bobagem...

— Não é bobagem, é conexão. Conexão espiritual. Por que eu também sempre sonhei com essa casa e sabia que o dia em que eu a encontrasse você viria e nesse dia então a vida tomaria um novo rumo, um novo sentido, uma nova cor.

Christopher sorriu diante daquelas palavras. Uma forte onda de calor ecoou por seu peito enquanto seus olhos enchiam-se de lágrimas. Ela levantou-se, ficou de frente para ele, passou a mão carinhosamente por sua face e disse com ternura:

— O amor, quando há amor de verdade, não morre jamais, atravessa vidas. Não somente o amor de um homem para uma mulher, mas dos pais para os filhos, dos filhos para os pais, netos, amigos, queridos... porque todos nós, na alma, no espírito, queremos acima de tudo sempre reencontrar, nesse eterno processo chamado vida, as pessoas que tanto amamos, tanto no plano espiritual, quanto numa próxima reencarnação.

Ela beijou-lhe a face com carinho, estendeu-lhe a mão e disse:
— Venha...

Ele tomou-lhe a mão deixando-se ser guiado por ela. Os dois desceram da casa da árvore com cuidado.

Cliff Dorigan, já com bastante idade encontrava-se agora em frente a sua casa olhando para aquele jovem casal. Havia lágrimas, muitas lágrimas escorrendo por sua face. E a certeza, agora, de que em meio a toda incoerência que parecia fazer parte da vida, havia mais coerência do que tudo. Apenas nossos sentidos é que não podiam alcançar, compreender.

Beatrice chegou de mansinho até o marido e pousou com delicadeza sua mão sobre seu ombro direito. Nesse momento, Christopher e a jovem pararam diante deles.

— Desculpem-me por eu ter invadido a casa de vocês... — disse Christopher.

— Não há do que se desculpar, meu rapaz — adiantou-se Cliff.

A boca de Christopher tornou a se abrir para dizer mais alguma coisa, mas fechou-se a seguir rapidamente. Aprofundando os olhos sobre o casal, o rapaz comentou:

— Curioso... Tenho a impressão de já tê-los visto. De conhecê-los...

Cliff sorriu.

— Eu também, meu rapaz.

Christopher soltou um risinho curto e abafado e disse:

— Mas isso não tem cabimento, é impossível, uma vez que eu nunca estive nesse país antes, quanto mais aqui neste lugar... A não ser...

Cliff ajudou o rapaz:

— A não ser...

— A não ser que tenha sido noutra vida.

— Sim — concordou Cliff —, só pode ter sido.

Nisso, a voz de uma jovem, uma voz firme, aguda ecoou do portão.

— Anne.

Todos voltaram sua atenção para lá.

— É Elizabeth — disse Anne sorrindo para ela. — Elizabeth e Benedict. Rosamund e Samuel.

Os casais atravessaram o portão e vieram ao encontro de todos. Apresentações foram feitas e Christopher sentiu bater dentro de si a sensação de que Elizabeth e Benedict eram velhos conhecidos seus.

— Estamos indo fazer uma caminhada — explicou Anne para Christopher —, venha conosco, por favor...

Christopher assentiu com um sorriso bonito bailando em seus lábios. Todos se despediram e partiram para a caminhada.

A cada passo, a cada avanço do tempo crescia dentro de todos ali um forte senso de intimidade, um forte desejo de se querer bem, de estarem se amando mesmo antes de se amarem, de que a vida, a partir de agora, tomaria um novo rumo, mais feliz, mais completo, mais tocante...

— Parecem velhos conhecidos — comentou Cliff com a esposa.

— Somos todos velhos conhecidos, Cliff — observou Beatrice. — O que o amor uniu, nas suas diferentes formas de existir, a vida jamais separa... nem mesmo com a morte... nem mesmo após a morte..

Reflexões

Quando se vê a vida por meio das reencarnações, podemos compreender inúmeros porquês da vida. Desvendar muitos dos mistérios que nos parecem insolúveis.

Compreender, por exemplo, por que pessoas mudam de emprego até serem levadas ao lugar certo para conhecer certa pessoa, bem como ter a oportunidade certa para provar sua capacidade adquirida em vidas passadas ou aprimorá-la.

Compreender por que em meio a tantas pessoas nos interessamos por uma em especial. Por que, dentre tantas mulheres bonitas, o homem é atraído por uma em especial. São todas bonitas, atraentes, interessantes e, no entanto, uma em especial prende sua atenção, o atrai mais, o faz apaixonar-se. Essa mulher inclusive, muitas vezes não é tão bonita fisicamente quanto as que estão ao seu lado, mas é por ela que seu coração fala mais alto, vibra, chega até urgir. O mesmo em relação a mulher diante de um homem.

É por afinidade espiritual, construída em vidas passadas que nos unimos às pessoas que caminham conosco ao longo de nossa estada no planeta, unimo-nos para cumprir uma missão, desenvolver uma habilidade, aprender uma ou mais lições.

E essa união acontece para gerar filhos que também parecem ser velhos conhecidos nossos. Filhos que nascem sob a guarda de pais necessitados daquilo que eles podem lhes ensinar ao longo do convívio.

Filhos que nascem sob a guarda de pais capazes de lhes ensinar preciosas lições, ajudá-los a ser melhores, menos piores...

Somente por meio das reencarnações podemos compreender por que nos sentimos íntimos de uma pessoa em questão de minutos. Por que temos a nítida sensação de nos conhecermos de longa data e podemos até arriscar palpites sobre suas predileções e acertar.

Podemos compreender por que algumas pessoas têm a nítida sensação de já terem estado num lugar onde nunca pisaram antes. Tal como o caso que me foi relatado da mulher que ao visitar uma igreja num dos países da Europa sabia, sem nunca ter posto os pés ali, que havia nos subterrâneos da igreja uma espécie de capela.

Tal como o caso do rapaz que assim que pôs os pés na cidade de Nova York identificou-se imediatamente com o lugar e sabia se locomover por ela sem problema algum, até mesmo a noite.

Tal como caso da menina de apenas seis anos de idade que disse para a mãe quando passaram em frente a uma casa que ela já havia morado ali e a mãe descobriu mais tarde, que a casa fora ocupada por sua avó. Dentre muitos outros exemplos.

É devido ao corre-corre diário, ao apego à matéria que as pessoas não se permitem fazer uma análise mais profunda sobre seu comportamento diante das situações que a vida traz. Caso isso fosse possível, todo e qualquer indivíduo poderia compreender, por meio de uma profunda e silenciosa meditação, o porquê a vida se faz como se faz, o porquê você nasceu em determinada família, ligou-se a certas pessoas, casou-se e teve os filhos que teve. Tudo pode ser compreendido.

Compreender que há, sem dúvida alguma, por trás de nossa vida uma força nos ligando a pessoas, lugares, profissões e situações para que juntos enriqueçamos pessoal e espiritualmente.

Essa força também tenta mostrar a todos que não importa quais sejam os motivos para uma guerra, manter a paz é sempre mais importante. No entanto, lideres do poder insistem em guerrear mesmo sabendo que todos os que iniciaram as guerras ao longo da história da humanidade, acabaram percebendo que a conquista do poder é efêmera.

Dar mais valor à ignorância é ainda um dos maiores desafios que o espírito enfrenta para se elevar.

Em meio as inúmeras guerras ao longo da história muitos homens, mulheres e crianças morreram por causa delas. Quão injusto seria a vida se esses que foram mortos pela guerra não tivessem uma nova chance de viver o que a guerra não lhes permitiu. E Deus percebeu que só existindo o processo das reencarnações é que poderia haver justiça para os homens de bem, cuja maldade alheia, a ganância pelo poder, a ignorância lhes privou das alegrias da vida na Terra.

No entanto, a pior de todas as guerras que pode ferir o ser humano é ainda aquela que se passa dentro da mente de cada um, da qual ele não pode se livrar nem mesmo depois de morto, pois o espírito permanece vivo e consciente. Carregando consigo todos os padrões de pensamento, valores e lembranças.

Nenhum tratado de paz pode alcançar a mente de um indivíduo se esse tratado não for decretado e aceito pelo próprio indivíduo. Esteja ele no plano terrestre ou espiritual. Ao se dar e aceitar esse tratado de paz, o ser tem mais chance de se libertar do que o atormenta e se elevar, galgar um degrau a mais na escala da evolução, abrir as portas do coração para os mandamentos da paz pessoal e espiritual.

Para que esse tratado de paz seja decretado por nós, é preciso tirar alguns minutos para fazer uma reflexão sobre os nossos atos, pensamentos que infestam nossa mente e coração. Permitir enfim, ouvir a voz do coração ou a *voz das sombras.*

Receber um passe, uma oração, dá-nos força para nos despir do que precisamos para que nossa mente volte a funcionar em paz, para que não seja perturbada por vozes que comungam pensamentos negativos.

***

A vida nem sempre seguirá da forma como queremos. Haverá momentos em que nos sentiremos como um vagão que saiu fora dos trilhos. Haverá promessas quebradas, dores e dissabores... Pessoas que nos magoam, rompem laços afetivos etc.

O primeiro passo para restaurar o equilíbrio, retomar o caminho que leva à felicidade é agir dessa forma: toda vez que um pensamento mal, rancoroso, contaminado de ódio e desejos de vingança penetrar sua mente, afirme: "Eu me absolvo desses pensamentos pois eles me tiram do prumo, envenenam meu físico, meu espírito, desconcentram-me do que posso e devo fazer por mim e pelo próximo em nome de Deus".

Se você se desconcentrar das coisas bonitas, você estará poluindo sua mente e seu espírito com pensamentos e sentimentos negativos, por isso é que se fala: *não permita nunca que as coisas bonitas passem desapercebidas dos seus olhos.*

Levando a risca o conselho você fará com que todo e qualquer pensamento negativo perca terreno e seja levado pelo vento que sopra, anunciando outros ventos.

Precisamos constantemente permitir que o nosso coração seja tocado pelo calor divino. Pelas mãos de Deus, por Seu sopro, por suas palavras, por seu afeto e energia. A comunhão diária com o Pai pode clarear tudo o que uma guerra e contratempos ao longo da vida proporcionou, o que é formidável, pois não permite que nos tranquemos no quarto escuro do desamor, do ódio e do rancor, que só nos deixa cegos para o melhor da vida que passa ao nosso lado, através de nós.

Alimente sua alma com ideias que purifiquem, beneficiem, elevem, inspirem e dignifiquem a alma. Imprima no seu coração saudações de alegria, luz e harmonia.

Nunca deixe de rezar. Pois a reza é a nossa maior aliada contra os imprevistos que a vida nos traz.

E lembre-se de como as coisas que cercam a sua vida podem tornar-se mais fáceis se você tirar todo e qualquer rancor que insistir em se propagar em seu coração.

O que acontece com uma vida sem rancor? O que você vê? O que você sente? O que sobra? Torna-se mais fácil, não? É lógico que sim! Portanto, tire o rancor de todo lugar que ele possa ter se alojado dentro de você para que possa se transformar, renascer das cinzas, decretar paz no seu coração, na sua alma, exterminar toda a guerra interior que ele alimenta. Tornar-se uma nova pessoa aquela que no fundo você é em essência divina, na luz.

Faça o mesmo em relação ao ódio, a revolta, o desejo de vingança e você poderá provar a paz que tanto busca, a paz que é capaz de solucionar tudo, até mesmo o que você acredita ter sido roubada por outra pessoa.

Tire também os complexos que você porventura tem criado em relação ao seu físico, dispense os padrões de beleza que você ou a sociedade, ou a mídia, por acaso acredita ser necessário para ser bonita, bonito. Num mundo onde tudo se faz diferente, comparações são um tremendo engano.

Descarte também toda e qualquer insatisfação com seu trabalho por ele não ser valorizado pela sociedade conforme deveria. Cada um é um, cada passo a seu tempo.

E que o tempo lhe conceda a graça de ir além do que você pensa ser felicidade...

Muita luz...

Sucesos de Américo Simões
A outra face do amor

As palavras de Verônica ainda estavam ecoando na mente de Nathalia.

— Eu não sei o que é pobreza. Eu só conheço a riqueza, o luxo. Mesmo dentro da barriga da minha mãe eu só vivi cercada de riqueza, luxo e poder. Ouro, prata, diamantes... Se quer saber realmente o que sinto, pois bem, não faço questão alguma de conhecer a pobreza. Nunca fiz. Tanto isso é verdade que eu jamais, em momento algum, visitei a dependência dos empregados. Só tenho olhos para o que é rico, próspero e belo.

— Mas sua melhor amiga é paupérrima.

— Évora? Sim, ela é paupérrima. Coitada, ela e a família não têm onde cairem mortos. É, nem tudo é perfeito. Para tudo há sempre uma exceção, não é o que dizem? Évora é a exceção. Eu gosto dela, sempre gostei, sua condição social miserável nunca conseguiu prejudicar nossa amizade como eu pensei que aconteceria. Não é incrível como a vida nos surpreende?

Nathalia se perguntou mais uma vez: por que uns nascem para conhecer somente o luxo e a riqueza e outros somente a pobreza?

Dias depois, Évora entrava na propriedade de Verônica acompanhada do noivo, ansiosa para apresentá-lo a amiga.

— Será que ela vai gostar de mim, Évora? — perguntou o noivo.

— Vai e muito. Tanto que lhe dará o emprego de que tanto precisa e por meio do qual poderemos ter, finalmente, condições de nos casarmos.

Minutos depois o rapaz era apresentado a Verônica.

— Ele não é formidável, Verônica? — perguntou Évora.

— Sim, Évora, ele é formidável — concordou Verônica olhando com grande interesse para o tímido e pobre rapaz que também não tinha, como se diz, onde cair morto.

Amor incondicional

Um livro repleto de lindas fotos coloridas com um texto primoroso descrevendo a importância do cão na vida do ser humano, em prol do seu equilibrio fisico e mental. Um livro para todas as idades! Imperdível!

Sem amor eu nada seria...

Em meio a Segunda Guerra Mundial, Viveck Shmelzer, um jovem alemão do exército nazista, apaixona-se perdidamente por Sarah Baeck, uma jovem judia, residente na Polônia.

Diante da determinação nazista de exterminar todos os judeus em campos de concentração, Viveck se vê desesperado para salvar a moça do desalmado destino reservado para sua raça.

Somente unindo-se a Deus é que ele encontra um modo de protegê-la, impedir que morra numa câmara de gás.

Enquanto isso, num convento, na Polônia, uma freira se vê desesperada para encobrir uma gravidez inesperada, fruto de uma paixão avassaladora.

Destinos se cruzarão em meio a guerra sanguinária que teve o poder de destruir tudo e todos exceto o amor. E é sobre esse amor indestrutível que fala a nossa história, transformada em romance, um amor que uniu corações, almas, mudou vidas, salvou vidas, foi no final de tudo o maior vitorioso e sobrevivente ao Holocausto.

Uma história forte, real e marcante. Cheia de emoções e surpresas a cada página... Simplesmente imperdível.

A Solidão do Espinho

Virginia Accetti sonha desde, menina, com a vinda de um moço encantador, que se apaixone por ela e lhe possibilite uma vida repleta de amor e alegrias.

Evângelo Felician é um jovem pintor, talentoso, que desde o início da adolescência apaixonou-se por Virginia, mas ela o ignora por não ter o perfil do moço com quem sonha se casar.

Os dois vivem num pequeno vilarejo próximo a famosa prisão "Écharde" para onde são mandados os piores criminosos do país. Um lugar assustador e deprimente onde Virginia conhece uma pessoa que mudará para sempre o seu destino.

"A Solidão do Espinho" nos fala sobre a estrada da vida a qual, para muitos, é cheia de espinhos e quem não tem cuidado se fere. Só mesmo um grande amor para cicatrizar esses ferimentos, superar desilusões, reconstruir a vida... Um amor que nasce de onde menos se espera. Uma história de amor como poucas que você já ouviu falar ou leu. Cheia de emoção e suspense. Com um final arrepiante.

Paixão Não se Apaga com a Dor

No contagiante verão da Europa, Ludvine Leconte leva a amiga Barbara Calandre para passar as férias na casa de sua família, no interior da Inglaterra, onde vive seu pai, viúvo, um homem apaixonado pelos filhos, atormentado pela saudade da esposa morta ainda na flor da idade.

O objetivo de Ludvine é aproximar Bárbara de Theodore seu irmão, que desde que viu a moça, apaixonou-se por ela.

O inesperado então acontece, seu pai vê na amiga da filha a esposa que perdeu no passado. Um jogo de sedução começa, um duelo entre pai e filho tem início.

De repente, um acidente muda a vida de todos, um detetive é chamado porque suspeita-se que o acidente foi algo premeditado. Haverá um assassino a solta? É preciso descobrir antes que o mal se propague novamente.

Este romance leva o leitor a uma viagem fascinante pelo mundo do desejo e do medo, surpreendendo a cada página. Um dos romances, na opinião dos leitores, mais surpreendentes dos últimos tempos.

Ninguém desvia o destino

Heloise ama Álvaro. Os dois se casam prometendo serem felizes até que a morte os separe.

Surge então algo inesperado.

Visões e pesadelos assustadores começam a perturbar Heloise.

Seria um presságio? Ou lembranças fragmentadas de fatos que marcaram profundamente sua alma em outra vida?

Ninguém desvia o destino é uma história de tirar o fôlego do leitor do começo ao fim. Uma história emocionante e surpreendente. Onde o destino traçado por nós em outras vidas reserva surpresas maiores do que imagina a nossa vã filosofia e as grutas do nosso coração.

Quando o Coração Escolhe

(Publicado anteriormente com o título: "A Alma Ajuda")

Sofia mal pôde acreditar quando apresentou Saulo, seu namorado, à sua família e eles lhe deram as costas.

— Você deveria ter-lhes dito que eu era negro — observou Saulo.

— Imagine se meu pai é racista! Vive cumprimentando todos os negros da região, até os abraça, beija seus filhos...

— Por campanha política, minha irmã — observou o irmão.

Em nome do amor que Sofia sentia por Saulo, ela foi capaz de jogar para o alto todo o conforto e *status* que tinha em família para se casar com ele.

O mesmo fez Ettore, seu irmão, ao decidir se tornar padre para esconder seus sentimentos (sua homossexualidade).

Mas a vida dá voltas e nestas voltas a família Guiarone aprende que amor não tem cor, nem raça, nem idade, e que toda forma de amor deve ser vivida plenamente. E essa foi a maior lição naquela reencarnação para a evolução espiritual de todos.

Deus nunca nos deixa sós

Teodora teve medo de lhe dizer a verdade e feri-lo a ponto de fazê-lo abandoná-la para sempre e deixá-la entregue à solidão e a um sentimento de culpa pior do que aquele que já vinha apunhalando o seu coração há tempos. Sim, a verdade, acreditava Teodora, iria doer fundo em Hélio. Tão fundo quanto doeria nela se soubesse que o marido havia se casado com ela apenas por interesse financeiro, disposto a se divorciar dela em poucos anos para poder ficar com quem realmente amava, ou pensava amar.

Deus nunca nos deixa sós conta a história de três mulheres ligadas pela misteriosa mão do destino. Uma leitura envolvente que nos lembra que amor e vida continuam, mesmo diante de circunstâncias mais extraordinárias.

Vidas que nos completam

Vidas que nos completam conta a história de Izabel, moça humilde, nascida numa fazenda do interior de Minas Gerais, propriedade de uma família muito rica, residente no Rio de Janeiro.

Com a morte de seus pais, Izabel é convidada por Olga Scarpini, proprietária da fazenda, a viver com a família na capital carioca. Izabel se empolga com o convite, pois vai poder ficar mais próxima de Guilhermina Scarpini, moça rica, pertencente à nata da sociedade carioca, filha dos donos da fazenda, por quem nutre grande afeto.

No entanto, os planos são alterados assim que Olga Scarpini percebe que o filho está interessado em Izabel. Para afastá-la do rapaz, ela arruma uma desculpa e a manda para São Paulo.

Izabel, então, conhece Rodrigo Lessa, por quem se apaixona perdidamente, sem desconfiar que o rapaz é um velho conhecido de outra vida.

Uma história contemporânea e comovente para lembrar a todos o porquê de a vida nos unir àqueles que se tornam nossos amores, familiares e amigos... Porque toda união é necessária para que vidas se completem, conquistem o que é direito de todos: a felicidade.

Mulheres Fênix

Em vez de ouvir o típico "eu te amo" de todo dia, Júlia ouviu: "eu quero me separar, nosso casamento acabou". A separação levou Júlia ao fundo do poço. Nem os filhos tão amados conseguiam fazê-la reagir. "Por que o *meu* casamento tinha de desmoronar? E agora, o que fazer da vida? Como voltar a ser feliz?"

Júlia queria obter as respostas para as mesmas perguntas que toda mulher casada faz ao se separar. E ela as obtém de forma sobrenatural. Assim, renasce das cinzas e volta a brilhar com todo o esplendor de uma mulher Fênix.

Quando é Inverno em Nosso Coração

Clara ama Raymond, um humilde jardineiro. Então, aos dezessete anos, seu pai lhe informa que chegou a hora de apresentar-lhe Raphael Monie, o jovem para quem a havia prometido em casamento. Clara e Amanda, sua irmã querida, ficam arrasadas com a notícia. Amanda deseja sem pudor algum que Raphael morra num acidente durante sua ida à mansão da família. Ela está no jardim, procurando distrair a cabeça, quando a carruagem trazendo Raphael entra na propriedade.

De tão absorta em suas reflexões e desejos maléficos, Amanda se esquece de observar por onde seus passos a levam. Enrosca o pé direito numa raiz trançada, desequilibra-se e cai ao chão com grande impacto.

— A senhorita está bem? — perguntou Raphael ao chegar ali.

Amanda se pôs de pé, limpando mecanicamente o vestido rodado e depois o desamassando. Foi só então que ela encarou Raphael Monie pela primeira vez. Por Deus, que homem era aquele? Lindo, simplesmente lindo. Claro que ela sabia: era Raphael, o jovem prometido para se casar com Clara, a irmã amada. Mas Clara há muito se encantara por Raymond, do mesmo modo que agora, Amanda, se encantava por Raphael Monie.

Deveria ter sido ela, Amanda, a prometida em casamento para Raphael e não Clara. Se assim tivesse sido, ela poderia se tornar uma das mulheres mais felizes do mundo, sentia Amanda.

Se ao menos houvesse um revés do destino...

Quando é inverno em nosso coração é uma história tocante, para nos ajudar a compreender melhor a vida, compreender por que passamos certos problemas no decorrer da vida e como superá-los.

Se Não Amássemos Tanto Assim

No Egito antigo, 3400 anos antes de Cristo, Hazem, filho do faraó, herdeiro do trono se apaixona perdidamente por Nebseni, uma linda moça, exímia atriz. Com a morte do pai, Hazem assume o trono e se casa com Nebseni. O tempo passa e o filho tão necessário para o faraó não chega. Nebseni se vê forçada a pedir ao marido que arranje uma segunda esposa para poder gerar um herdeiro, algo tido como natural na época. Sem escolha, Hazem aceita a sugestão e se casa com Nofretiti, jovem apaixonada por ele desde menina e irmã de seu melhor amigo.

Nofretiti, feliz, casa-se prometendo dar um filho ao homem que sempre amou e jurando a si mesma destruir Nebseni, apagá-la para todo o sempre do coração do marido para que somente ela, Nofretiti, brilhe.

Mas pode alguém apagar do coração de um ser apaixonado a razão do seu afeto? **Se não amássemos tanto assim** é um romance comovente com um final surpreendente, que vai instigar o leitor a ler o livro outras tantas vezes.

Leia também...
Suas verdades o tempo não apaga
Só o coração pode entender...
Por entre as flores do perdão

H

Para adquirir um dos livros ou obter informações sobre os próximos lançamentos da Editora Barbara, visite nosso site:

www.barbaraeditora.com.br

ou escreva para:

BARBARA EDITORA
Av. Dr. Altino Arantes, 742 – 93 B
Vila Clementino – São Paulo – SP
CEP 04042-003
(11) 5594 5385

E-mail: barbara_ed@estadao.com.br

Contato c/ autor: americosimoes@estadao.com.br